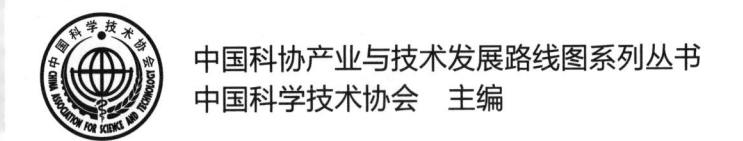

中国科协产业与技术发展路线图系列丛书
中国科学技术协会　主编

剑麻产业与技术发展路线图

中国热带作物学会　编著

中国科学技术出版社
·北京·

图书在版编目（CIP）数据

剑麻产业与技术发展路线图/中国科学技术协会主编；中国热带作物学会编著 . -- 北京：中国科学技术出版社，2023.5

（中国科协产业与技术发展路线图系列丛书）

ISBN 978-7-5236-0197-6

Ⅰ.①剑⋯ Ⅱ.①中⋯ ②中⋯ Ⅲ.①剑麻—农业产业—产业发展—研究—中国 Ⅳ.① F326.12

中国国家版本馆 CIP 数据核字（2023）第 066198 号

策　　划	秦德继
责任编辑	彭慧元
封面设计	中科星河
正文设计	中文天地
责任校对	邓雪梅
责任印制	李晓霖

出　　版	中国科学技术出版社
发　　行	中国科学技术出版社有限公司发行部
地　　址	北京市海淀区中关村南大街 16 号
邮　　编	100081
发行电话	010-62173865
传　　真	010-62173081
网　　址	http://www.cspbooks.com.cn

开　　本	787mm×1092mm　1/16
字　　数	235 千字
印　　张	12.75
版　　次	2023 年 5 月第 1 版
印　　次	2023 年 5 月第 1 次印刷
印　　刷	河北鑫兆源印刷有限公司
书　　号	ISBN 978-7-5236-0197-6 / F·1132
定　　价	78.00 元

（凡购买本社图书，如有缺页、倒页、脱页者，本社发行部负责调换）

《剑麻产业与技术发展路线图》编委会

主　　编　陈叶海　陈士伟　黄香武

编写人员　陈士伟　袁志能　吴如慧　杜怡安
　　　　　　徐杨玉　毛丽君　伍兆诚　段门俊
　　　　　　陈莉莎　张小芳　郭继阳　陈　涛
　　　　　　董汉武　赵永国　刘　文　吴　密
　　　　　　洪　杰

参与人员　邬华松　巩鹏涛　文尚华　陈河龙
　　　　　　陈伟南　陈明文　曾志强　吴　良
　　　　　　曾建平　张全琪　郭诗筠　吴秋妃
　　　　　　张光辉　杨江波　李栋宇　邓　华

参与单位

中国热带作物学会	广东农垦热带农业研究院有限公司
中国热带农业科学院	农业农村部剑麻及制品质量监督检验测试中心
华南农业大学	
广东省热带作物学会	广西亚热带作物研究所
广东省湛江农垦集团公司	广东省农工商职业技术学院
广东省东方剑麻集团有限公司	广东省农垦南亚热带作物科技中心
广西农垦剑麻集团有限公司	广东农垦东方红农场有限公司
岭南师范学院	

序

当今世界正经历百年未有之大变局，新一轮科技革命和产业变革重塑全球经济结构，全球范围内的产业转型调整不断加快，产业竞争已成为大国竞争的主战场。我国产业体系虽然规模庞大、门类众多，但仍然存在不少"断点"和"堵点"，关键核心技术受制于人等问题突出。科技是产业竞争力的关键。解决制约产业发展的关键核心技术，建设现代化产业体系，需要强大的科技支撑。

党的二十大开启了全面建成社会主义现代化强国、实现第二个百年奋斗目标，做出加快构建新发展格局，着力推动高质量发展的重大战略部署。习近平总书记在党的二十大报告中强调，必须坚持科技是第一生产力、人才是第一资源、创新是第一动力，深入实施科教兴国战略、人才强国战略、创新驱动发展战略，开辟发展新领域新赛道，不断塑造发展新动能新优势。这些重要部署为我国依靠科技创新引领和支撑经济社会高质量发展进一步指明了方向和路径。

中国科协作为国家推动科技创新的重要力量，积极探索新形势下促进科技与产业深度融合的工作新品牌和开放合作新机制，推动提升关键核心技术创新能力，助力打赢关键核心技术攻坚战。2020年，中国科协首次启动产业与技术发展路线图研究，发挥跨学科、跨领域、跨部门和联系广泛的组织和人才优势，依托全国学会组织动员领军企业、科研机构、高等院校等相关力量，汇聚产学研各领域高水平专家，围绕车联网、智能航运、北斗应用、航天、电源、石墨烯等重点产业，前瞻预见产业技术发展态势，提出全产业链和未来产业发展的关键技术路线，探索构建破解关键技术瓶颈的协同创新机制和开放创新网络，引导国内外科技工作者协同攻关，推动实现产业关键核心技术自主可控。

综观此次出版的这些产业与技术发展路线图，既有关于产业技术发展前沿与趋势的概观介绍，也有关于产业技术瓶颈问题的分析论述，兼顾了科研工作者和决策制定者的需要。从国家层面来说，可作为计划投入和资源配置的决策依据，能够在政府部门之间有效传达科技政策信息，识别现有的科技能力和瓶颈，为计划管理部门在公共项目选择中明确政府支持的投入导向。从产业层面来说，有助于产业认清所处的经济、社会、环境的变化，识别市场驱动因素，确定产业技术发展的优先顺序，突破产业共性技术的瓶颈，提高行业研究和应用新产业技术的能力。从企业层面来说，通过路线图可与企业战略和业务发展框架匹配，确定产业技术目标，识别达到市场需求所必需的产业技术，找到企业创新升级的发展方向。

在此次系列丛书付梓之际，衷心地感谢参与本期产业与技术发展路线图编写的全国学会以及有关科研、教学单位，感谢所有参与研究与编写出版的专家学者。同时，也真诚地希望有更多的科技工作者关注产业与技术发展研究，为路线图持续开展、不断提升质量和充分利用成果建言献策。

中国科协党组书记、分管日常工作副主席、书记处第一书记
中国科协学科发展引领工程学术指导委员会主任委员
张玉卓

前　言

剑麻是我国重要的特色农产品和战略物资，也是热带作物机械化耕作程度最高的特色优势产业之一，是其他麻类所不能替代的特种麻类，在我国国民经济中具有重要地位。我国是世界剑麻制品加工中心，拥有各类剑麻加工厂 60 多家，从业人数约 5.2 万人，产值约 15 亿元。剑麻纤维以坚韧耐磨、质地刚柔、富有弹性、低温下不会硬化脆断、抗霉变、耐腐蚀、耐磨、无毒、无过敏、无污染、防静电等特点而广泛应用于纺织、航运、电梯、工矿、物流运输、新型材料等多个领域并随着科技进步不断拓展，剑麻渣、麻渣水等副产物则作为生物质资源和生物制药原料，近年在超氧化物歧化酶、缓蚀有效成分、保健美容产品、抗肿瘤成分等方面的研究已取得进展，同样具备广阔的应用前景。国内外市场对剑麻原料和制品的需求呈迅速增长趋势，然而剑麻产业受科技投入不足、暴发性灾害、设备更新滞后、劳动密集等因素的影响，全球剑麻种植规模逐步缩减，国际剑麻纤维贸易动荡，进而导致优质原料供给不足、低层次同质化竞争严重、核心创新技术缺乏等问题，严重限制了产业发展。

技术路线图是一种重要的战略决策技术和方法，其最早于 20 世纪中晚期在美国汽车产业出现，当时正值全美制造业降低成本、提高竞争力的关键时期，市场迫切要求各供应商提供他们未来产品的路线图，这种新型管理工具由此问世。当前，我国剑麻产业也处于同样的背景下。从 20 世纪 50—60 年代引进种植到 90 年代的兴盛时期，再到 21 世纪的产业转型革新，国内一代代剑麻从业人员勇于开拓创新，不断改革，现在《剑麻产业与技术发展路线图》的出版发行恰逢其时。这项研究工作分析了国内外产业与技术发展的背景与现状，研究了产业与技术发展的态势与需求，研究了相关领域及产业的技术、产品、服务的发展趋势和要达到的近、中、远期目标愿景，明晰了要解决的关键性技术问题和要打破的技术壁垒，提出了解决这些问题、突破这些壁垒的最具发展前景的发展路线。

作为老一代的剑麻从业者，喜见新时代的科技人员勇于探索寻找剑麻产业发展新路径，我真诚地希望《剑麻产业与技术发展路线图》的正式出版能为政府的政策研究提供依据和参谋，为科技人员提供研究方向，为促进我国剑麻产业的健康快速发展贡献力量。

原中国热带作物学会常务理事、剑麻专业委员会首届秘书长
原农业部热带作物及制品标准化技术委员会副秘书长
原农业部硬质纤维作物及制品标准化委员会主任

目 录

第一章　剑麻产业国内外发展与技术分析　　　　　　　　　　　　　　/ 001
　　第一节　背景与意义　　　　　　　　　　　　　　　　　　　　　/ 001
　　第二节　剑麻产业发展历程　　　　　　　　　　　　　　　　　　/ 005
　　第三节　剑麻产业链分析　　　　　　　　　　　　　　　　　　　/ 010
　　第四节　剑麻产业与技术发展现状　　　　　　　　　　　　　　　/ 021
　　第五节　剑麻产业环境分析　　　　　　　　　　　　　　　　　　/ 045
　　第六节　剑麻产业发展面临的困局　　　　　　　　　　　　　　　/ 054

第二章　剑麻产业与技术发展态势与需求分析　　　　　　　　　　　　/ 062
　　第一节　剑麻产业与技术发展态势　　　　　　　　　　　　　　　/ 063
　　第二节　剑麻产业需求分析　　　　　　　　　　　　　　　　　　/ 071
　　第三节　剑麻产业与技术发展的总体目标　　　　　　　　　　　　/ 089

第三章　剑麻产业与技术发展图总论　　　　　　　　　　　　　　　　/ 092
　　第一节　国内外剑麻产业分析　　　　　　　　　　　　　　　　　/ 093
　　第二节　剑麻产业与技术发展路线图概况　　　　　　　　　　　　/ 097
　　第三节　剑麻产业与技术发展的总体路线图　　　　　　　　　　　/ 105

第四章　剑麻产业与技术专题发展路线图各论　　　　　　　　　　　　/ 110
　　第一节　剑麻规模化标准化栽培研究　　　　　　　　　　　　　　/ 111
　　第二节　剑麻种质资源保存与利用　　　　　　　　　　　　　　　/ 115
　　第三节　剑麻病虫草害防控技术开发研究　　　　　　　　　　　　/ 127

　　　　第四节　剑麻加工附产物综合利用　　　　　　　　　　　/ 134

　　　　第五节　剑麻纤维复合材料的研究与产业技术开发　　　　/ 139

　　　　第六节　剑麻加工技术革新与开发　　　　　　　　　　　/ 147

　　　　第七节　功能型剑麻应用开发　　　　　　　　　　　　　/ 152

　　　　第八节　剑麻产业政策及贸易结构研究　　　　　　　　　/ 156

第五章　剑麻产业与技术发展的政策建议　　　　　　　　　　　/ 182

后　记　　　　　　　　　　　　　　　　　　　　　　　　　　/ 191

第一章
剑麻产业国内外发展与技术分析

第一节 背景与意义

剑麻（Agave sisalana Perrine），是一种龙舌兰属的叶纤维植物，主要分布在南美洲、非洲、亚洲等地区，其中巴西、坦桑尼亚、肯尼亚、马达加斯加、中国等国是主产国（黄艳，2013）。剑麻纤维是当今世界用量最大、范围最广的一种硬质纤维，占世界硬质纤维产量的2/3，长期被作为一种战略资源（汪佳滨，2016）。剑麻纤维具有质地坚韧、耐磨、耐盐碱、耐腐蚀等特性，因而经济价值大、用途广，是国防、工业、森林和渔业等部门的重要物资。剑麻纤维可制舰艇、渔船的绳缆、绳网、帆布、防水布，飞机、汽车轮胎的帘布，钻探、伐木、吊车的钢索绳心，机器的传送带、防护网等，并可编织麻袋、地毯、麻床、帽子、漆扫、马具等日用品，也可以编织布匹，与塑料共同压制硬板作建筑材料等。剑麻根可作利尿剂，茎可制高级纸，花轴流出的液汁还可以酿酒；腐熟麻渣是优质有机肥料；新鲜麻渣可作青饲料养猪，发酵后可蒸制酒精，提取草酸、果胶、硬蜡等；麻水可提取海柯吉宁（Hecogenin）和替告吉宁（Tigogenin），统称为剑麻皂素，是制造贵重药物地塞米松、康复龙、氢化可的松和避孕药的重要原料。

剑麻产业是全球化、国际产业转移和工业化发展的缩影，其发展历史深受全球政治、经济格局的影响（齐顾波等，2018），剑麻产业的发展由殖民经济不断推动。作为19世纪剑麻产品最大出口国的坦桑尼亚，其剑麻就是由德国人引入种植的，第一次世界大战结束后，德国人在坦桑尼亚的统治被英国人所接管。同样地，英国人也进行大量剑麻的种植与出口。坦桑尼亚不论是在德国殖民统治的31年里，还是在英国殖民的时期，在剑麻的产业上都是以宗主国为主导的殖民产业。从20世纪20年代起到该国独立前后，剑麻一直是最重要的出口产品。后来，剑麻被亚洲、非洲、拉丁美洲等地区普遍种植，目前主要分布在处于南、北纬30度以内范围的热带和亚热带地区的国家。20世纪60年代以后，亚非拉民族解放和去殖民化运动风起云涌，剑麻产业在"宗主国-殖民地到发达国家-不发达国家"的循环中得到延续并发展。20世纪60—90年代，剑麻产业发展由殖民地和宗主国的统治关系转化为发达国家和发展中国家的依附关系，具体而言，欧美发达国家逐步退出剑麻种植和纤维生产，减少制品加工，越来越专注于剑麻贸易和消费市场。20世纪90年代以来，新兴经济体特别是中国快速崛起，推动新南南合作，对全球经济架构造成空前和深远的影响，对推动剑麻产业全球化发展起到极其重要的作用。

剑麻产业在我国的发展有着特殊的历史背景。剑麻最早于1901年由华侨从国外引入我国台湾省和福建省种植，后推广到广东、广西和云南省（区）的南部地区种植。中华人民共和国成立初期，在党和政府的重视、支持下，我国人民坚持独立自主、自力更生的精神，积极发展剑麻生产，自20世纪80年代起，随着国防工业、渔业、海洋业日益发展的需要，广东、广西、福建、云南、四川、浙江等热带、亚热带地区都因地制宜，大量发展剑麻生产，以满足国家建设的需要。经过百年发展，我国剑麻已形成了广东和广西两大优势种植区，规模化种植程度高，生产高度集中，其种植面积和产量均占全国95%以上。

近年来，剑麻在我国乡村振兴和老少边穷地区人民脱贫致富中发挥着重要作用。剑麻制品目前已发展到20个系列500多个品种，应用广泛。广东雷州半岛地区已发展成为我国剑麻科研、种植加工、制品生产、外贸进出口核心区。广东湛江农垦发展剑麻产业长达60年之久，其剑麻种植面积一度达10万亩，从业人员达1.6万人，剑麻加工纺织企业达16家，生产产品品种达20多个，为当地经济发展作出了重要贡献。在广西崇左、南宁、钦州等地，从事剑麻种植及初加工已经成为当地农民主要的收入来源，为老少边穷地区人民脱贫致富和社会稳定作出了积极贡献。与此同时，剑麻在环境美化和环境治理的方面也具有强大的发展潜力，越来越被人们注意并运用到实际的生产生活中。剑麻抗干旱、喜光热、适应性强、易成活，固土保水能力表现突出，对生态有着较强的修复作用。近年来，剑麻在石漠化地区进行生态经济治理取得了卓越成效，妥善解决了经济发展与生态保护的矛盾，使得生态效益与经济效益得到了统一发展，因此剑麻产业未来的发展前景广阔。

当前，我国剑麻产业面临保供给形势严峻。近10年来，世界剑麻种植面积及产量急剧下降，剑麻收获面积由2010年的654.3万亩下降至2019年的374.61万亩，降幅高达42.75%，世界剑麻纤维产量由41.33万吨下降至2019年的20.65万吨，降幅高达50%。据联合国粮食及农业组织（FAO）统计，截至2019年年底，我国剑麻收获面积为24.95万亩，约占世界收获面积的6.66%，剑麻纤维产量仅为13854吨。目前，全球每年对剑麻纤维的需求量为80万吨（胡盛红等，2014），供给率不足25%，供需缺口较大。当前，世界正处于百年未有之大变局时期，我国作为世界第二大经济体，剑麻纤维需求量约10万吨，仅国内的电梯绳芯就需要剑麻纤维高达2万吨，剑麻纤维自给率不足15%，严重影响了我国对战略资源安全的掌控。

剑麻产业关键技术研发有待突破。国外剑麻产业研究主要侧重于基因工程技术进行剑麻的选育研究及剑麻的加工新工艺、综合利用技术。我国剑麻产业研究侧重剑麻繁育技术手段、综合利用技术以及栽培技术。我国在剑麻抗病育种和高产栽培技术方面占据优势，但剑麻总体科研水平还有待提高，存在科技主管部门重视不够，科研经费长期投入不足，科技人才力量薄弱、青黄不接问题严重。剑麻产业发展也面临亟需突破的技术瓶颈：

一是品种结构单一，抗风险能力低。剑麻当家品种东1号（H·11648）已经连续种植60多年，由于气候变化、常年连作、品种退化等影响，容易引发真菌及生理性病虫害，例如斑马纹病、紫色卷叶病、叶斑病、炭疽病等，已成为制约产业的首要风险。

二是产业发展水平偏低，增收增效不足。剑麻产业现代化水平偏低，尤其是叶片收获机械化程度低、资源利用效率不高、专业纺织加工设备现代化程度低等问题突出。

三是产品创新不足，增长动力减弱。当前剑麻制品仍然以传统产品为主，产品创新、精深加工、市场开拓等方面较为欠缺。当前保有的种质资源特性未得到充分挖掘，难以对接特色剑麻纤维或产品市场的需求。

四是产品加工后的废物、废液治理问题依然存在。麻渣麻水资源化利用程度低，初加工废水废液环境污染风险没有得到有效解决。

五是剑麻产业各环节的相关技术分散，缺乏有效的资源集聚，全产业链条尚未形成生态良性循环发展。

因此，在产业技术方面亟需加快剑麻科技创新和成果转换，促进剑麻产业发展，提升我国剑麻产业的国际竞争力。

本书通过收集国内外剑麻产业与技术发展背景与现状、产业与技术发展态势与需求的信息，梳理剑麻种植生产、加工技术、附属产物、科研革新、贸易发展、新型和专用材料等方面的发展现状，分析制约我国剑麻产业与技术发展的瓶颈问题，研究解决方法，并开展了剑麻产业与技术路线图研究，形成适合我国剑麻产业与技术发展的策略和路径，为政府制定产业政策提供理论指导依据。

第二节　剑麻产业发展历程

一、剑麻产业演变过程

剑麻原产于墨西哥干旱的半荒漠地区，目前分布在全球20多个热带国家和地区。19世纪80年代，欧美国家出现了农业割捆机，带来对低价麻绳的大量需求，剑麻的商业价值由此被发现，并在全球传播。剑麻先从墨西哥引入美国，后又推广到加勒比海、巴西、非洲的坦噶尼喀、肯尼亚等地区，成为殖民掠夺的一种手段。20世纪上半叶，欧美国家的农业机械化速度加快，并且两次世界大战、朝鲜战争相继爆发，特别是日本控制了菲律宾的马尼拉麻，使得剑麻成为一种战略物资，全球对剑麻纤维的需求大幅上升。为此，殖民者投入大量的人、财、物用于剑麻产业扩张。根据联合国粮食及农业组织统计，1965年，全世界剑麻纤维产量达82万多吨，几乎全部集中在发展中国家。这些地区凭借丰富的热带资源、廉价的土地和劳动力被殖民者定位成剑麻的种植和纤维加工基地，纤维全部出口到宗主国加工和消费。即使存在地理距离，宗主国也通过资本、机器、技术、标准等要素牢牢控制着亚非拉剑麻产业。如坦桑尼亚在1961年之前，所有的剑麻农场和纤维加工厂都由欧洲的殖民资本所有，而且塑造了"大资本、大机器、大种植园"的生产模式，进行掠夺式开发，严格限制非洲当地人的参与。宗主国凭借技术优势，更是垄断了剑麻机器设备的制造，造成殖民地的机器设备全部依赖于从宗主国进口。另外，因为宗主国完全垄断着剑麻行业，在生产工艺、产品定级等各个环节都设置了一套标准规则，至今仍对产业发展起到重要影响。

20世纪60年代以后，亚非拉民族解放和去殖民化运动风起云涌，主要的剑麻生产国纷纷独立，控制了剑麻种植和纤维加工环节，改变了欧美国家对剑麻全产业链的完全垄断局面。如坦桑尼亚，1967年实施国有化政策，将一大批西方资本所有的剑麻企业收归国有。独立后的亚非拉国家保留了殖民时期的生产模式、加工工艺、技术标准、机器设备，发达国家仍然控制着贸易和消费市场。20世纪60年代末，剑麻纤维部分用途逐渐被化学合成纤维替代，发达国家对剑麻纤维的需求量大幅下跌，亚非拉国家的剑麻产业受到巨大冲击。到2000年，全球剑麻纤维产量已经下降到28万吨，是1965年高峰期的34%；曾经的剑麻王国坦桑尼亚剑麻纤维产量从最高的28万多吨减少到 2 万多吨。

与此同时，欧美国家逐渐开始对剑麻制品加工产能进行淘汰和转移，亚非拉国家开始介入剑麻制品加工。20 世纪 60 年代，坦桑尼亚、巴西纷纷建立自己的剑麻制品加工厂，减少剑麻纤维的出口比例，增加加工制品出口。到 1976 年，发展中国家的制品出口量超越发达国家，占到全球剑麻加工制品出口总量的 70%。

20 世纪 70 年代，同属于发展中国家的中国和巴西，在剑麻产业发展中取得了快速增长。巴西较早地获得了国家独立，与非洲大种植园不同，其剑麻产业采用的是小农生产模式，但在相当长的时期内，巴西弱小的小农模式无法与殖民资本相抗衡，没有话语权。随着 20 世纪 60 年代的全球剑麻产业衰退，巴西小农模式凭借成本低、灵活的特性，靠近北美市场的优势以及货币贬值，于 1970 年超越坦桑尼亚成为最大的剑麻纤维产地。中国剑麻产业在这一时期也得到快速发展，改变着全球剑麻产业的格局。自起步以来，中国剑麻基本上以满足国内需求为主，特别是剑麻纤维几乎零出口，剑麻制品出口也只是在改革开放以后才有所增加，因此对欧美国家的依赖很小。中国剑麻的产业链基本上是一个闭路循环，而且基于自力更生的原则，建立起了一套特有的生产加工工艺、机器设备、知识标准体系，孕育出新的发展路径和模式。

20 世纪 90 年代以来，新兴经济体特别是中国快速崛起，推动着新南南合作，对全球经济架构造成空前和深远的影响。中国崛起不仅影响着剑麻全产业链的种植、加工、制造、消费，还影响了资本、技术、知识标准和贸易规则。这种变化是多方面的、有深度的、主动的，超出了西方发达国家的预计和可控范围。尤其是新南南合作孕育着新经济循环，推动着全球剑麻产业结构变迁。到 20 世纪 90 年代末期，中国不仅是全球剑麻纤维最大的进口国，也是全球剑麻制品最大的生产国和出口国，并在投资、贸易、技术、标准等多个方面不断加快推动产业发展。

1999 年，中非农业投资有限公司在坦桑尼亚收购两个剑麻农场，累计种植剑麻近 2000 公顷，年产剑麻纤维上千吨。2006 年，广西剑麻集团在缅甸实施中缅替代种植项目，累计种植剑麻近 8000 亩。2010 年，广东东方剑麻集团在印度尼西亚成立合资公司，采取"公司+基地+农户"的模式，一期规划种植剑麻 4000 公顷。这些投资缓解了当地剑麻产业资本短缺的局面，改变了长期由西方资本垄断的格局，也有利于对中国市场供给的稳定。中国企业到剑麻主产区收购纤维，冲击着欧美国家对剑麻贸易的垄断地位。如国内从事钢丝绳用麻绳芯和 PP 绳芯生产的大达公司，2016 年起到坦桑尼亚设立公司，凭借优惠的价格、终端消费市场的优势直接从农场主手中购买剑麻纤维，对欧洲中间商百年来建立的市场渠道造成了冲击。在海外从事剑麻种植和加工的中资企业，也相继介入纤维的出口贸易，为当地剑麻户提供了欧洲中间商以外的新选择，也提升了中国在剑麻贸易上的话语权。

21世纪以来，中国技术、设备开始走出去，推动了剑麻主产区产能的提升。如坦桑尼亚剑麻生产的技术、设备仍停留在殖民时期，刮麻机还是20世纪30—50年代欧美国家产的，剑麻的单产也远低于世界平均水平，极大地影响了产能。中国企业进入以后，委托国内制造商安装了新的刮麻机，改变了当地数十年没有新设备的局面，而且中国的农业技术将所在农场剑麻单产提升了数倍，引起其他剑麻农场主主动前来参观交流。他们由此摆脱了对欧美国家机器和技术的依赖，以较低的价格买入中国的设备，学习中国的高产技术，推动了坦桑尼亚剑麻产业的复兴。

中国资本和市场的介入，改变着西方国家主导下的剑麻纤维分级标准体系。在此之前，剑麻纤维生产和消费在空间上的分离，促成了严格的纤维分级体系。以坦桑尼亚为例，在欧洲中间商主导下形成了3L、UG、UF等分级标准，这些都随着中国的介入而改变。因为纺织技术的进步和市场的饱和，中国进口坦桑尼亚剑麻纤维更看重低价格，引起坦桑尼亚的剑麻纤维3L滞销，只能混杂在品质好的UG里出售，而品质稍逊色的UG则形成了单独的一种标准SSUG（Sub-Standard-Under Grade，双重标准之下），目前已经成为当地剑麻产业的共识，进入新的分级标准体系。

二、世界剑麻种植主产国发展史

坦桑尼亚素有"剑麻之国"之称，1950—1964年间为其剑麻生产发展的巅峰时期，年产纤维23万吨，为世界最大剑麻生产国，后因H·11648麻受斑马纹病侵扰，剑麻产量和收获面积趋降，尤其进入20世纪70年代中期以后，剑麻产业日渐萎缩。2019年收获面积、单产和总产分别为4.32万公顷、0.76吨/公顷和3.27万吨。

莫桑比克曾为东非第二大剑麻生产国，1948—1970年为其剑麻业发展的黄金时期，收获面积、单产、总产曾分别高达5.45万公顷、0.7吨/公顷和3.1万吨，由于剑麻受斑马纹病侵扰，20世纪70年代后剑麻生产渐趋萎缩。

表 1-1 各时期世界剑麻主产国收获面积

单位：公顷

国家	1961 年	1970 年	1980 年	1990 年	2000 年	2010 年	2019 年
坦桑尼亚	21000	250369	132890	58450	42580	59919	43220
巴西	197000	310000	296081	249109	194514	264016	99157
中国	15014	15510	15995	13300	9705	3207	2568
海地	50000	30000	18350	16765	10500	16425	25548
肯尼亚	75000	52000	47500	33000	22000	29353	24161
马达加斯加	21000	22800	11850	27000	14300	14118	14065
墨西哥	174343	178770	146124	55003	54594	14120	8691
莫桑比克	57000	40995	40000	3876	3000	2200	2017
摩洛哥	1000	1300	1700	2200	2680	3609	5712
全球产量	887426	984536	735074	480715	373081	419609	235670

肯尼亚曾为世界第四大剑麻生产国，剑麻为其重要出口物资，经营较好，单产较高。1948—1974 年为其剑麻业发展的黄金时期，收获面积、单产和总产曾高达 8 万公顷、1.6 吨/公顷和 8.65 万吨。由于受斑马纹病侵扰，进入 20 世纪 70 年代中期以后，其剑麻产业渐趋萎缩。

20 世纪 40 年代末至 70 年代中期为马达加斯加剑麻业发展的黄金时期，剑麻收获面积、单产和总产分别由 1.5 万公顷、0.34 吨/公顷和 0.4 万吨增至 2.8 万公顷、1.63 吨/公顷及 3 万吨，此后剑麻产业渐趋萎缩。

表 1-2 各时期世界剑麻主产国剑麻平均单产

单位：吨/公顷

国家	1961 年	1970 年	1980 年	1990 年	2000 年	2010 年	2019 年
坦桑尼亚	0.96	0.81	0.65	0.58	0.48	0.44	0.76
巴西	0.83	0.66	0.79	0.74	1.00	0.93	0.88
中国	1.11	1.22	1.36	2.26	3.79	4.92	5.39
海地	0.52	0.51	0.87	0.60	0.54	0.55	0.55
肯尼亚	0.84	0.84	0.99	1.20	0.75	0.82	0.87
马达加斯加	0.67	1.08	1.35	0.74	1.19	1.24	1.25
墨西哥	0.89	0.82	0.61	0.64	1.79	2.68	1.43
莫桑比克	0.51	0.71	0.30	0.23	0.32	0.30	0.31
摩洛哥	0.30	0.23	0.43	0.82	0.75	0.44	0.29
全球产量	0.90	0.79	0.75	0.79	1.09	0.93	0.88

巴西堪称重视发展剑麻业的典范。在20世纪40年代末到70年代中期的20多年时间里，剑麻产量由3万吨增至30多万吨，这个时期是世界剑麻产业举步维艰之时，巴西仍产剑麻纤维20多万吨。

墨西哥为最大灰叶剑麻生产国，20世纪40年代末至80年代中期为其剑麻业发展的巅峰时期，收获面积、单产、总产最高纪录曾分别为20万公顷、0.9吨/公顷和18.4万吨。

20世纪40年代末至60年代中期为海地剑麻生产高峰期，收获面积、单产、总产量最高纪录分别为4.88万公顷、0.9吨/公顷和2.83万吨。进入70年代以后，单产徘徊在0.5~0.7吨/公顷，收获面积、单产和总产趋降至目前的1.0万公顷、0.54吨/公顷和0.54万吨。

表1-3 各时期世界剑麻主产国剑麻总产量

单位：吨

国家	1961年	1970年	1980年	1990年	2000年	2010年	2019年
坦桑尼亚	201100	202180	85982	33743	20600	26363	32737
巴西	164200	205000	234981	185156	194463	246535	86820
中国	16724	18895	21682	30030	36756	15780	13854
海地	26000	15422	16000	10096	5700	9050	14138
肯尼亚	63100	43930	46910	39617	16607	23924	21009
马达加斯加	14000	24600	16020	20000	17075	17507	17552
墨西哥	156005	145911	89254	35156	97532	37773	12387
莫桑比克	29300	29000	12000	889	950	660	623
摩洛哥	300	300	730	1800	2015	1602	1675
全球产量	762928	781556	547760	379741	407484	390030	206509

中国种植区主要分布在华南地区，20世纪50年代末至80年代末剑麻产业发展缓慢，20世纪90年代后为其剑麻纤维生产大发展时期，但在21世纪初剑麻受到紫色卷叶病、土壤健康程度、其他产业竞争等因素影响，剑麻种植收获面积及产量都受到一定程度下降。中国在麻田管理和病虫害防治方面已积累了较成功的经验，如"种肥养麻"（间作绿肥或前作绿肥）、"以海养麻"（大量施用海肥）、"麻渣回田"、配方施肥，有效地改变了土壤的理化性状，提高了土壤肥力，促麻高产；"预防为主，综合防治"的指导方针，采用农业措施为主、化学农药为辅及抗病虫选育种相结合的防治措施。

第三节 剑麻产业链分析

一、剑麻农业生产现状

(一)剑麻种植区域分布

剑麻原产墨西哥,现主要在非洲、拉丁美洲、亚洲等地种植。全球种植剑麻的国家有20多个。

中国适宜种植剑麻的土地面积有50多万公顷,主要分布在广东雷州半岛、海南、广西南部和福建西北部等区域,种植区域工业经济欠发达,现代农业开发程度低,许多地区尚处低度开发状态。

(二)剑麻种植情况

1. 世界剑麻收获面积

据联合国粮食及农业组织及农业农村部农垦局统计数据,2019年世界剑麻收获面积374.61万亩,比2018年增加4.62%。在世界20多个剑麻主产国中(图1-1),巴西、坦桑尼亚、海地、肯尼亚、中国、马达加斯加、墨西哥、摩洛哥占了世界剑麻收获面积的95%。产量排名前十位的国家依次是巴西、坦桑尼亚、海地、肯尼亚、中国、马达加斯加、墨西哥、摩洛哥、莫桑比克、埃塞俄比亚。巴西剑麻收获面积稳居

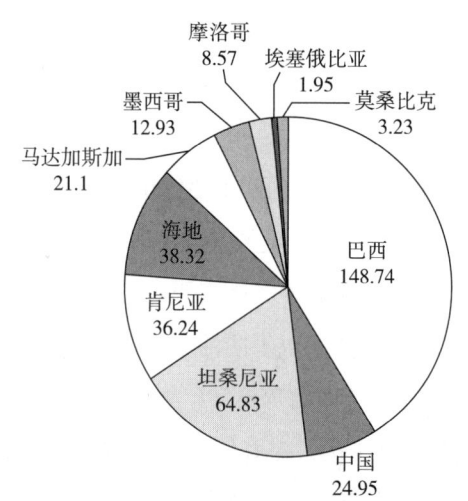

图1-1 2019年前十大剑麻生产国的收获面积(万亩)

数据来源:联合国粮食及农业组织、农业农村部农垦局。

世界第一，2019年其收获面积约占全球总面积的40%。中国2019年收获面积为24.95万亩，世界排名第五。

2. 中国剑麻种植及收获面积

我国剑麻已形成了广东和广西两大优势种植区，规模化种植程度高，生产高度集中，两地的种植面积和产量均占全国95%以上。据农业农村部农垦局统计的剑麻有关资料显示，2019年我国剑麻种植面积28.00万亩（图1-2），同比减少7.94%。其中，广西22.73万亩、广东4.20万亩、海南1.07万亩，分别占全国总面积的77.50%、18.85%和3.65%。2010—2019年，我国剑麻收获面积呈逐年下降趋势（图1-3），剑麻收获面积由2010年的57.41万亩下降至2019年的24.95万亩，下降幅度高达56.54%。全国收获面积24.95万亩，广西、广东和海南分别为21.50万亩、2.40万亩和1.05万亩（图1-4），分别占全国收获总面积的86.18%、9.62%、4.2%。

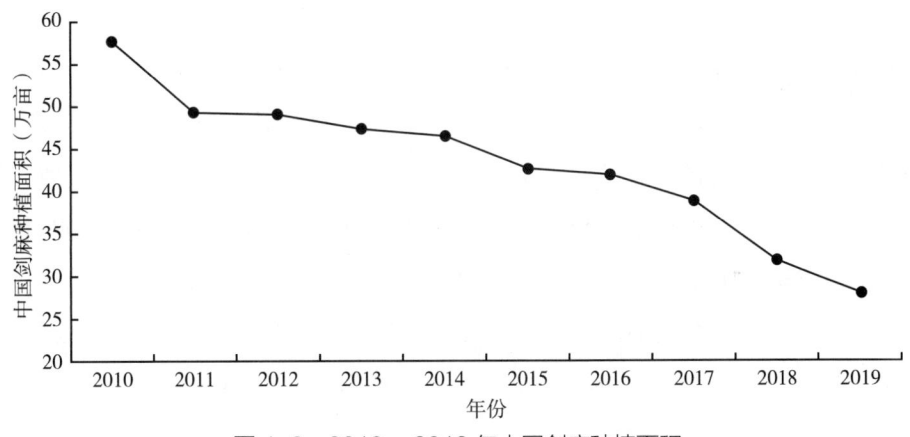

图1-2　2010—2019年中国剑麻种植面积

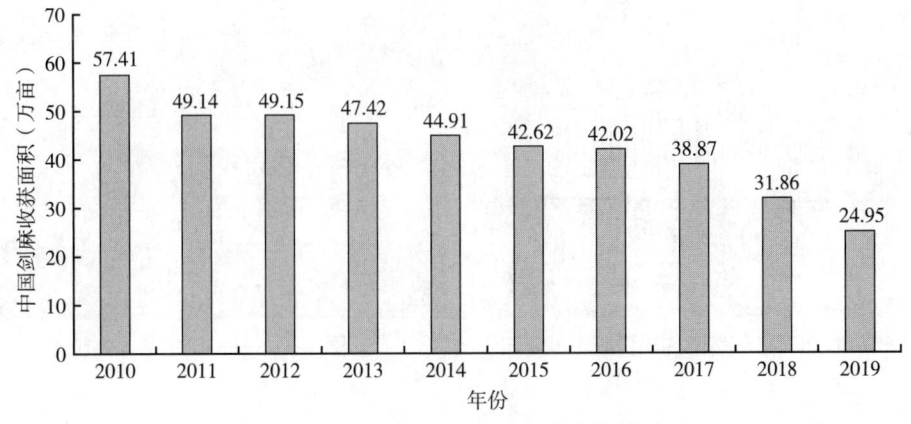

图1-3　2010—2019年中国剑麻收获面积

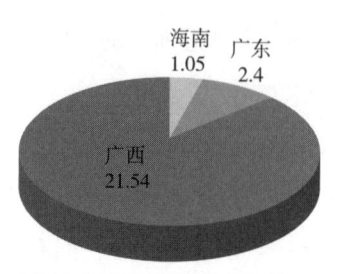

图 1-4　2019年中国各省剑麻收获面积（万亩）

数据来源：联合国粮食及农业组织、农业农村部农垦局。

饼图数据：广西 21.54，广东 2.4，海南 1.05

（三）剑麻种苗生产现状

东非坦噶尼喀剑麻试验站育成丰产较耐寒的H·11648，后被引入我国一直作为主栽品种。坦桑尼亚曾推广种植H·11648，由于斑马纹病的影响，再加上投入不足、管理粗放，至今推广面积不超过植麻面积的5%；国外科研机构除了培育出高产品种H·11648，也培育出抗病种H·67041、莱氏龙舌兰麻等。我国剑麻育种工作起步较晚，20世纪70年代开始，广东省国营东方红农场、广西亚热带作物研究所、中国热带农业科学研究院南亚热带作物研究所都进行了抗病育种研究。如广东省国营东方红农场选育的品种东16、东368、东27、东74、东-109，均具有速生快长、产量高、抗斑马纹病、中抗茎腐病等优点。其中，杂交种东-109高抗斑马纹病、耐寒，且具有速生高产等特性，是理想的抗病耐寒品种，可作为剑麻斑马纹病区的补植材料；广西亚热带作物研究所选育的杂种76416号和中国热带农业科学研究院南亚热带作物研究所选育的粤西114号、南亚1号、南亚2号等均具有较高产量和抗斑马纹病等优点，亦是较好的抗病品种，但这些品种的产量仍然没有超过H·11648。

图 1-5　农业农村部剑麻种质资源圃（湛江）

图 1-6　剑麻组培苗（瓶苗）

图 1-7 剑麻抗病苗繁殖基地

二、剑麻纤维生产现状

(一)世界剑麻纤维生产现状

近些年受干旱等自然灾害的影响,巴西、墨西哥、坦桑尼亚、肯尼亚、海地、马达加斯加、古巴等主要的剑麻种植国家,剑麻收获面积均大幅下降;世界剑麻纤维产量也呈不断下降趋势。据联合国粮食及农业组织及我国农业农村部农垦局统计数据,2019年世界纤维产量26.49万吨,比2018年减少0.79%。其中,巴西8.68万吨、中国7.23万吨、坦桑尼亚3.27万吨、肯尼亚2.10万吨、海地1.41万吨、马达加斯加1.76万吨、墨西哥1.24万吨、摩洛哥0.17万吨、埃塞俄比亚0.08万吨、莫桑比克0.06万吨(图1-8)。前十大剑麻生产国的纤维产量占世界纤维总产量的98.13%,其中巴西的剑麻纤维产量约占世界的30%。2019年世界剑麻纤维的平均单产为58.42千克/亩,而中国剑麻单产289.90千克/亩,是世界单产的4.96倍。

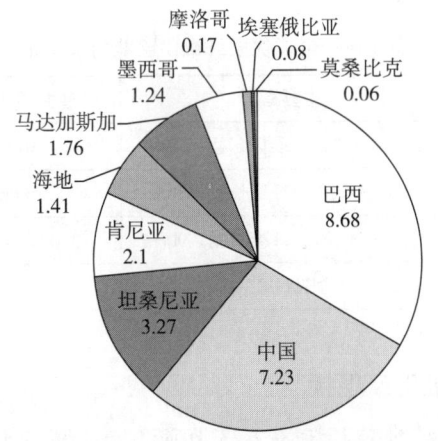

图 1-8 2019年前十大剑麻生产国的产量(万吨)
数据来源:联合国粮食及农业组织、农业农村部农垦局。

2010—2019年世界剑麻纤维产量整体呈下降趋势（图1-9），由2010年的45.16万吨下降至2019年的26.49万吨，年均降幅为5.75%，下降主要是受连续干旱、病虫害频发等自然灾害和割麻劳动力短缺等影响；从世界剑麻生产指数看，2010—2019年呈整体下降，2011年世界剑麻总产量生产指数最高147.77，2017—2019年呈平稳的态势，世界剑麻总产量和人均产量生产指数稳定在67~69。

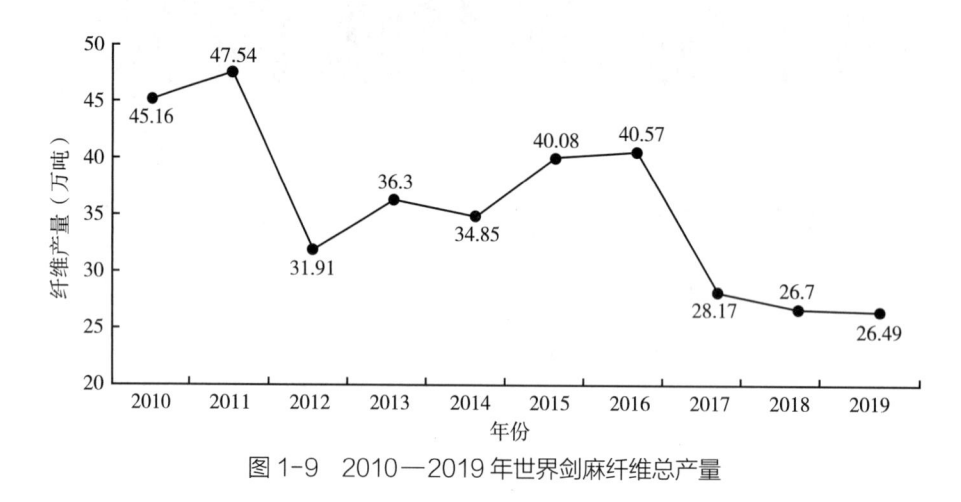

图1-9　2010—2019年世界剑麻纤维总产量

如表1-4所示，国际上含杂率＜2%的东非产3L标准纤维单价为16000元/吨以上，全球供货量＜3000吨；东非UG标准纤维单价为15000元/吨，全球供货量＜5000吨，印巴与中国合资企业UG-标准纤维单价是14000元/吨，全球供货量35000~40000吨。湛江剑麻纤维质量全球领先，但由于设备落后问题，现生产的纤维含杂率高于5%，纤维没有分类，长度不均匀，单价＜13000元/吨。

表1-4　全球优质纤维供给能力及价格

产地	纤维等级	主要指标	供货量（吨）	单价（元/吨）
东非	3L	含杂率＜2%，纤维长度＞110cm	3000	＞16000
东非	UG	含杂率＜2%，纤维长度＞90cm	5000	15000
印巴	UG-	含杂率＜3%，纤维长度＞90cm	35000~40000	14000
中国	三等及以上	含杂率＜3%	20000	13500

（二）中国剑麻纤维生产现状

2019年，中国剑麻纤维总产量为7.23万吨，同比减少11.51%（图1-10）。其中（图1-11），广西6.61万吨、广东0.33万吨、海南0.29万吨，分别占全国的91.42%、

4.56%和4.01%。全国剑麻总产值为6.48亿元，同比减少16.87%。其中，广西5.89亿元、广东0.39亿元、海南0.2亿元，分别占全国的90.9%、6.02%和3.08%。农垦剑麻纤维产量1.61万吨，产值1.63亿元，分别占全国的22.27%和25.15%。

2019年广东和广西地头剑麻纤维均价（鲜叶折算价，干纤维抽出率按鲜叶4.5%计）为10.0元/千克。其中，广西大机烘干的剑麻纤维价格在13.0~14.5元/千克，小机晒干的在7.3~8元/千克。广东省的一刀麻纤维价格为4.4元/千克，二刀麻纤维价格为6.0元/千克，三刀麻纤维价格为8.0元/千克，四刀及以上麻纤维价格为10.0元/千克。

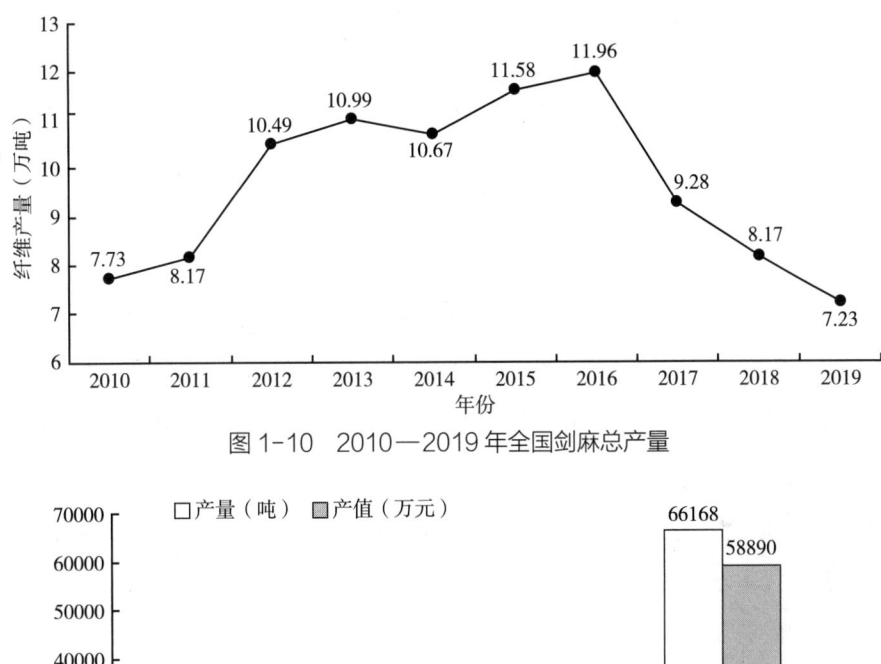

图1-10 2010—2019年全国剑麻总产量

图1-11 2019年中国剑麻纤维产量及产值情况

三、中国剑麻制品加工现状

（一）剑麻制品加工企业现状

目前，中国是世界剑麻纤维加工中心。中国剑麻加工企业主要分布在广西的南宁，广东的佛山、东莞、湛江、清远，江苏的淮安、南通、无锡，山东的滨州、临沂等地。主要有广西剑麻集团有限公司、广东省东方剑麻集团有限公司、广东琅日特种纤维制品有限公司、江苏淮安市万德剑麻有限公司、江苏洪泽迈克剑麻有限公司和江苏南通大达麻纺织有限公司等。据调查，加工企业已形成超过7万吨剑麻纤维的加工能力，主要产品有白棕绳、剑麻纱条、剑麻地毯、剑麻抛光布、门口垫、絮垫、工艺品、墙纸、钢丝绳芯和化工品等20个系列500多个规格品种。中国现有20条大型自动化剑麻生产线，其中广西10条、广东10条。2018年，中国剑麻加工产值在15亿元左右。目前农垦系统内的剑麻纤维加工相对规模较大，已采用自动化生产线进行麻片加工，其加工的纤维色泽、含水含杂、销售价格等方面均达到优良级别。广东琅日特种纤维制品有限公司实际产能最大，近年来每年剑麻纤维消耗量以10%的速度增长，据不完全统计，2019年主要产品的生产量：剑麻地毯约450万平方米、麻布约2.4万吨、纱线约1.2万吨、钢丝绳芯约5000吨，年耗剑麻纤维达3万吨，还有各种规格的包扎用绳、工艺制品等。剑麻产品主要的品牌有：广西剑麻集团有限公司的"桂垦""剑王""东剑"；广东省东方剑麻集团有限公司的"太阳""东成"；广东琅日特种纤维制品有限公司的"琅日""TFC"。近年来，剑麻制品企业的经营状况良好，以广西剑麻集团有限公司为例，该公司由3个分公司组成，以生产麻布、麻绳、麻纱、捻线、绳芯为主，年加工销售剑麻制品超1.1万吨，收入1亿元以上，年加工费和税收等3600万元以上，经营状况良好，每年利税450万～600万元，从事制品生产的工人月收入因其技术水平高低而异，多数在2000余元，高者达4000余元。

（二）剑麻主要制品发展现状

1. 剑麻钢丝绳芯

全球剑麻钢丝绳芯用量约15万吨，其中电梯钢丝绳芯用量5万吨。国内主要生产企业有大达麻纺织有限公司、广西剑麻集团有限公司、广东琅日特种纤维制品有限公司等，年产能不足1万吨（表1-5）。

表1-5 剑麻电梯钢丝绳芯主要生产企业现状

企业名称	产能（吨）	所在地	主要特点
大达麻纺织有限公司	4000	江苏南通	专业生产电梯钢丝绳芯，市场占有率高、知名度高，国内电梯钢丝绳芯厂商排名第一
广东琅日特种纤维制品有限公司	4000	广东佛山	采用纯进口设备，工厂生产工艺水平较高，市场知名度高
广西剑麻集团有限公司	1000	广西南宁	拥有种植基地，农工结合优势明显，原料供给有保障

2. 剑麻抛光轮布

全球剑麻抛光轮布用量约为 10 万吨。中国生产剑麻抛光轮布的企业有百余家之多（表 1-6），但能生产高密度抛光轮布的只有广东琅日特种纤维制品有限公司，年产约 2000 吨。广东省东方剑麻集团有限公司近 10 年最高产量也仅 4381 吨，平均达到 3500 吨以上。

表 1-6 剑麻抛光轮布主要生产企业统计表

企业名称	产能（吨）	所在地	主要特点
广东琅日特种纤维制品有限公司	2000	广东佛山	采用进口优质纤维纺纱或用高支纱搭配织造，是目前国内唯一的可生产经纬密 >11×8 规格高密度抛光布的企业
广东省东方剑麻集团有限公司	4000	广东湛江	拥有种植基地，农工结合优势明显，原料供给有保障

3. 剑麻绳

全球剑麻绳用量约为 20 万吨。国内生产剑麻绳的企业数量多，但主要是作坊式工厂，质量控制能力有限，规模效益降低，小型民营企业年总产量约 2 万吨。知名企业主要有广西剑麻集团有限公司、大达麻纺织有限公司等（表 1-7）。近 10 年湛江农垦东方剑麻集团有限公司白棕绳产量最高达 3670 吨，年均达 2800 吨以上，由于原料问题，2019 年产量仅 2000 吨。

表 1-7 剑麻绳主要生产企业统计表

企业名称	产能（吨）	所在地	主要特点
广东省东方剑麻集团有限公司	5000	广东湛江	国内剑麻行业龙头企业，拥有种植基地，农工结合优势明显，原料供给有保障
广西剑麻集团有限公司	2000	广西南宁	国内剑麻行业龙头企业，拥有种植基地，农工结合优势明显，原料供给有保障
大达麻纺织有限公司	3000	江苏南通	江苏、浙江、上海等地为剑麻绳主要消费区域，生产企业具有交通便利、信息沟通、渠道多元的优势
南通泰博麻纺织有限公司	1500	江苏南通	

4. 剑麻地毯

全球剑麻地毯用量约为 1000 万平方米。国内主要生产企业有广东琅日特种纤维制品有限公司、江苏华峰自然纤维制品有限公司等（表1-8）。近10年广东省东方剑麻集团有限公司地毯年产最高可达52万平方米（含水草地毯）。

表1-8 剑麻地毯主要生产企业统计表

企业名称	产能（万平方米）	所在地	主要优势
广东省东方剑麻集团有限公司	100万平方米	广东湛江	国内剑麻行业龙头企业，拥有种植基地，农工结合优势明显，原料供给有保障
江苏华峰自然纤维制品有限公司	200万平方米	江苏淮安	长期从事剑麻纺织设备引进和改型，设备先进、专业化程度高
广东琅日特种纤维制品有限公司	300万平方米	广东佛山	剑麻地毯市场占有率高，品牌知名度高，国内剑麻地毯厂商排名第一

2019年全球无纺布市场规模达到1359亿元，预计2026年将达到2053亿元，年复合增长率（CAGR）为6.0%。我国2019年无纺布产量达到618万吨，同比增长6.9%，市场占有率世界第一。我国的无纺布产量未来5年仍能维持高个位数的增速。剑麻无纺布由于原料来源受限，目前国内仅有2家生产企业，其原料均需要通过购买，主要采用制品纺织生产过程中产生的废纤、乱纤为原料，原料价格低廉，效益显著。

（三）剑麻产品检测情况

1996年，我国建立起剑麻纤维及制品质量监督检验测试制度，在广东省湛江市设立农业农村部剑麻纤维及制品质量监督检验测试中心（依托广东省湛江农垦局，现由广东农垦热带农业研究院代管），培训基层人员，组织制定实施了GB/T15029—1994《剑麻白棕绳》、GB/T15030—2009《剑麻钢丝绳芯》等3个剑麻产品国家标准；制定NY/T255—1995《剑麻细纱》、NY/T457—2001《剑麻地毯》、NY/T712—2003《剑麻布》等5个行业标准；编制了15个测试方法标准。目前，检测中心可测产品或指标27项，累计建立麻类标准目录30个。规范了国内剑麻纤维及制品的检测，保证了产品质量，促进了行业技术进步和剑麻产业的发展。

（四）剑麻纤维及制品贸易情况

据海关部门统计，2019年中国进口西沙尔麻等纺织龙舌兰类纤维及其短纤和废麻4.87万吨，同比增长26.82%，进口金额7454.81万美元，同比增长25.58%。进口均价为1.53美元/千克，同比减少1.29%。其中，从巴西进口2.25万吨、马达加斯加0.18万吨、坦桑尼亚1.94万吨、肯尼亚0.46万吨，分别占总进口量的46.12%、3.68%、39.77%和9.36%。从巴西、坦桑尼亚和肯尼亚的进口量同比分别增长43.78%、

26.51% 和 38.90%，而从马达加斯加的进口量同比减少 27.24%。2019 年我国出口日本和越南的剑麻类纤维及其短纤和废麻分别为 1.13 吨和 1.91 吨，出口金额分别为 2.59 万美元和 3.76 万美元。

（五）剑麻废渣废水的综合利用

剑麻除用作纤维主产品外，其废渣废水亦有广泛用途，汁液是提取贵重药物海柯吉宁、替柯吉宁的生产原料，还可提取草酸、果胶和制取酒精；麻渣可做肥料和饲料。若能做到充分利用，其产值甚至比目前的纤维主产品还要高。

剑麻皂素含皮质激素、同化激素，具有提高免疫力、降低血压和抗炎作用。以前是用黄姜生产薯蓣皂素再生产上述药物，需要经过还原反应工序，工艺比较复杂，用剑麻皂素生产则无须进行还原反应。麻膏中的剑麻皂素含量高，在 5%～8%。目前，

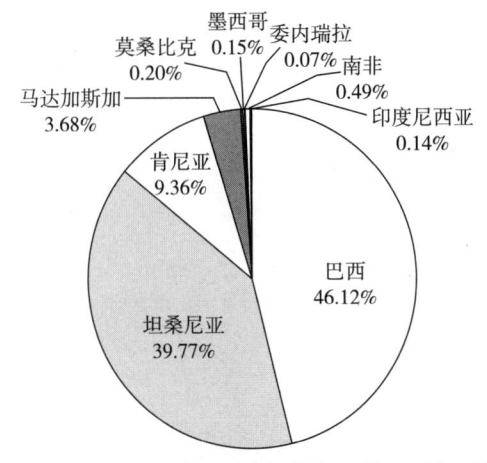

图 1-12　2019 年我国剑麻纤维主要进口国进口情况

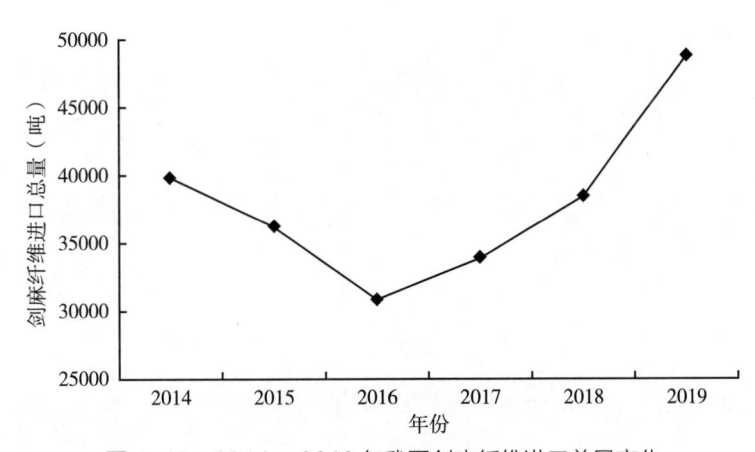

图 1-13　2014—2019 年我国剑麻纤维进口总量变化

数据来源：海关总署。

已知全国至少有 3 家剑麻皂素生产企业。在广东、广西等省区，凡有麻片加工的地方均生产麻膏，并向皂素生产企业销售。此外，麻渣还可生产作为食品添加剂的果胶，以及利用麻头生产麻丝，麻丝是制造高级床垫的高档材料。

第四节　剑麻产业与技术发展现状

一、剑麻产业与技术研究进展

（一）剑麻种质资源领域研究进展

剑麻是龙舌兰科（*Agavaceae*）所属单子叶植物的统称。龙舌兰科有20属，约670种，大多原产于北美洲墨西哥一带（黄艳，2013）。龙舌兰麻种质资源丰富，其中约有50种龙舌兰麻种质资源中蕴藏着大量高产、抗性基因，这为剑麻新品种选育提供了重要材料。国外拥有大量的龙舌兰野生植物和半野生植物，因而育种成效较显著。我国过去对剑麻种质资源的收集、研究和利用不够，部分原始种正逐渐丧失，造成种质资源贫乏，新品种选育效率低。

农业部热带作物物种资源保护项目"剑麻种质资源"于2008年落户广东省湛江农垦科学研究所。该资源圃共保存了剑麻原始种、野生种、具有优良性状的杂交种（品种）和杂交后代优良品系共85份，种质分布包括龙舌兰麻科5个属52个种（亚种），其中龙舌兰属40份资源、中美兰麻属3个种、虎尾兰属3个种、丝兰属3个种、晚香属2个种、铁树属1个种；同时收集了一批优良的杂交品种（系）和辐射种共21份；通过品种自育和优选，从一批优良的杂交品种后代单株中系选出遗传性状稳定的优良品系材料12份（陈叶海，2000）。广西亚热带作物研究所保存龙舌兰科植物29种，其中，有H·11648麻、普通剑麻、亚洲马盖麻、假菠萝麻、蓝剑麻、东2号、东45号、粤西443号等（郭朝铭等，2006）。陈河龙等通过人工接种鉴定不同龙舌兰麻种质的抗斑马纹病的特性，发现番麻、东368号、墨引6号、墨引12号、墨引7号、墨引5号、假5号、马盖麻、东109号、金边弧叶龙舌和兰墨引4号22份种质为高抗种质（陈河龙等，2015）。

近年来，周文钊等针对国内龙舌兰麻种质资源保护、鉴定评价与创新利用严重滞后问题，从种质资源收集保存、描述整理、鉴定评价、遗传多样性、种质创新与育种利用及试验示范等方面，进行龙舌兰麻种质资源与种质创新研究，建成了国内外最大的保存圃进行活体保存；制定了龙舌兰麻种质资源描述与鉴定技术规范，系统开展了种质资源鉴定评价研究；通过优良杂交亲本选择，开展有性杂交育种，同时开展辐射诱变和分子育种技术研究。陈河龙等（2011）对不同剑麻种质进行了抗病性鉴定，其中番麻、东368号、墨引5号、墨引6号、墨引7号和墨引12号6种表现出了极强的抗病性；雷神、H·11648、东16号、粤西75号、广西76416号、多叶普通剑麻6种表现高度感病，其他为介于二者之间的类型。我国现有的剑麻种质资源量小，遗传基础狭窄，可供创新利用的亲本材料严重不足，因此，必须大量搜集境外种质资源。

2012年，国家麻类产业技术体系剑麻育种基地在中国热带农业科学院南亚热带作物研究所建成。该基地总面积8公顷，主要开展剑麻种质资源收集保存和新品种选育、配套栽培技术试验示范以及种苗繁育方面的研究，是一个综合性科研基地。基地分为种质资源保存区、亲本及选种区、系比区、品种比较试验区、种苗繁育区、试验示范区和品种展示区。

中国在研究剑麻种质资源方面起步较晚，剑麻种质创新利用明显不足，特别是剑麻新品种选育研究基础薄弱，育种工作进展缓慢。但也取得了一定的成果，先后选育出了一些剑麻杂交品种（高建明等，2011），包括广西76416号、粤西114号、南亚1号、南亚2号、东16号、东368号、东26号、东27号、东74号、东109号等。此外，还开展了剑麻种质资源的纤维特性研究，初步选出了一批纤维性状较好的种质材料。对部分剑麻原始品种的叶纤维束数、束纤维细胞数等研究发现原始种的普通剑麻和蓝剑麻的纤维较好，可作为杂交亲本的理想材料（谢恩高等，1994）。研究发现，剑麻种质资源中，纤维性状好的剑麻品种和杂种主要有普通剑麻（无刺剑麻）、蓝剑麻、东26号、东74号、东B、东H和东I等。利用这些品种的优异纤维特性，通过有性杂交、回交或基因诱导可望获得特优质纤维品种。

（二）剑麻育种领域研究进展

国外剑麻育种工作始于20世纪30年代，坦桑尼亚、肯尼亚、巴西和墨西哥等国家在剑麻育种研究上做了大量工作，也取得了显著成就，如培育出了高产抗寒品种H·11648、抗病杂种H·67041、高产希氏新变种等。我国剑麻育种工作起步较晚，20世纪70年代开始转入抗病育种研究，经过20多年的努力，培育出了一些较抗病的品种，如粤西114号、广西76416号、东16号等，供剑麻病区选择利用。近年来，利用回交法对杂种F_1代进行回交，对改良杂种F_1代不良性状的研究获得了进展，如剑麻粤西114与H·11648回交培育出的南亚1号。与粤西114号相比，南亚1号叶片产量高、抗性好、叶片大；与生产麻H·11648相比，南亚1号生产周期短、叶片大、纤维率低，尚未达到理想的培育目的。我国几十年的剑麻育种实践，主要以常规方法培育新品种，虽然获得了一定成效，但没有从根本上解决国内剑麻生产品种缺乏的现状（郭朝铭等，2006）。剑麻的主要育种方式有有性杂交、无性选种、现代生物技术育种。2019 年，新建抗紫色卷叶病杂交后代群体 1 个，获得剑麻紫色卷叶病外源抗虫转化植株 10 株。

1. 有性杂交

有性杂交是剑麻育种最主要的方法。该法通过人工把一个或多个优良品种的花粉授到另一个品种的柱头，使其受精结实产生杂种，再通过培育选择从而获得新品种。坦噶尼喀剑麻研究站（坦桑尼亚独立后改称为坦桑尼亚剑麻试验站）通过有性杂交，历经 22 年育成丰产较耐寒的 H·11648。1961—1971 年，坦桑尼亚和肯尼亚剑麻试验站用具有抗斑马纹病能力的莱氏龙舌兰麻（*Agave lespinassei* Trel）为母本，以多叶片的 H·11648 为父本进行杂交育成了抗斑马纹病的新杂种 H·67041。1958—1974 年巴西通过蓝剑麻与假菠萝麻杂交，选育出了比剑麻具有更多叶片的新杂种（刘翠娥等，2013）。我国在剑麻有性杂交育种方面也做过大量工作，如通过 H·11648 与剑麻杂交育出了抗病性较强的粤西 114 号，该品种可用在斑马纹病和剑麻茎腐病区补植和种植；通过 H·11648×剑麻这一杂交组合选出了东 16 号；通过番麻×H·11648 的杂交组合初选具有一些较好性状的新品种如东 368 号、广西 76416 号；通过粤西 114 号×H·11648 的杂交组合筛选和培育了具有优良性状的南亚 1 号、南亚 2 号等剑麻新品种（陈叶海等，2005；姜伟等，2011）。由于剑麻营养生长期一般为 10 年以上，有些甚至长达 15 年以上，且各品种的花期不一致、花粉贮藏不易、品种多为多倍体、F_1 代育性差、种子发芽率低、缺少抗原等因素，给杂交育种工作带来很大的困难，因此剑麻有性杂交育种进展缓慢，新品种选育效率低，需要几代人坚持不懈的努力才能见成效。

2. 无性选种

剑麻生产中，常用吸芽、珠芽和地下茎作为剑麻的无性繁殖材料。无性后代的遗传性虽然比较稳定，但在不同外界条件下也常有芽变现象发生。因此，可通过单株选择的方法，选出优良的植株，培育成新品种。无性系选育主要是在大田中筛选自发突变产生的优良单株，有很大的盲目性。1964 年，英国人伦辛在肯尼亚的洛莫洛麻园的剑麻中选出植株高大、叶片特多的新变种。20 世纪 80 年代，广东省东方红农场和剑麻研究所筛选出的优异单株有东 5 号、东 10 号等叶片稍粗大的优良单株，但其他优点不明显，该场还在长期栽培番麻的麻园中选出了无刺番麻的变种，山圩农场和火炬农场也从剑麻园中选出了叶片数多的剑麻单株。

3. 现代生物技术育种

生物技术的应用扩展了育种范围，提高了育种的目的性和可操作性，使作物品种改良方法现代化和高效化，因而近40多年来得到了迅速的发展。目前，完整的植物基因工程理论和技术体系已基本建立，已培育出一批优质、高产、抗逆性强的农作物新品种（高建明等，2011）。生物技术手段包括诱变育种、体细胞杂交、基因工程育种等。国内外剑麻新品种绝大多数是通过常规方法育成，但近年来国外利用基因工程技术进行剑麻育种研究已逐渐趋于成熟。我国应用基因工程技术进行剑麻抗病品种选育也取得了重要进展，不同剑麻品种基因的连系被发现，剑麻遗传转化体系和ISSR反应体系都已建立（郭朝铭等，2006a；郭朝铭等，2006b）。

（三）剑麻栽培与耕作领域研究进展

我国于1901年首次引进马盖麻，在台湾、福建等东南沿海试种，主要满足航海业、海洋打捞业及包装业需要。之后50年剑麻只有小面积零星种植，大概只有300公顷，基本上没有商品性生产。1954年在雷州半岛组建了东方红和金星等剑麻场，开展种质资源功能研究。剑麻大规模种植是从1963年引入杂种H·11648开始的，推广迅速，1978年种植面积达到3.3万公顷。在此基础上，开展了一系列剑麻H·11648栽培技术研究。特别是剑麻营养诊断、平衡施肥、病虫害防治等方面做了大量的研究工作。余让水、许能琨等人开展了H·11648麻主要矿质营养缺乏症研究，利用沙、土、水培试验和田间调查方法，叙述了H·11648麻主要矿质营养缺乏症，制定了H·11648麻主要矿质营养缺乏症指标。许能琨、孙光明等人开展了H·11648麻营养诊断指导施肥技术研究，制定了H·11648麻营养诊断施肥指标和营养诊断实施过程，通过营养诊断指导施肥技术研究，推广应用麻田全面消除了缺素症并使产量提高10%以上（胡盛红等，2014）。

通过多年的生产实践，我国已摸索出实现剑麻高产稳产的栽培技术措施，于2005年制定了剑麻栽培技术规程。孙光明等编写了培训教材《剑麻栽培工》，通过剑麻种植业标准化实施，我国剑麻大面积平均单产可达3000千克/公顷，居世界最高。在世界剑麻面积和产量逐年递减的情况下，我国剑麻面积和产量稳步发展。按照剑麻技术规程开展剑麻施肥、除草、喷药、合理留叶、中耕松土、采割等技术工作，以确保剑麻高产稳产。近年来，特别是"十二五"以来，依托国家麻类产业体系的建立，易克贤、习金根等开展了剑麻高产高效栽培技术研究，建立了我国剑麻主产区土壤数据库，分析了剑麻园土壤养分状况，并开展了剑麻平衡施肥研究（黄艳，2018；黄标等，1990；黄标等，2007）。广西农垦国有山圩农场积极研发和集成国内外剑麻先进生产技术，创新经营管理机制，确保产量、质量和效益取得一定成效。2010—2012年，山圩农场剑麻按收获面积计算年均单产纤维572.6千克/亩，居全球大面积种植剑麻单产首位，取得了较好的社会效益和经济效益（黄东东等，2013）。

广东植麻区大面积麻田从种植到收获已初步实现机械化，机械化综合作业水平达85%，户均种植面积由过去的10余亩发展到现在的40多亩，大大提高了生产效率。黄标等开展了剑麻基本全程机械化耕作示范，经试验示范剑麻全程机械化可促进标准化质量的提高，如种麻、育苗机械起畦可保证起畦质量，达到排水顺畅，有效减轻斑马纹病为害，仅起畦便可达到每亩比人工降低成本60元；机械施石灰可保障撒施均匀，中和土壤酸性效果达到最佳和提高钙的利用率50%以上，每亩生产成本降低30元以上；机械施肥覆土提高工效80倍以上，亩降低人工费25元以上；机械喷（撒）药可提高工效外，还可避免人员中毒，以上全程机械化耕作亩可节省成本80元以上。同时开展了剑麻组培苗带根种植技术、小行覆盖施肥技术，发现剑麻组培苗带根带土上山种植，恢复生长快。小行施肥培土可增加土壤透气性，促进根系生长，剑麻速生快长，尤其是遭受紫色卷叶病后恢复生长快，比对照增产15%以上。黄标等（2007）经多年剑麻水肥药一体化技术试验，结果表明该技术可满足剑麻生长所需要的水肥，促进剑麻快速生长，产量增加10%以上。同时研究发现剑麻隔年或年年中耕开沟施肥，其叶长、叶宽、增叶片数、单叶重各项指标均比免耕法略高。

在干热河谷地区种植剑麻试验发现，种植剑麻可以固水保土，有利于生态恢复。剑麻间种柱花草可显著减轻水土流失，增加土壤有机质，培肥地力，提高土地产出率，增加麻农收入。剑麻间种柱花草，有利于草蛉繁殖，有利于降低剑麻粉蚧虫和紫色卷叶病为害。习金根等开展了干旱胁迫对剑麻幼苗生理生化的影响研究，适度干旱胁迫有利于剑麻的生长（黄富宇等，2013）。

通过H·11648的引种与推广，我国基本掌握了剑麻良种化种植技术、病虫害综合防控技术以及营养诊断指导施肥技术，使剑麻产量提高了10%以上，从而使我国剑麻单产近些年来稳居世界首位。

（四）剑麻植物保护领域研究进展

我国剑麻当家品种H·11648自20世纪70年代引进以来已在我国种植几十年，经历了3个生命周期。种植品种的长期单一造成我国麻园病虫害日益严重，导致剑麻产量和质量不断下降，已成为制约我国剑麻产业可持续发展的主要因素。我国剑麻病虫害有十几种，其中斑马纹病、茎腐病、紫色卷叶病和新菠萝灰粉蚧常年发生，有些年份甚至大面积流行，危害较大（黄艳，2103）。2019年，成功开发出剑麻植株内植原体特异性引物，并以此建立了高效剑麻紫色卷叶病病原鉴定检测体系。

1. 剑麻主要病害防治研究

剑麻病害可分为生理性病害、病理性病害和虫媒病害。生理性病害指由土壤或气候环境造成植株缺素或功能失常引起的病害，包括黄斑病、白斑病、带枯病、紫色卷叶病、褪绿斑驳病等。病理性病害指由病原真菌、细菌引起的病害，包括斑马纹病、茎腐病、炭疽病、叶斑病、褐斑病、梢腐病等。虫媒病害指由昆虫传播的病原或由其排泄物引起的病害，包括丛叶病、褐色卷叶病、煤烟病等。目前我国植麻区危害较严重的主要有斑马纹病、茎腐病和紫色卷叶病。

（1）剑麻斑马纹病

我国剑麻生产中发生最普遍、危害最严重的病害，各植麻区均不同程度发生此病。前人已对立地环境、割叶制度、药剂防治等多种斑马纹病防治技术做过较多研究，并总结出了多种有效的防治措施。首先，选用抗病品种的健康种苗，严禁采用疫区种苗种植。其次，采取合理的栽培措施，如起高垄育苗或种植，植时避开高温多雨季节，挖去斑马纹病病株并集中烧毁，用乙磷铝或敌克松消毒病穴、适时收割脚叶。此外，可用甲基托布津、精甲霜·锰锌、霜脲锰锌、烯酰吗啉、锰锌·氟吗啉和克菌特等毒力较强的杀菌剂进行化学防治。

（2）剑麻茎腐病

一种仅次于斑马纹病的主要病害。研究发现，剑麻茎腐病症有湿茎腐、干茎腐、杆基部茎腐等3种类型（刘巧莲等，2010；刘铮等，2005）。增施石灰可有效防治剑麻茎腐病，冬季低温期（气温低于20℃）割叶并于割后第2天施用杀菌剂对控制或减轻茎腐病的危害也有良好效果。化学防治方面，室内以咪鲜胺锰盐、五硝基多菌灵、甲基多抗霉素、霜脲锰锌、苯醚甲环唑抑菌效果最好（卢文标等，1994），田间可选用灭病威、多菌灵、丙环唑和霜疫灵等。

（3）紫色卷叶病

近年来，我国海南及广东湛江麻区H·11648先后发生的一种新病害（紫色卷叶病）。海南及广东湛江麻区损失惨重，年减产30%以上，该病严重制约我国剑麻业的发展。目前该病的病因还不清楚，防治方法主要是用40%氧化乐果500~600倍液和4.5%氯氰菊酯600倍液等扑杀害虫，有效控制新菠萝灰粉蚧，降低紫色卷叶病的发病率。

2. 剑麻主要虫害防治技术研究

剑麻的虫害不多，我国主要是新菠萝灰粉蚧，红蜘蛛、天牛、褐圆蚧和橄榄蜡蚧等的危害较小。

新菠萝灰粉蚧是剑麻介壳虫的优势种，是严重为害剑麻的外来入侵害虫。该虫还可分泌蜜露，导致煤烟病的暴发，更为严重的是可引发紫色尖端卷叶病，直接影响纤维的产量和质量（吕江南等，2013）。

栽培管理方面，应选用健康种苗，合理规划和实施轮作制度，施石灰调节麻田土壤酸碱度，平衡施肥和增施有机微生物肥等。

化学防治方面，可选择毒死蜱、速扑杀、啶虫脒等农药。40%氧化乐果500～600倍液和4.5%氯氰菊酯600倍液等对扑杀害虫有特效，能有效控制虫情。但化学防治很难消灭隐藏在未完全张开的心叶里的虫体，往往虫害会再次发生。

生物防治有望成为根治剑麻新菠萝粉蚧的方法。首次开展新菠萝灰粉蚧本地天敌资源调查，发现了对新菠萝灰粉蚧捕食能力较强的天敌——丽草蛉。

（五）剑麻农业机械领域研究进展

随着科学技术的发展，剑麻机械也随之得到发展。

1. 田间管理机械

1980年以前，我国研制的剑麻田间管理机械主要有2Q-3型剑麻起苗机、深耕浅种开沟犁、JX-3型麻头粉碎机、F-53型剑麻麻头粉碎机等。

雷州半岛的土地平坦，极宜机耕，但之前我国没有专门的剑麻种植机具。为了提高劳动生产率，广东农垦剑麻研究机构东方红农场农科所、广东省湛江农垦科学研究所以及一些著名高校和研究机构开展技术攻关。"剑麻园机械化学除草机""2H-1.8T型石灰撒施机""打草施肥联合作业机""种植起畦犁""行间套种麻苗起畦犁""施肥沟覆土器"等机械先后研制成功，剑麻种植全程除割叶这个环节外，全部实现了机械化，从而使剑麻种植从早期的一个人工只能管1.3公顷，逐渐达到现在的4公顷，社会经济效益显著，具有良好的推广应用前景，对促进剑麻产业的发展有着重要意义。

2. 收割机械

在剑麻生产中，最为繁重的是割叶，人工作业的工作量极大，剑麻还存在伤害作业人员的隐患，造成了剑麻生产效率低下、人工成本过高，因此剑麻叶片的收割十分困难。长期以来，剑麻叶片的收割由人工完成，收割劳动强度大、劳动成本高、越来越难找到割叶操作工人是制约剑麻产业发展的瓶颈，实现机械化收割叶片是当前急需解决的技术难题。广东省曾开展过剑麻收割机的研究工作，但因难度较大而未能完成。2013年，中国热带农业科学院农业机械研究所与湛江农垦集团公司共同主办"剑麻机械化收割专题学术研讨会"，争取在剑麻收割机械方面早日立项解决机械化收割问题。

3. 加工机械

剑麻加工设备的发展经历了从手工捶打式、到手拉式刮麻机、再到半自动刮麻机和自动排麻刮麻机一条龙生产线方式。目前，全世界剑麻加工机械的制造主要集中在中国，而生产研发基地主要集中在湛江农垦东方剑麻集团公司、广西剑麻集团等大型单位。目前，我国从事剑麻机械行业的企业已超过200家，在剑麻加工机械市场形成了多品种、多规格、多系列的格局，所生产的常规产品已经能够满足纤维产品加工或是粗加工的需要。剑麻加工机械分为初加工机械和深加工机械，前者加工的对象是剑麻鲜麻片，后者加工的对象是剑麻纤维。

剑麻初加工机械，早于20世纪70年代中后期已实现了机械化自动排麻和刮麻，机械化程度较高，主要生产工艺和设备包括齐头机、自动刮麻机、纤维压水机、纤维圆梳机、纤维抛光机、纤维干燥设备、纤维打包机及乱纤维回收机等。目前其制造商主要集中在广东湛江农垦东方剑麻集团公司、广西剑麻集团等国有大型企业，该生产线适合专业化、大面积种植剑麻加工使用。1980年以前，剑麻纤维剥制机械主要有6JM-50型刮麻机、G-40剑麻自动刮麻机，G50t、G100t、G150t系列刮麻机等纤维初加工机械。1980—1990年，根据我国剑麻生产需求，又先后研制XJ-110型剑麻叶尖削尖机、PP40剑麻半自动排叶机、GS40×L刮麻机、6BJM-50型剑麻刮麻机等。2000年后，又研制开发了剑麻头切碎分离机、麻头分丝机、纤维烘干机等纤维加工机械。

剑麻深加工机械与初加工机械是在同一时期发展起来的，已基本形成一条龙全套产品，包括：理麻机、并条机、制股机、制绳机、纺纱机、倒纱机、织布机等。剑麻深加工机械是在对初加工的纤维进行精深加工处理的基础上发展起来的。剑麻深加工机械的快速发展对推动我国剑麻产业更好地发展以及提高剑麻产业的市场竞争力具有重要意义。

近年来，广西剑麻加工机械的性能大幅提升，生产厂家日渐增多，产品数量逐年增加。我国湛江地区的剑麻产业经过70余年的发展，已初步形成中国较大规模的剑麻产业基地和完整的剑麻加工体系，相关技术处于世界先进水平。随着科学技术快速发展，液压、电子、机械技术广泛应用于剑麻加工机械，而微机自动控制技术在机械控制系统中的应用更是极大提升了加工机械的技术水平。近年来，我国剑麻加工机械在经济性、实用性、可靠性等方面都上了一个新的台阶，部分企业的产品已达到国际先进水平，一些大型剑麻加工机械企业已开始生产集烘干、压水与脱胶于一体的自动化综合加工机械。

（六）农产品加工领域研究进展

我国是世界剑麻制品加工中心，目前全国拥有各类剑麻加工厂60多家，从业人数约5.2万人，产值约15亿元。我国大部分纤维加工成剑麻纱条、白棕绳、剑麻抛光布及剑麻地毯等外销产品。由于品牌信誉好、花色多、质量稳定、销售网络广，中国剑麻产品畅销欧洲、美国、东南亚、中东、日本、韩国等30多个国家和地区。

剑麻制品已有细纱、白棕绳、麻布、地毯、剑麻抛光轮等20个系列500多个品种，初步形成了产品的标准化、系列化。近10年来，利用剑麻纤维特有的天然环保、阻燃、无静电、防蛀等特性制造的剑麻地毯、内墙装饰、衬垫、工艺品等，越来越受到人们青睐。金属抛光布、高档捻线、金属芯纱条和工艺绳等是市场要求旺盛产品。我国40%以上的剑麻加工产品远销美国、欧盟、中东、东南亚等国家和地区。特别是自2019年下半年以来，由于全球纤维产量下降，剑麻纤维处于供不应求状态。作为复合材料，剑麻纤维表面具有一定的羟基基团，容易与高分子聚合物发生共聚形成复合材料，应用于增强聚合物基复合材料，具有韧性好、重量轻、隔热性好等优点，主要用于门板、轿车衬里、扶手等部件的加强筋。钢丝绳芯作为剑麻新兴产业，国内外需求量都有较大的市场空间，仅国内的电梯绳芯就有2万~3万吨的需求。随着国际市场对高品质绳芯产品的逐步认可，钢丝绳芯的市场将更为广阔。

剑麻麻渣、麻水作为天然产物原料，汁液可提取皂素制成贵重药物，还可提取草酸、果胶和制取酒精，麻渣可做肥料和饲料。在生物工程上，利用剑麻组织和细胞培养诱导蛋白酶。近年我国逐渐提高对剑麻的综合利用率，若能充分开发利用，这些产品的产值要比纤维主产品高很多。剑麻皂素，也叫剑麻皂苷元、替告吉宁，是合成甾体激素类药物的医药中间体，可用于合成哺乳动物信息素、皮质激素药物、促蛋白同化与心血管疾病的甾体药物以及抗心律失常药等药物。利用剑麻废水、废渣可生产麻膏，麻膏可制取皂素，皂素可生产200余种药物，产品供不应求。研究发现剑麻皂素具有抗炎、镇痛、增强免疫、降血糖等作用，且毒性较低。近年来，剑麻纤维副产物价值的加工应用发展较快。目前，全国至少有3家剑麻皂素生产企业。在广西，凡有麻片加工的地方均生产麻膏，并向皂素生产企业销售。此外，麻渣还可生产果胶作为食品添加剂，以及利用麻头生产麻丝，麻丝是制造高级床垫的高档材料。刘峥等采用酸浸法从剑麻柄中提取了酸洗缓蚀成分剑麻总生物碱，具有较好的缓蚀效果。胡力飞等用溶剂萃取法对剑麻的95%乙醇提取物进行分段处理，利用MTT法测定各提取部位的体外细胞毒活性，发现正丁醇提取物对肿瘤细胞株K-562、SMMC-7721和SGC-7901显示有生长抑制活性。剑麻提取液对杧果畸形病菌、芒果炭疽病、假臭草萌发和生长、砂糖橘采后防病效果和台湾青枣采后生理及贮藏效果的影响也已有报道。杨世军等以剑麻柄为原料，对剑麻柄保健酒的工艺进行过研究，通过在浸提液中加入淀粉酶、糖化酶、活性干酵母，得出最佳发酵条件。除研究剑麻柄汁液最佳发酵条件外，还研究了发酵结束后，将醪液进行蒸馏、过滤、澄清、勾兑等加工成剑麻蒸馏酒的工艺技术。

（七）农产品质量安全领域研究进展

剑麻茎、叶是农产品，剑麻纤维、皂素、剑麻核酸、果胶、提取液、剑麻酒等属于剑麻直接加工品。除剑麻纤维属于非食用产品外，其余加工品均为食（药）用产品。作为非食用产品，剑麻纤维至今未存在重大质量安全问题，而剑麻其他加工品的开发利用还处于起步阶段，也未发现重大质量安全问题。因此，国内外对剑麻农产品质量安全的研究较少。但同其他农产品一样，剑麻农产品质量同样存在巨大安全隐患，特别是随着剑麻皂素、核酸、果胶等食用产品的开发及其产业的发展壮大，剑麻农产品质量安全问题将日益突出。

为保证剑麻农产品质量安全，我国制定了剑麻产业标准体系。剑麻产业标准体系建设是我国热区农业标准化的一部分，在剑麻产品质量及安全方面发挥了积极的作用。我国剑麻标准体系建设经过几十年的发展，逐步涵盖了12类全部类型的标准。

二、剑麻产业科技成果情况

（一）剑麻产业科技奖励情况

我国引入剑麻种植后开展了一系列的科研攻关，科研成果丰硕。据不完全统计，剑麻相关科研技术先后获得了国家级科研成果奖励7项，省部级科技成果奖52项，地厅及科技成果奖24项（表1-9～表1-11）。其中，国家级科研成果奖中，《H·11648麻引进试种、技术改造和示范推广》《特色热带作物种质资源收集评价与创新利用》获得国家科学技术进步奖二等奖；《H·11648麻营养诊断指导施肥技术研究》《剑麻综合栽培技术研究与应用》获得国家科学技术进步奖三等奖，《剑麻快速繁殖法》《剑麻叶汁提取生产皂素》获全国科学大会奖。省部级科技奖励32项，其中省部级科学技术进步奖一等奖1项、二等奖6项、三等奖19项；省部级科技成果奖二等奖2项；省部级技术推广奖2项。地厅级科技奖励21项，其中地厅级科学技术进步奖二等奖2项，地厅级科学技术进步奖三等奖8项；地市级科技成果奖二等奖2项；广东省技协奖二等奖2项。

表1-9 剑麻获国家科技奖励统计表

序号	成果项目名称	完成单位	获奖年度	奖励类别	奖励等级	授奖单位
1	剑麻快速繁殖法		1978	全国科学大会奖		全国科学大会
2	剑麻皂系——梅柯吉宁与替告吉宁的工业分离	华南热作研究院热作产品加工设计研究所	1978	全国科学大会奖		全国科学大会
3	番剑麻混合皂素分离与龙舌兰麻叶汁发酵	华南热作研究院热作产品加工设计研究所	1978	全国科学大会奖		全国科学大会
4	H·11648麻引进试种、技术改造和示范推广	东方红农场、华南热作研究院热作所等	1986	国家科学技术进步奖	2	中华人民共和国
5	H·11648麻营养诊断指导施肥技术研究	中国热带农业科学院南亚热带作物研究所等	1993	国家科学技术进步奖	3	中华人民共和国
6	剑麻综合栽培技术研究与应用	广西亚热带作物研究所等	1993	国家科学技术进步奖	3	中华人民共和国
7	特色热带作物种质资源收集评价与创新利用	中国热带农业科学院、广东省湛江农垦集团公司等	2012	国家科学技术进步奖	2	中华人民共和国

表1-10 剑麻获省部级科技奖励统计表

序号	成果项目名称	完成单位	获奖年度	奖励类别	奖励等级	授奖单位
省部级科学技术进步奖一等奖（1项）							
1	剑麻纤维简易压水机研制	广西亚热带作物研究所	1982	广西壮族自治区科学技术进步奖	1	广西壮族自治区人民政府
省部级科学技术进步奖二等奖（6项）							
1	剑麻斑马纹病病原生物学、遗传多态性及防治技术研究	中国热带农业科学院南亚热带作物研究所、热带生物技术研究所、环境与植物保护研究所	2011	海南省科学技术进步奖	2	海南省人民政府
2	ZL—01型剑麻乱纤维回收机		1987	农牧渔业部科学技术进步奖	2	农牧渔业部
3	剑麻综合栽培技术研究与应用	广西亚热带作物研究所	1992	农业部科学技术进步奖	2	农业部

续表

序号	成果项目名称	完成单位	获奖年度	奖励类别	奖励等级	授奖单位
4	剑麻营养诊断指导施肥技术研究	中国热带农业科学院南亚热带作物研究所	1992	农业部科学技术进步奖	2	农业部
5	H·11648麻营养诊断指导施肥技术研究	广东省国营金星农场	1992	农业部科学技术进步奖	2	农业部
6	剑麻田更新配套机械的研制与应用	广东省国营东方红农场	1992	农业部科学技术进步奖	2	农业部
省部级科学技术进步奖三等奖（19项）						
1	龙舌兰杂种H·11648麻主要矿质营养缺乏症研究	中国热带农业科学院南亚热带作物研究所	1993	广东省科学技术进步奖	3	广东省人民政府
2	剑麻营养诊断指导施肥技术的研究与应用推广	广东省东方剑麻集团有限公司	1999	广东省科学技术进步奖	3	广东省人民政府
3	剑麻纤维软化新工艺	广西亚热带作物研究所	1988	广西农垦科学技术进步奖	3	广西壮族自治区人民政府
4	中低产麻田改造	广西亚热带作物研究所	1991、1990	广西科委科技进步奖；广西农垦科技进步奖	3	广西壮族自治区人民政府
5	H·11648麻营养诊断指导科学施肥技术研究	红山农场热作所	1991	广西壮族自治区科学技术进步奖	3	广西壮族自治区人民政府
6	剑麻抛光轮研制技术	广西亚热带作物研究所	1991	广西壮族自治区科学技术进步奖	3	广西壮族自治区人民政府
7	剑麻颈腐病病原研究和综合治理试验	广西亚热带作物研究所	1997	广西壮族自治区科学技术进步奖	3	广西壮族自治区人民政府
8	剑麻新品种选育和产业化集成示范应用	广西农垦山圩农场	2016	广西壮族自治区科学技术进步奖	3	广西壮族自治区人民政府
9	剑麻新菠萝灰粉蚧生物学、生态学及防治技术研究	中国热带农业科学院环境与植物保护研究所	2012	海南省科学技术进步奖	3	海南省人民政府
10	剑麻新品种粤西114号的选育	中国热带农业科学院南亚热带作物研究所	1990	农业部科学技术进步奖	3	农业部
11	剑麻茎腐病的防治技术研究	广东省国营东方红农场	1994	农业部科学技术进步奖	3	农业部
12	剑麻营养诊断指导施肥技术的研究与应用推广	广东省东方剑麻集团有限公司	1999	广东省科学技术进步奖	3	广东省人民政府
13	剑麻茎腐病的防治技术研究		1984	农业部科学技术进步奖	3	农业部

续表

序号	成果项目名称	完成单位	获奖年度	奖励类别	奖励等级	授奖单位
14	剑麻纤维细纱及FL12/0.6—1.2型纺纱机研制		1989	农业部科学技术进步奖	3	农业部
15	剑麻新产品——针刺絮垫的开发		1990	农业部科学技术进步奖	3	农业部
16	剑麻纤维柔软剂JNJ2D、TJT2H的研制及应用		1993	农业部科学技术进步奖	3	农业部
17	剑麻茎腐病的防治技术研究		1999	农业部科学技术进步奖	3	农业部
18	"剑麻地毯及装饰用品开发"		1989	纺织工业部科学技术进步奖	4	纺织工业部
19	DN-1型白棕绳麻条均匀度计算机控制、检测系统制度及推广应用		1988	广东省科学技术进步奖	3	广东省人民政府
省部级科技成果奖二等奖（2项）							
1	DN-1型白棕绳麻条均匀度计算机控制、检测系统制度及推广应用		1988	农牧渔业部科技成果奖	2	农牧渔业部
2	龙舌兰麻杂种11648蛋白酶提取和研究（小试验）	广西亚热带作物研究所	1980	广西科委科技成果奖	2	广西壮族自治区科委
省部级技术推广奖（2项）							
1	万亩剑麻丰产栽培配套技术示范推广	广东省国营东方红农场	2000	广东省农业技术推广奖	3	广东省农业技术推广奖评审委员会
2	剑麻高产栽培措施的推广		1982	国家科委、农委成果推广奖	1	国家科委、农委

表1-11 剑麻获地厅级科技奖励统计表

序号	成果项目名称	主要完成单位	获奖年度	奖励类别	奖励等级	授奖单位
1	剑麻珠芽组织培养技术研究	广东省湛江农垦科学研究所	2006	湛江市科学技术进步奖	2	湛江市人民政府
2	JGR-120型剑麻纤维有机热载体烘干机技术研究	广东省东方剑麻集团有限公司	2006	湛江市科学技术进步奖	2	湛江市人民政府

续表

序号	成果项目名称	主要完成单位	获奖年度	奖励类别	奖励等级	授奖单位
3	剑麻种质资源保护评价和利用	广东省湛江农垦科学研究所	2013	湛江市科学技术进步奖	2	湛江市人民政府
4	广西农垦热带、亚热带作物病虫害普查	广西亚热带作物研究所	1994	广西农垦科学技术进步奖	2	广西壮族自治区农垦局
5	H·11648麻在广西北移试种研究	广西亚热带作物研究所	1996	广西农垦科学技术进步奖	2	广西壮族自治区农垦局
6	龙舌兰麻杂种76416抗斑马纹病选育	广西亚热带作物研究所	1997	广西农垦科学技术进步奖	2	广西壮族自治区农垦局
7	快速测定剑麻叶片纤维含量技术研究与应用	农业农村部剑麻及制品质量监督检验测试中心	2014	湛江市科学技术进步奖	3	湛江市人民政府
8	剑麻纤维软化新工艺推广	广西亚热带作物研究所	1988	广西农垦科学技术进步奖		广西壮族自治区农垦局
9	广西香蕉剑麻种植区划	广西亚热带作物研究所	1988	广西农垦科学技术进步奖		广西壮族自治区农垦局
10	H·11648麻缺硼轴腐病鉴别及防治	广西亚热带作物研究所	1988	广西农垦科学技术进步奖	3	广西壮族自治区农垦局
11	H·11648麻中低产麻田改造	广西亚热带作物研究所	1990	广西农垦科学技术进步奖	3	广西壮族自治区农垦局
12	H·11648麻营养诊断指导科学施肥技术研究	红山农场热作所	1990	广西农垦科学技术进步奖	3	广西壮族自治区农垦局
13	H·11648麻种植密度试验研究	广西亚热带作物研究所	1992	广西农垦科学技术进步奖	3	广西壮族自治区农垦局
14	剑麻抛光轮研制技术	广西亚热带作物研究所	1992	广西农垦科学技术进步奖	3	广西壮族自治区农垦局
15	剑麻短纤维细纱条	广西亚热带作物研究所	1992	广西农垦科学技术进步奖	3	广西壮族自治区农垦局
16	H·11648麻田施用石灰粉替代熟石灰试验研究	广西亚热带作物研究所	1994	广西农垦科学技术进步奖	3	广西壮族自治区农垦局
17	龙舌兰杂种76416抗斑马纹病选育	广西亚热带作物研究所	1997	广西农垦科学技术进步奖	2	广西壮族自治区农垦局
18	剑麻颈腐病病原研究和综合治理试验	广西亚热带作物研究所	1998	广西农垦科学技术进步奖	3	广西壮族自治区农垦局
19	剑麻加工提质增效关键技术创新与应用	广西亚热带作物研究所	2021	广西农科院科学技术进步奖	3	广西壮族自治区农业科学院

续表

序号	成果项目名称	主要完成单位	获奖年度	奖励类别	奖励等级	授奖单位
20	龙舌兰麻杂种第11648号引种、技术改进和示范推广	广东省国营东方红农场、华南热带作物科学研究院热作所	1984	华南热作两院科技成果奖	2	华南热作两院
21	剑麻高产养分管理基础及配套栽培技术研究	中国热带农业科学院环境与植物保护研究所	2020	中国热带农业科学院科技创新奖	2	中国热带农业科学院

（二）剑麻申请专利情况

近10年，我国在剑麻行业申请发明、实用新型、外观设计等各类专利797项，表1-12简要列明已授权国家发明专利11项，实用新型专利22项，外观包装设计专利1项，仅供参考。

表1-12　2011—2021年剑麻行业专利统计表

序号	专利名称	专利号/申请号	类型	申请/专利权人	法律状态
1	一种剑麻茎尖愈伤组织的诱导及再生体系建立的方法	ZL 2011 1 0214394.7	发明专利	中国热带农业科学院南亚热带作物研究所	授权
2	一种提高剑麻组培种苗质量的快繁方法	ZL 2011 1 0230235.6	发明专利	广东省湛江农垦科学研究所	授权
3	一种克服剑麻组织培养苗玻璃化现象的方法	ZL 2011 1 0204540.8	发明专利	中国热带农业科学院南亚热带作物研究所	授权
4	一种克服剑麻不定芽玻璃化的方法	ZL 2012 1 0293863.3	发明专利	中国热带农业科学院南亚热带作物研究所	授权
5	一种金边弧叶龙舌兰离体培养及再生体系建立的方法	ZL 2013 1 0033326.X	发明专利	中国热带农业科学院南亚热带作物研究所	授权
6	一种发酵提取剑麻皂素的方法	ZL 2017 1 0028815.4	发明专利	中国农业科学院麻类研究所、农业农村部剑麻及制品质量监督检验测试中心	授权
7	一种剑麻旱坡地逐步梯地化技术	ZL 2017 1 0459108.0	发明专利	云南农业科学院热区生态研究所	授权
8	一种基于转录组测序开发剑麻SSR引物的方法	ZL 2017 1 0577729.9	发明专利	中国热带农业科学院南亚热带作物研究所	授权
9	一种利用复合发酵液提取剑麻皂素的方法	ZL 2017 1 0832306.7	发明专利	中国农业科学院麻类研究所、农业农村部剑麻及制品质量监督检验测试中心	授权

续表

序号	专利名称	专利号/申请号	类型	申请/专利权人	法律状态
10	检测剑麻紫色卷叶病植原体的实时荧光定量LAMP引物组及其应用	ZL 2020 1 1226064.5	发明专利	中国热带农业科学院环境与植物保护研究所	授权
11	特异性检测剑麻紫色卷叶病植原体的巢式PCR引物组、试剂盒及检测方法	ZL 2020 1 1226065.X	发明专利	中国热带农业科学院环境与植物保护研究所	授权
12	剑麻工防护装置	ZL 2013 2 0107685.0	实用新型专利	中国热带农业科学院南亚热带作物研究所	授权
13	便携式采摘装置	ZL 2013 2 0163057.4	实用新型专利	中国热带农业科学院南亚热带作物研究所	授权
14	用于剑麻水培生根的装置	ZL 2013 2 0163894.7	实用新型专利	中国热带农业科学院南亚热带作物研究所	授权
15	一种过滤装置	ZL 2015 2 0621549.2	实用新型专利	中国热带农业科学院南亚热带作物研究所	授权
16	花粉储藏授粉器	ZL 2015 2 0666967.3	实用新型专利	中国热带农业科学院南亚热带作物研究所	授权
17	一种多功能接种装置	ZL 2017 2 0305240.1	实用新型专利	中国热带农业科学院南亚热带作物研究所	授权
18	一种发酵装置	ZL 2018 2 2216707.2	实用新型专利	广西壮族自治区亚热带作物研究所	授权
19	一种剑麻固定装置	ZL 2018 2 2216737.3	实用新型专利	广西壮族自治区亚热带作物研究所	授权
20	一种剑麻花粉临时储藏器	ZL 2019 2 0143206.8	实用新型专利	中国热带农业科学院南亚热带作物研究所	授权
21	一种剑麻割麻工具	ZL 2019 2 0143825.7	实用新型专利	中国热带农业科学院南亚热带作物研究所	授权
22	一种剑麻培育用钻心装置	ZL 2019 2 0163830.4	实用新型专利	中国热带农业科学院南亚热带作物研究所	授权
23	一种剑麻处理设备的磨刀工具	ZL 2019 2 0220163.9	实用新型专利	中国热带农业科学院南亚热带作物研究所	授权
24	一种剑麻叶片处理设备	ZL 2019 2 0220173.2	实用新型专利	中国热带农业科学院南亚热带作物研究所	授权
25	一种轮滑式剑麻运送装置	ZL 2019 2 0636199.5	实用新型专利	广西壮族自治区亚热带作物研究所	授权
26	一种剑麻装载机	ZL 2019 2 0636212.7	实用新型专利	广西壮族自治区亚热带作物研究所	授权

续表

序号	专利名称	专利号/申请号	类型	申请/专利权人	法律状态
27	一种剑麻纤维吊运装置	ZL 2019 2 0636213.1	实用新型专利	广西壮族自治区亚热带作物研究所	授权
28	一种麻水回用的滴灌装置	ZL 2019 2 0641261.X	实用新型专利	广西壮族自治区亚热带作物研究所	授权
29	一种剑麻施肥装置	ZL 2019 2 0901198.9	实用新型专利	中国热带农业科学院环境与植物保护研究所	授权
30	一种剑麻水培装置	ZL 2019 2 0905534.3	实用新型专利	中国热带农业科学院环境与植物保护研究所	授权
31	剑麻繁殖用钻芯架	ZL 2019 2 0963296.5	实用新型专利	广西壮族自治区亚热带作物研究所	授权
32	包装袋（剑麻专用复混肥）	ZL 2020 3 0239163.1	外观设计专利	中国热带农业科学院环境与植物保护研究所	授权
33	一种轻便式剑麻叶片削尖设备	ZL 2021 2 0716076.X	实用新型专利	农业农村部剑麻及制品质量监督检验测试中心	授权
34	一种便携式剑麻钻芯器	ZL 2021 2 0633259.5	实用新型专利	农业农村部剑麻及制品质量监督检验测试中心	授权

（三）剑麻产品（基地）获奖及荣誉情况

1. 剑麻产品获奖情况

20世纪90年代以来，11个剑麻产品荣获中国农业博览会奖励，其中金奖3个、银奖6个、铜奖2个；10个剑麻产品荣获中国国际农业博览会名牌产品，5个剑麻产品荣获中国国际农业博览会广东省馆参展名优产品（表1-13）。太阳牌白棕绳荣获农业部优质产品，太阳牌地毯、剑麻纤维、剑麻细纱获广东省名牌产品，"桂垦牌"剑麻布先后荣获广西名牌产品称号、广西优质农产品。

表1-13 剑麻及其产品历年来获奖统计表

序号	年度	获奖产品及授奖种类
（一）		参展奖励
1	1992年	太阳牌剑麻地毯，荣获首届中国农业博览会金奖
2	1992年	太阳牌剑麻绳、剑麻布、剑麻絮垫，荣获首届中国农业博览会银奖
3	1992年	太阳牌剑麻纤维，荣获首届中国农业博览会铜奖
4	1995年	太阳牌剑麻地毯、东旭牌细纱，分别荣获第二届中国农业博览会金奖
5	1995年	太阳牌剑麻纤维、太阳牌钢丝绳芯、东旭牌剑麻布，分别荣获第二届中国农业博览会银奖

续表

序号	年度	获奖产品及授奖种类
6	1995年	东旭牌钢丝绳芯，荣获第二届中国农业博览会铜奖
（二）		参展获荣誉
7	1997年	太阳牌剑麻纤维、太阳牌剑白棕绳、太阳牌剑麻地毯、太阳牌剑麻布、东成牌剑麻布，荣获第三届中国农业博览会广东省馆参展名优产品
8	1999年	太阳牌剑麻纤维、剑麻白棕绳、剑麻细纱、剑麻地毯和东成牌剑麻布，荣获1999年中国国际农业博览会名牌产品
9	2001年	太阳牌剑麻地毯、剑麻白棕绳、剑麻细纱、剑麻纤维、农用剑麻纱，荣获2001年中国国际农业博览会名牌产品
10	2001年	东成牌剑麻布，荣获2001年中国国际农业博览会名牌产品
（三）		产品荣誉
11	1990年	太阳牌白棕绳荣获农业部优质产品
12	2004年	太阳牌地毯荣获广东省名牌产品，2010年复审再获广东省名牌产品
13	2005年	东方剑麻制品厂"太阳牌"地毯商标荣获广东省著名商标
14	2005年	太阳牌剑麻纤维荣获广东省名牌产品，2008年复审再获广东省名牌产品
15	2006年	太阳牌剑麻细纱荣获广东省名牌产品，2009年复审再获广东省名牌产品
16	2009年	东成牌剑麻布荣获广东省名牌产品
17	2006年	"桂垦牌"剑麻布荣获广西名牌产品
18	2006年	"桂垦牌"白棕绳荣获广西优质农产品
19	2017年	广西名牌产品（剑麻布）

2. 名优示范基地

（1）农业部南亚热带作物名优基地

广东省东方剑麻集团有限公司（剑麻），广西农垦国有山圩农场（剑麻）。

（2）农业部热带作物标准化生产示范园

广西农垦山圩农场剑麻标准化生产示范园，广西农垦五星总场剑麻标准化生产示范园，广西农垦新光总场剑麻标准化生产示范园，广西农垦东方总场剑麻标准化生产示范园。

（3）农业部南亚热带作物良种苗木繁育基地

广西农垦国有山圩农场（剑麻）。

3. 现代农业产业认证

2006年，"湛江剑麻纤维"获国家地理标志保护产品。

2018年8月，广东农垦湛江垦区剑麻产业园获批创建第二批省级（剑麻）现代农业产业园；2019年1月，广东农垦湛江剑麻被农业农村部认定为中国特色农产品优势区（第二批），同年6月获批创建国家（剑麻）现代农业产业园。

（四）剑麻技术标准制定情况

据统计，剑麻标准体系主要是由基础通用标准、生产技术规程标准、种子资源评价标准、病虫害防治技术标准和产品及方法标准等五大部分组成。截至2022年，现行有效的剑麻产业标准共有46项（见表1-14）。其中，农业农村部剑麻及制品质量监督检验测试中心制定24项（国家标准3项，行业标准21项），广东省湛江农垦局生产科技处制定3项，中国热带农业科学院南亚热带作物研究所制定2项，其他单位制定15项。

表1-14 剑麻类标准目录

序号	标准号	标准名称
1	GB/T 15029—2009	剑麻白棕绳
2	GB/T 15031—2009	剑麻纤维
3	GB/T 355—2013	龙舌兰剑麻综合利用导则
4	NY/T 222—2004	剑麻栽培技术规程
5	NY/T 233—2014	龙舌兰麻纤维及制品术语
6	NY/T 241—2010	龙舌兰麻种质资源鉴定技术规程
7	NY/T 242—2010	龙舌兰麻抗病性鉴定技术规程
8	NY/T 243—2011	剑麻纤维及制品回潮率的测定
9	NY/T 245—1995	剑麻纤维制品含油率的测定
10	NY/T 247—2009	剑麻纱线细度均匀度的测定片段长度称重法
11	NY/T 248—1995	剑麻织物厚度的测量
12	NY/T 250—2009	剑麻纱线断裂强力的测定
13	NY/T 252—1995	剑麻织物短时间中度静负荷后厚度减损的测定
14	NY/T 254—1995	剑麻织物长时间重度静负荷后厚度减损的测定
15	NY/T 255—2007	剑麻纱
16	NY/T 256—1995	剑麻织物在不同水和热处理下尺寸变化的测定
17	NY/T 257—1995	剑麻纱线捻度和捻缩的测定直接计数法
18	NY/T 258—2007	剑麻理麻机
19	NY/T 259—2009	剑麻并条机
20	NY/T 260—1994	剑麻制股机
21	NY/T 261—1994	剑麻纤维压水机
22	NY/T 264—2004	剑麻加工机械刮麻机

续表

序号	标准号	标准名称
23	NY/T 341—1998	剑麻加工机械制绳机
24	NY/T 342—1998	剑麻加工机械纺纱机
25	NY/T 407—2000	剑麻加工机械产品质量分等
26	NY/T 457—2001	农用剑麻纱
27	NY/T 458—2001	剑麻地毯
28	NY/T 711—2003	水草地毯
29	NY/T 712—2011	剑麻布
30	NY/T 1439—2007	剑麻种苗
31	NY/T 1495—2007	热带作物纤维刮麻机械设备安全技术要求
32	NY/T 1523—2007	钢丝绳芯用剑麻纱
33	NY/T 1539—2007	剑麻纤维及制品商业公定重量的测定
34	NY/T 1802—2009	剑麻产品质量分级规则
35	NY/T 1803—2009	剑麻主要病虫害防治技术规程
36	NY/T 1941—2010	农作物种质资源鉴定技术规程——龙舌兰麻
37	NY/T 1942—2010	龙舌兰麻抗病性鉴定技术规程
38	NY/T 2448—2013	剑麻种苗繁育技术规程
39	NY/T 2648—2014	剑麻纤维加工技术规程
40	NY/T 3194—2018	剑麻叶片
41	NY/T 3324—2018	剑麻制品包装、标识、储存和运输
42	NY/T 251—2019	剑麻织物单位面积质量的测定
43	NY/T 246—2020	剑麻纱线线密度的测定
44	NY/T 249—2020	剑麻织物物理性能试样的选取和裁剪
45	GB/T 15030—2021	剑麻钢丝绳芯
46	NY/T 2668.14—2019	热带作物品种试验技术规程第14部分：剑麻

三、产业发展关键技术简介

（一）H·11648麻引进试种、技术改造和示范推广

H·11648是以假菠萝麻（*Agave angustifolia* Haw）为母本，蓝剑麻（*Agave amaniensis* Trel）为父本进行杂交，获得有性杂种第一代（F_1），再以蓝剑麻回交育成。它具有叶片多、纤维产量高和抗日灼等特点。1963—1965年，中国分三批从东非引进H·11648麻，第一批于1963年9月由农垦部引入，交华南热作所试种；第二批

于1964年6月由农垦部组织的"东非农业考察组"引进；第三批于1965年5月通过华侨引进。第二、第三批种苗引入后主要交给华南热作所和东方红农场试种，少数给广东、广西、福建等省（区）的科研和生产单位试种。首批引进的种苗于1965年定植于东方红农场，截至1974年，周期平均亩产纤维405千克。广东东方红农场品比试验田（1967—1975年）周期年平均亩产纤维496.4千克。金星农场20亩丰产田，最高年份亩产纤维553.3千克。广西马坡农场1969年9月定植的1.26亩丰产田，至1981年开花，周期年均亩产纤维472千克。福建白沙仑农场1970年定植的1.07亩试验田，至1978年，平均年亩产纤维503.8千克。

H·11648自引进后，科技人员通过对种植材料、施肥制度、麻田管理、割叶制度、病虫害防治措施等方面进行了技术改进，有效地提高了产量。

从1969年开始，H·11648在东方红农场推广，并逐步推至两广、海南、福建、云南等省（区）。据1978年调查数据显示，全国剑麻收割面积达到17.75万亩，年产纤维1.64万吨，年产值3280万元。据广东省农垦总局统计数据显示，截至1984年，全省国有农场共推广H·11648 10.45万亩，1975—1984年累计收获面积70.43万亩，十年平均每年收获7.43万亩，比1965—1970年种植的剑麻（平均亩产纤维42.1千克）每亩增收纤维122.3千克，按1984年纤维单价计算，每亩增加净产值134.83元，增加利税83.74元。以1975—1984年平均每年收获面积7.43万亩计算，每年增加净产值100.78万元，增加税额622.1万元。

基于H·11648引进试种、技术改造和示范推广，对剑麻产业快速发展起到了至关重要的作用，1986年获国家科学技术进步奖二等奖。

表1-15 H·11648麻不同地区试验田产量比较

项目	坦桑尼亚 坦桑尼亚剑麻试验站	中国			
		广东东方红农场	广西热作所	广西马坡农场	福建白沙仑农场
周期长叶量（片/株）	606	602	604	589	531
周期纤维产量（千克/株）	15.7	18.9	21.4	—	—
年平均纤维产量（千克/亩）	453	496.4	—	472	503.8
平均出麻率（%）	4~5	5.1	5.03	5.1	4.83
种植密度（株/亩）	266.6	310	—	341	440
周期期限（年）	9.75	9	11	11	9

（二）剑麻快速繁殖技术

剑麻钻心破头繁殖由湛江农垦局剑麻试验站研究成功。通过把35~40厘米高的剑麻种苗就地进行钻心，把麻头纵破为四等分，经施肥、除草管理，促进腋芽萌发。此法优点：①能保持母体完整，叶片不分，光合作用少受影响；②叶片紧包的腋芽得到解放，母本吸收水分容易；③出苗较快，一般处理后30天左右即开始出苗，比钻心繁殖快15~30天；④母株出苗率高，100%出苗；⑤在短期内出苗多，采苗多，繁殖倍数高，母株处理后，1年可繁殖20多株。

剑麻钻心剥叶繁殖由广东省东方红农场研究成功。通过将符合标准（35~40厘米）的母株钻心后隔15~30天即把叶片分期、分批（每批剥7~8片叶）剥去。以后加强水肥管理。此法比钻心破头繁殖更快，一般剥叶处理后，5~7天腋芽即开始萌发，两个月时间即可繁殖10多株，但主要缺点是操作费工，叶片剥去影响光合作用。

以上两种方法经实践应用效果明显，可以在短期内繁殖大量种苗，满足剑麻发展需要。但要进一步改进操作技术，提高管理水平，提高工效。

剑麻组培快繁技术由中国热带农业科学院热带作物品种资源研究所开发成功。在N6+2,4-D（2mg/L）+6-BA（2mg/L）+NAA（0.5mg/L）培养基上诱导出愈伤组织，再在MS+6-BA（2mg/L）+NAA（0.05mg/L）培养基上诱导不定芽和增殖培养，不定芽在MS培养基上诱导生根形成完整植株（陈伟等，2006）；广东省湛江农垦科学研究所进行了进一步的技术优化，以SH培养基（Schenk & Hildebrandt Medium）为基础，采用了活性更强的细胞分裂素脱叶灵（TDZ），配合其他适合的培养条件，并采用了不同的组培苗切割方法，改变了剑麻原有育苗方法，可节省育苗时间约6个月，并能有效解决剑麻品种退化、带病等问题，保证了种苗质量，促进剑麻产业的健康发展（姜伟等，2013）。

（三）剑麻高产栽培技术研究与推广

20世纪70年代以来，中国对剑麻高产栽培技术进行了一系列研究，并在推广中得到不断改进完善，形成了具有可操作性的技术。具体为：①坚持按高标准种植。起畦种植，畦高20厘米，畦面呈龟背形。选用高70厘米、重6千克以上无病虫害的壮苗。重施基肥，亩施基肥6000千克（牛栏肥、麻渣、土杂肥混合）。②交换麻田施肥位置。改单一的大行开沟或挖穴施肥为大小行轮流施肥。小行施肥即把肥料铺施于行间培土覆盖或压青覆盖培土。③间种绿肥压施于麻田。在大行间作优质高产的绿肥，定期采收绿肥，用于剑麻大行间开沟压青或小行覆盖培土，亩增产15%。④麻水（汁）回麻田作肥料。在常规施肥的基础上，收集麻叶片加工的废水作肥料，亩施麻水 5 吨，可增产 10.6%，实现变废为宝。⑤加大施肥量。每亩年施用牛栏肥 1250～2000 千克，同时，按不同麻龄混施适量的化学氮、磷、钾。⑥多留叶养麻。割叶强度大，麻叶会缩短并变窄变薄，造成减产。割叶留叶标准为开割第一刀留叶 55～60 片，以后年割叶一次，每次留叶 50～55 片，可增产 15%。

通过对剑麻高产栽培技术进行研究，形成了适合本地的高产栽培措施，在广东、广西、海南、福建、云南等省（区）得到了有效的推广。"剑麻高产栽培措施研究"于 1980 年获农垦部科技成果奖一等奖，同年获农业部科技成果奖一等奖。1982 年，"剑麻高产栽培措施的推广"获国家科委、农委成果推广奖一等奖。

（四）剑麻纤维提取关键设备的研制与应用

1. 技术原理及性能指标

研制的刮麻机包括 GL18Y 型单边刮麻机和 GS18L 型双边刮麻机两种。

GL18Y 型单边刮麻机由排麻输送机构、夹麻机构、第一刮麻机构、叶片调头装置、第二刮麻机构、纤维输送淋洗装置和动力传动系统等部分组成。

GS18L 型双边刮麻机由排麻输送机构、第一夹麻机构、第一刮麻机构、第二夹麻机构、第二刮麻机构、纤维输送淋洗装置和动力传动系统等部分组成。

该刮麻机生产率≥18 吨/小时，抽出率 4.8～5.0，纤维含杂率 3%～5%，青皮率≤1%，机底漏麻率 1%～3%，主要指标均符合农业行业标准"剑麻加工机械刮麻机"的要求，达到或超过国内外同类机型水平，且对纤维损伤小，乱纤维少，纤维直、长、白，质量好，工作安全可靠。

2. 技术的创造性与先进性

刮麻机的创新点之一是自动刮麻效率高、安全可靠，既解决了手拉式和罗拉式小型刮麻机效率低、劳动强度大、加工成本高、易发安全事故等问题，与其他自动刮麻机相比提高了生产效率，并与乱纤维回收及淋洗、脱水、抛光、干燥和打包设备配套或流水线加工，提高纤维质量，进一步提高了经济效益；创新点之二是采用了夹持段全弧长贴合式柔性夹麻方式，优化了夹麻力度及刮麻输送速度，提高了纤维提取率；创新点之三是通过优化凹板包角，延长了刮麻工作段长度，提高了刮麻品质；创新点之四是通过优化刀辊结构与参数，减少了断麻率，同时采用 1Cr13 不锈钢等新材料提高了刀辊耐磨性；创新点之五是采用多段差速自动输送叶片技术，实现了均匀排麻。大型自动刮麻机生产线每小时加工能力约为手拉式刮麻机的 12 倍，半自动刮麻机的

9倍，人工劳动效率分别约为手拉刮麻机和半自动刮麻机的2.5和2.2倍，加工成本仅为手拉式刮麻机的50%，加工利润约为手拉式刮麻机的2.8倍，且能回收加工产生的麻渣废水，方便进行综合利用开发。

该产品已在广东、广西、海南等主要剑麻种植区进行了推广应用，并出口至印度尼西亚、泰国、巴基斯坦、坦桑尼亚等国，共计提供自动刮麻机生产线设备28套，累计每年加工叶片约84万吨，提取纤维约4.2万吨，极大地促进了剑麻产业可持续发展。

剑麻纤维提取关键设备大型自动刮麻机的研制与应用于2014年通过了广东省湛江市科技局成果鉴定，获得了2015年度广东省湛江市科技进步奖二等奖。

（五）剑麻纤维细纱及纺纱机研制

20世纪80年代以来，随着剑麻加工向深加工和精加工的发展，对细支纱的要求日益迫切。由于纺纱工艺、设备等原因，尚不能用机械纺制0.80支以上的纱条，因而纺制剑麻直纤维细支纱条，便成为促进国内剑麻产品的更新换代、提高剑麻生产经济效益的一个重要课题。中国广东国营东方红农场于1986年对剑麻纤维细纱纺制技术进行了科技攻关，研制出了并条机及纺纱机各一台。经过试验性生产，成功纺制出0.6~1.2支各种规格纱条20多吨。该技术成功克服了剑麻纤维属硬质纤维，可纺性差（0.6支以上）、单根纤维支数差异大等技术性难题，并进行了多年技术改进，成功研制出FL12/0.6—1.2型纺纱机，从而使剑麻制品由白棕绳为主转向了剑麻纱条等新产品开发，为剑麻开发新用途起到关键性作用。1993年，广东省湛江农垦第二机械厂纺纱设备进行了改进，成功研制出FL16型纺纱机，大大提高了工作效率。由于剑麻纤维细纱及纺纱机研制等方面取得了显著成效，1989年，"剑麻纤维细纱及FL12/0.6—1.2型纺纱机研制"获农业部科技进步奖三等奖。

第五节　剑麻产业环境分析

自从化学纤维问世以来,剑麻的国际贸易量在逐渐降低。1961年剑麻纤维的年产量为76万吨,到2019年年产量下降至20万吨,58年间下降了74%,全球农业产值约为4亿美元。但是剑麻在某些领域仍有不可替代的作用,随着人们对剑麻纤维的天然性能和优点认识的不断加深和全球日益增长的对环境保护的关注,使得人们对剑麻纤维制品的需求量日益增加,加剧了剑麻纤维产品市场供不应求的矛盾。此外,由于剑麻纤维具有拉力强、坚韧耐磨、质地粗刚、富有弹性、在低温下不会硬化脆断、不易腐烂、无静电效应、价格低廉等诸多优点,因而可以广泛地代替化纤制品、黄麻制品和棉花制品,这也为剑麻纤维及制品的开发提供了极为广阔的发展前景。我国的剑麻制品由开始的单一生产纤维、麻绳发展到目前20个系列500多个品种,初步形成了产品的标准化、系列化。中国国内近几年来剑麻制品的需求也有所增长,出现了剑麻纤维特别是高品质剑麻纤维供不应求的情况。目前世界剑麻纤维及其制品的年供应量不足30万吨,但因涉及气候、资金、劳动力、生产技术等诸多因素,扩大剑麻产业并非三至五年就可实现,因此国际市场对剑麻制品的供需矛盾将在较长时期内存在。

剑麻种植为劳动密集型行业,全球约3000万人从事剑麻生产。在我国,由于劳动力资源丰富,且亚热带的地域较广,发展剑麻种植业有着非常优越的条件。种植剑麻的经济效益虽然比其他行业(如水果业)稍低,但其收益稳定,且剑麻具有耐干旱、易种植、管理粗放、收获期长等特点,因此特别适宜贫困地区种植。在当前大多数农产品普遍供大于求的情况下,剑麻是为数不多的供不应求的农业产品。我国的剑麻企业应利用目前面临的较好发展机遇,充分识别剑麻(加工)企业成长的产业环境,对于剑麻(加工)企业制定合理的竞争战略并推动其成长和发展具有重大的现实意义。

一、剑麻企业成长与产业环境协同机理分析

产业环境是指对处于同一产业内的组织都会产生影响和发生作用的环境因素。产业环境是企业成长的中观环境,是企业成长过程中重要的外界环境因素,包括产业的内部环境和外部环境。产业的内部环境是指影响产业发展的主要内部因素,包括产业现有的生产经营规模,产业的生产、发展、竞争状况,产业技术水平、产业布局、市

场供求情况、产业政策、行业壁垒和进入障碍，产业发展前景等。产业的外部环境是指影响该产业安全与发展的主要外部因素，包括产业的生存与发展环境、政府相关的政策、法规，以及外国投资进入国内市场的资本、技术、管理等状况。

企业成长是国家经济持续竞争优势的主要来源，是经济发展和扩张的主要动力。斯蒂格勒在论述产业生命周期理论时，论述了产业演进过程中企业成长与产业容量的活动关系，即企业成长和产业发展之间存在着相互影响的关系（Stigler，1951）。自20世纪90年代以来，诸多学者也开始关注并研究企业成长和产业演进的关系：产业环境是企业成长的温床，产业的演化和发展会推动产业内部企业的成长，产业的发展现状、方向和趋势能引导并驱动产业内部的企业制定合理的竞争战略，按照既定的成长愿景组织内外资源开展企业的生产经营活动；而企业的发展和成长也会反作用于产业，产业内部企业的健康成长可以间接推动产业内部进行技术创新、优化资源配置、引导合理竞争，进而推进产业发展与升级并提高产业经济竞争力。

（一）剑麻企业成长与产业环境的适应

剑麻产业的发展和演进会导致剑麻企业所面临的经营环境的变迁，即产业规模、市场需求和容量、市场环境、竞争程度、技术水平、产业政策等都是不断变化的，只有根据产业环境变化而及时地调整内部各系统之间作用关系的剑麻企业，才能生存和发展下来，这种特性称为剑麻企业对产业环境的适应性，因此适应性是企业与产业环境之间作用的重要特征之一，它是企业发展与成长的基本条件。因此适应既是一个过程，也是一种结果，作为过程的剑麻企业对产业环境的适应表现为理解、学习、行动、创新、发展、成长等动作；作为结果的剑麻企业适应现象表现为组织机构的调整、功能的增加、文化的创新等，是剑麻企业对产业环境变化所做出的正确合理的反应的表现。

（二）剑麻企业成长对产业环境的作用

剑麻企业一方面要适应产业环境的发展和变化，采取恰当的战略和战术，与环境进行有效的交流、交换；另一方面，在一定条件下采取一定的手段提高与环境的交换效率和效益，进而影响和改变环境，使环境的发展变化尽可能符合企业发展与成长的需要（Hannan et al.，1977）。即剑麻企业通过自组织行为反作用于产业环境，通过改变、创新剑麻企业系统内部各要素的作用关系，如开发新技术、研发新产品等，增强自身对产业环境的适应和反馈作用，并主动引导、驾驭产业的发展变化，尽可能地使产业的发展变化向有利于自身的方向发展，这种特性称为企业对产业环境的作用性，它是产业发展与成长的必要条件，剑麻企业的作用性是其在竞争中与产业发展的协同作用而形成的特定现象，即剑麻企业根据产业环境的变化，发挥其主观能动性，优化资源配置，形成规模效应，并采取适当的成长战略与产业协同发展的过程。

二、中国剑麻企业成长的产业环境分析

迈克尔·波特在其经典著作《竞争战略》中，提出了行业分析模型，即所谓的五力分析模型。该模型认为：现有企业间的竞争、供应商的力量、购买者的力量、替代品、潜在进入者这五大竞争力量，决定了行业的盈利能力，并指出企业战略的核心，应在于选择正确的行业以及行业中最具有吸引力的竞争位置。尽管全面综合分析了各方因素对产业的影响，波特的五力分析模型仍存在一些不足，它没有考虑政府的调控作用。在中国的国情下，政府对市场的宏观调控对需求变动具有重要的影响，因此，需要结合我国剑麻产业实际情况补充政府对产业环境的影响。

（一）替代品威胁

替代品是指那些与本企业生产的产品或服务具有相同功能或类似功能的产品或服务。决定替代品压力大小的因素主要有：替代品的盈利能力、购买者的转换成本等。

剑麻工业品的替代品可以依靠先进的加工技术从其他原料资源进行加工获得，如利用黄麻等其他天然纤维和人造纤维加工相应的产品。

黄麻纤维是最廉价的天然纤维之一，白色、有光泽、吸湿性能好、散水快，主要供制作麻袋、麻布用，还可造纸、制绳索、织地毯和窗帘等。

剑麻纤维与黄麻纤维都是天然植物纤维，有着能自然生物分解的共性，都符合环保的要求。剑麻纤维是单纤维，单根纤维无毛羽、强力好、耐腐蚀，但纤维较粗，不能纺制较细的纱线，价格相对黄麻较高；黄麻纤维单纤维很短，需要很多单纤维组合成束纤维才能纺纱织布，所以呈现很多的毛羽，但纤维相对剑麻更细、更柔软，可以纺制更细的纱线和织布，价格相对更低廉。在家居用品（购物袋、麻袋、麻布、工艺品、地毯等）、宠物用品（猫抓柱、猫抓球等）、钢丝绳芯等领域与剑麻制品重叠。例如，郴州湘南麻业有限公司使用黄麻生产地毯纱、麻绳、麻袋、麻布等产品，价格低廉，因此替代品的盈利较高，并且购买者的转换成本也相对较低。

20世纪70年代之后，化学纤维产品的问世给剑麻纤维产业带来严峻挑战，在剑麻纤维的传统领域如包装麻绳、缆绳及其他绳索中，聚丙烯等化纤得到广泛应用。化学纤维主要以石脑油经二次加工生产出的聚合烯烃为原料，通过化学合成的方法生产

纤维产品。随着科技的进步，其产品的综合性能越来越接近和超过天然纤维产品，尤其是在强度和抗腐蚀等指标上，是天然纤维所无法比拟的。化纤产品的品种特别繁杂，但总体上还是尼龙（聚酰胺纤维即锦纶）、涤纶、氨纶、腈纶等。化纤产品的特点有：纤维单体较长（理论上是可以达到无限长）、强度高、可塑性强（可生产出微丝和各种断面形状和达到各种弹性要求）、耐腐蚀、不易变形、不易浸水、导热性能差、易产生和集聚静电等。例如扬州巨神绳缆有限公司利用石油精炼副产物生产锦纶、丙纶、涤纶、乙纶、芳纶纤维、高分子聚乙烯纤维等系列化纤绳缆，广泛运用于船舶装配、港口码头、远洋运输、海上石油、体育用品等诸多领域。剑麻纤维与合成纤维的制造商间，长期存在较为激烈的竞争关系，合成纤维常得到限制性贸易政策和补贴的支持使得其价格低廉，造成替代品的盈利较高且购买者的转换成本也相对较低。

因此针对产业内的剑麻加工企业在原料的获取、技术的攻关、设备的更新等方面，这些加工原料的替代品均会对其产生强烈的影响。

（二）潜在进入者威胁

潜在进入者是指随时可能进入剑麻产业并成为竞争者的企业。由于潜在进入者的加入会带来新的某些必要的物质资源、信息资源、生产能力并期望获得一定的市场份额和有利的市场竞争优势，因而会改变产业现有的竞争结构，对本产业内现有企业构成威胁，这种威胁称为潜在进入者威胁。

由于新进入者加入该行业，会带来生产能力的扩大，导致与现有企业产生激烈的竞争致使产品价格下跌；与此同时，新加入者要获得各种要素资源组织生产，从而可能导致行业内生产资源竞争激烈，生产成本升高，而成本升高和产品价格下降的共同作用都会导致行业的整体获利能力下降。理论上，剑麻加工业是个劳动密集、资金密集型行业，进入壁垒较高。由于剑麻种植生产不仅周期长（植后约有3年的非生产期，而约7年后又需更新重种），而且季节性强（多集中在第四季度收获），雄厚的资金实力是常年加工企业的必要条件。而作为传统企业普遍社会负担较重，资金紧张已成常态。企业如此，普通农户对剑麻的生产投入更是不足。较之新兴产业，国家对剑麻这一传统产业的扶持不够，缺乏专项资金投入，社会投入渠道因其体制机制产权不清晰，形成了较大的进入壁垒，潜在进入者较少。相反，国内的广东东方剑麻集团、广西剑麻集团和中非农业投资有限公司等大型企业凭借雄厚的资金、技术实力，到亚非拉国家投资，带动当地的剑麻种植和纤维加工产业。

此外，剑麻加工产品购买者为了降低其生产成本，也有可能成为潜在的进入者，与产业内的企业成为竞争对手，降低产品生产方的盈利水平。

（三）购买者的议价能力

作为购买者希望欲购买的产品质高价廉，并从产业内部现有企业之间的竞争中获利。因此，购买者在要求高质高服务水平的前提下，压低价格，并同该产业内的企业讨价还价，使得产业内平均产业利润下降。剑麻加工企业生产的产品种类繁多，在渔业、航海、工矿、运输、油田、家居、汽车、造纸、纺织、医药等领域均得到了广泛的应用，其购买者主要就包装用品企业、运输企业、机械制造企业、玩具礼品企业、家居用品企业、宠物用品企业等。

不同的剑麻加工产品其购买者的议价能力略有不同。对于产业市场上供大于求的剑麻绳、布、毯等，由于市场需求相对稳定，买方的集中度相对较高，主要集中在海外欧美国家，且国内剑麻企业在产能结构上有较大重叠，在产品定位上均有比较接近的替代品，彼此之间具有较强的竞争性，所以购买企业往往采取压低价格、分期付款、先收货再付款等形式进行议价，使企业难以获得较高的利润；对产业市场供小于求的剑麻钢丝绳芯、高端剑麻地毯、加工设备等产品市场，其购买者的议价能力较弱。

（四）供应商的议价能力

供应商是指为产业内部各个企业提供生产经营活动所需要的各种生产要素资源以及相应服务等的供应单位，他们往往通过降低产品质量、服务或通过提高产品价格的手段，向该产业链的下游企业施加压力，以此来获取尽可能多的产业利润。

剑麻加工企业的供应商主要是指生产要素供应商，包括农户、农场等生产原料供应商、政府金融机构等资金供应商等。国内剑麻纤维主要源于广东东方剑麻集团和广西剑麻集团，剑麻纤维以加工自用为主，很少对外出售。国外剑麻纤维主要从巴西和东非进口。由于现阶段剑麻纤维原料资源的短缺以及国家政策的限制，剑麻资源供应商的讨价议价能力逐渐增强，有时数量和质量也得不到保证；同时，随着物流技术的发展成熟与完善，也降低了供应商讨价还价的能力。政府可通过金融政策、产业政策等引导或限制剑麻加工企业对资金、技术等核心要素的获取和配置，因此政府影响也是剑麻加工企业所要考虑的重要因素之一。

（五）现有企业之间的竞争情况

现有企业之间的竞争是指产业内部各个企业之间的竞争关系和竞争程度。不同产业竞争的激烈程度是不同的，主要取决于产业内部主要竞争对手的竞争能力。决定产业内企业之间竞争激烈程度的因素：竞争者数量、行业增长速度、产品同质性、规模经济的要求、进入和退出壁垒。

1. 竞争者数量

该行业内企业数量不多，同等层次和规模的企业实力不相上下，但是行业内的企业实力水平参差不齐，差距悬殊。随着剑麻加工行业的发展，相应的法律法规也逐渐完善和规范，企业之间的竞争模式也趋于合理。

中国剑麻制品主要生产企业概况见表1-16。

表1-16　中国剑麻制品主要生产企业概况

企业名称	所在地	主要产品	年生产能力（万吨）
广东东方剑麻集团有限公司	广东湛江	剑麻布、剑麻地毯、剑麻白棕绳、剑麻纱条	2.0
广西剑麻集团有限公司	广西南宁	剑麻布、剑麻白棕绳、剑麻纱条、剑麻地毯	2.5
琅日特种纤维制品有限公司	广东佛山	剑麻布、剑麻地毯、剑麻纱	2.0
大达麻纺织有限公司	江苏南通	钢丝绳用麻绳芯、PP绳芯	1.2
凯恩特种纸业股份有限公司	浙江丽水	绝缘纸	0.4
海南迪发剑麻制品有限公司	海南海口	剑麻绳、剑麻纱、剑麻布	0.4
江苏华峰自然纤维制品有限公司	江苏淮安	剑麻纱线、剑麻绳、剑麻抛光布、剑麻地毯、剑麻方块毯、剑麻门垫、剑麻布材料	1.5
合计			10

2. 行业增长速度

当前阶段，我国剑麻产业基本保持稳定，剑麻制品产量保持6万吨/年，受制于剑麻纤维的产量和价格，经历了2015年的低谷（4600吨）后，2018年我国剑麻制品出口量恢复至6100吨。随着世界经济的逐步复苏，剑麻产业也将在原有的基础上进一步发展，我国剑麻产业的向好发展也定将有所突破。

3. 产品同质性

近年来国内市场结构变化较大，出现少数企业占据高端市场、多数企业低层次同质化竞争严重的现象，高低档次产品的利润率差距逐步加大。高低档产品差异主要源于纤维原料的质量高低、纺织设备的先进程度和品牌的定位与培育。根据目前市场情况来看，低档产品市场进入门槛较低，生产厂家众多，多数以传统的绳、布、纱、毯产品为核心，品类相对集中，国内剑麻企业在产能结构上有较大重叠，在产品定位上均有比较接近的替代品，彼此之间具有较强的竞争性，低档产品市场基本饱和。由于对技术、设备等的要求相对较高，高档产品市场进入门槛相对高，国内生产厂家屈指可数，对应产能也不高，高端剑麻地毯、加工设备、绝缘纸、钢丝绳芯、抛光轮等高档产品供不应求，且需求呈增长趋势，市场空缺较大。此外，剑麻工艺品、新兴宠物玩具及用品、消费品（洗澡用具、手套、锅刷等）、土工布（高速公路、建筑等使用）、装饰品等高质化、个性化产品量小，种类多，比较分散，但是附加值很高，应用空间相当大。

4. 规模经济的要求

在剑麻种植领域，国内产出1000吨的剑麻纤维需8000~13000亩剑麻收获面积，以此推断，我国要保障每年6万吨的高品质纤维产出，需最低保障30万亩的剑麻种植面积，资金、技术、土地规模要求较高。在剑麻加工领域，多数头部企业的产能均大于4000吨/年，现阶段原料供应数量具有很大的不确定性，导致无法达到最大产能，规模经济无法体现。此外原料供应的价格和数量存在变数，导致交易成本上升。从巴西、东非等地进口的纤维，价格变化大，数量不能得到保证，质量或多或少存在问题。

5. 进入和退出壁垒

在剑麻种植领域，其生长环境的特殊性决定了只能在地球南、北纬30度以内的热带和亚热带地区种植，而剑麻种植第五年才进入盛产期，投入期较长，所需资金相对集中，加之受到种源、技术、资金、管理经验方面的限制，为资金和劳动密集型产业，使得剑麻种植产业进入壁垒较高。

在剑麻加工领域，低端产品的进入壁垒较低，市场基本饱和；高端产品由于技术、资金、管理经验等诸多方面的限制，进入壁垒较高，市场前景广阔。剑麻加工产业向其他麻类硬质纤维和人造纤维制造转型成本相对较低，较多的公司既生产剑麻制品，又生产其他纤维产品。

（六）政府影响

1. 国内政府影响

（1）国家对"三农"问题的重视

2004年以来，中央每年发布以"三农"为主题的中央1号文件，2021年中央1号文件发出了明确信号：在新发展阶段，"三农"工作仍然极端重要，须臾不可放松。

文件确定，把乡村建设摆在社会主义现代化建设的重要位置，全面推进乡村产业、人才、文化、生态、组织振兴，充分发挥农业产品供给、生态屏障、文化传承等功能，走中国特色社会主义乡村振兴道路，加快农业农村现代化，加快形成工农互促、城乡互补、协调发展、共同繁荣的新型工农城乡关系，促进农业高质高效、乡村宜居宜业、农民富裕富足。

（2）国家对剑麻种植的重视

为保障战略物资的安全供给，国家鼓励发展剑麻种植。在《特色农产品区域布局规划（2013—2020年）》中，把剑麻列为规划期内重点发展的特色纤维，并把华南南部划为剑麻优势区域。2019年，广东农垦湛江剑麻中国特色农产品优势区被列入《中国特色农产品优势区名单（第二批）》。2020年，剑麻种植被列入《鼓励外商投资产业目录（2020年版）》。

（3）国家对剑麻加工产业的重视

国务院办公厅《关于促进我国热带作物产业发展的意见》（国办发〔2010〕45号）中指出：根据市场需求，依托资源优势，稳妥发展剑麻、咖啡、椰子、坚果、南药、香辛料等其他特色作物，开发各种深加工产品，延伸产业链，促进增收。

（4）国家鼓励剑麻产业走出去

在《全国农业现代化规划（2016—2020年）》（国发〔2016〕58号）中，剑麻生产被纳入农业对外合作重点领域。规划强调统筹考虑全球农业资源禀赋、农产品供求格局和投资政策环境等因素，分区域、国别、产业、产品确定开放布局。加强与"一带一路"沿线国家在农业投资、贸易、技术和产能领域的合作，与生产条件好的农产品出口国开展调剂型、紧缺型农产品供给合作。

（5）国家对新型产业的重视和支持

目前，国家高度重视并大力支持新兴产业发展，国务院在2010年发文《国务院关于加快培育和发展战略性新兴产业的决定》（国发〔2010〕32号），指出发展战略性新兴产业是国家抢占新一轮经济和科技发展制高点的重大战略，我国正处于全面建设小康社会的关键时期，必须抓住机遇、明确方向、突出重点，加快培育和发展战略性新兴产业，将战略性新兴产业培育成先导产业和支柱产业。提出到2015年，战略性新兴产业形成健康发展、协调推进的基本格局，对产业结构升级的推动作用显著增强，争取达到增加值占国内生产总值8%左右的目标。为此，国家对一些包括剑麻产业在内的特色产业、新兴产业设立特项专用资金并且实行减税、免税政策，支持其发展。

（6）中央国有资本经营预算加大对直属垦区新兴产业的支持

《全国农垦经济与社会发展第十二个五年规划》中指出，"发展特色农业。合理开发利用特色资源，加快发展特色产业，丰富市场供给。大力发展热带及南亚热带水果、剑麻、茶叶、咖啡、木薯等种植，加快品种改良更新，开发应用保鲜、贮运、加工新技术，提高热作产品的档次和附加值。"根据国务院国发〔2010〕32号文精神，财政部先后设立中央国有资本经营预算重大技术创新及产业化资金、中央国有资本经营预算节能减排资金、中央国有资本经营预算境外投资资金、文化产业发展专项资金等专项用于扶持新兴产业发展。财政部2010年12月将农业部直属垦区广东省农垦集团公司和黑龙江北大荒农垦集团公司纳入中央国有资本经营预算实施范围，2011年安排中央预算支出支持广东省农垦集团橡胶产业"走出去"、畜牧养殖和糖业生物能源等新兴产业项目，而剑麻制药产业也是其中的新型产业项目。

2. 国际机构影响

（1）国际组织对剑麻产业的支持

联合国商品共同基金组织对东非的纸浆项目和巴西东北部剑麻农业开发计划给予了扶持，用以促进剑麻产业的发展。

（2）国际自由贸易壁垒

剑麻制品的出口面临来自进口国家（大部分为发达国家）的硬性壁垒，如关税、非关税、配额和法律壁垒等。发达国家已经连续多年向本国的剑麻加工公司和合成替代品公司支付了巨额补贴，以抵消来自发展中国家廉价剑麻纤维制品的竞争优势。例如，欧盟对从巴西进口的剑麻产品已经征收了二十多年的关税。

第六节　剑麻产业发展面临的困局

我国剑麻产业历经多年发展，在中华人民共和国成立初期军垦制度下得到壮大，为国家的战略资源供给提供了有力支撑，对保障国防安全、促进经济建设发挥了重大作用。当今时期，随着社会的高速发展，经济水平的快速增长，人民生活得到保障和提高，受限于剑麻生产的重劳力和低收益特性，剑麻产业不可避免地滑向衰弱，作为重要的战略资源，剑麻在重工业、国防等方面的用途决定了其不可替代的特性，因此，保持剑麻产业的发展活力对保障国防安全具有重要意义和作用。我国剑麻产业链条长、涉及面广，但在种植、生产、加工、贸易上仍遵循传统方式，未能及时拓展途径解决实际难题，使得我国剑麻的产业布局面临着前后端供给不对等、上下游需求不对接、内外部质量不统一等现状制约产业高质量发展问题。

一、剑麻主栽品种结构单一，病虫草害防治防控困难

剑麻易受斑马纹病、粉蚧（紫色卷叶病）、叶斑病、炭疽病等病虫危害，对剑麻正常生长、纤维质量影响很大。历史上大面积流行的"蚧灾"、剑麻斑马纹病、紫色枯萎病等病虫害带来的极大冲击，是我国剑麻产业发展的血的教训，对剑麻产业的健康发展造成了巨大损失；近年来广西地区严重发生的一种叶斑病，对剑麻纤维质量影响很大，中国热带农业科学研究院、广东农垦、广西农垦针对性开展了多项病原探查工作，但至今仍未明确具体病原。我国的病虫害监测防控体系经过摸索试验，通过培育健康种苗、加强麻田管理及研究特效农药等方式，已基本完善了剑麻常见病虫害的综合防控措施，建立了具有较高水平的病虫害防控监测体系，但常年连作、病菌群体变异加快、品种抗性退化、外来生物入侵、早衰早花等多重因素对剑麻病虫害的流行发生存有隐患，且当前剑麻中主栽品种单一，东1号（H·11648）剑麻在国内种植占比超过95%，极易产生多次受灾的情况。

二、剑麻自动化生产水平低下，机械化应用示范落后

剑麻采收是一项极重的体力劳动，麻片收割仍主要依靠人工采收，采收成本是剑麻种植户、剑麻种植场占比较大的生产支出，以广东、广西垦区的产麻情况为例，质量最佳的四龄麻、五龄麻麻片收购价约500元/吨，割麻工的人工成本按量计算

为 100~120 元/吨，叶片采收工价平均超出麻片销售收入的 20%。通过优化剑麻叶片采收的机械化采收水平，进一步降低人力采收在麻片收割中的占有量，能有效节约成本，然而在剑麻的机械化采收相关研究中，鲜有技术成功开发并实现应用推广的先例，研究人员初步结合人力的半机械化采收装置只停留在开发试验，强化剑麻采收的机械化设备研发，对提高剑麻的生产能力和产出水平具有促进作用。在剑麻叶片的刮麻过程中，麻片的装载和进料处理仍依靠人工，此方法除了无法标准化处理样品外，对工人的人身安全也有一定的隐患。据相关从业人员指出，我国的剑麻刮麻设备多年来未进行更新换代，多数设备仍是 20 世纪中期的产品，部分生产线甚至基于第二次世界大战期间德国的设备基础，久未更新导致产出废弃物多、资源利用率低、加工效率低，限制了剑麻初加工阶段的工业产值，也一定程度制约了后续产品的质量，影响剑麻产业的工商业附加值产出。

三、贸易产品创新能力缺乏，制约产业整体升级转型

目前，我国剑麻产业在相关的产品开发和技术研究中虽着力不少，但主要的贸易产品结构仍未发生较大变动，随着市场的逐步开放，原料限制、技术门槛和投资难度降低，产业整体同质化竞争迅速加剧，导致国内相关企业的竞争压力大、投资收益不理想，在此市场环境下部分企业在设备更新、产品创新、精深加工、市场开拓等大力发展以寻求拓宽市场渠道、提升产品附加值，我国剑麻钢丝绳芯、高端地毯及家居饰品等产品的市场份额不断扩大，在中高端产制品上占据了一定的市场份额，进一步拓宽了剑麻产业的深度和广度，促进了我国剑麻产业的发展。从我国剑麻产业整体结构评估，剑麻专用性加工设备长期没有更新，自动化程度低、能耗高、安全性低、产品档次低等问题严重阻碍了新兴市场培育、产品开发及品质提升，剑麻产制品结构严重固化和滞后于市场需求，难以对接特色剑麻纤维或产品市场的需要，影响整个产业链的转型升级，从而抑制了产业增长的态势，对剑麻产业的长远发展而言，市场贸易内生动力缺乏对市场的稳定增长始终是一项核心缺失，制约着剑麻产业贸易的整体升级转型。

四、生产加工贸易联系薄弱，影响产业总体结构优化

在剑麻的整体产业链中，农户、农场、工厂以及贸易企业的资源禀赋不同，所处的环节不同，承担的产业功能不同，对产业产品的结构优化和市场变动反应速度不同，使得不同环节对市场的需求变动应对存在差异。当前条件下，生产加工贸易各环

节之间联动和对接薄弱造成产销矛盾，上游端种植产出的剑麻纤维无法很好地满足加工环节的质量要求，加工产出的产品无法充分满足贸易市场的实际需要，在此基础上的产销矛盾使得产业整体的升级改造受到了严重制约。剑麻生产布局上，我国的剑麻主要产区广西、海南、广东没有充分利用条件基础、充分发挥和挖掘生产潜力，现有的生产多为小工厂、小作坊、低产能的刮麻生产，没能推行集约化、集中化、标准化生产方式，无法充分发挥规模效应的优势以压低物资调配成本和管理成本。剑麻的产制品加工贸易，加工工厂分散增加了物资的调配成本，进而导致产品成本增加，降低了企业毛利；产出产品的种类有限且较为固化，与当前私人化、定制化、个性化的发展趋势不能很好融合，致使整体的产业附加值有限，不利于进一步的产品研发投入。从产业布局来看，生产专业化分工不明显，不能针对性建立现代化、自动化生产加工标准线使得机械设备易损且加工效率不高，产能有限且运营成本高企。最重要的是，当前产业布局以传统生产职能实现为主要目标，无法结合产区资源、市场要求、产品特色确定地区产业规划布局，缺乏对各产区特色的挖掘，缺乏对一、二、三产业融合的战略布局，导致各类资源禀赋集聚度不够，对接国家战略需求深度不够。

五、产业体系发展结构失衡，限制不同环节创收增收

现有条件下，国内剑麻产业相关的专业团体和机构相对缺乏，国家麻类产业技术体系剑麻专业委员会是我国剑麻产业的沟通平台，承担着我国剑麻产业技术示范推广、科技合作以及科研进展的交流沟通，为我国剑麻产业的科研工作者、生产种植单位、贸易加工单位搭建了一个沟通交流平台，在促进产业发展方面起了不可忽视的作用；从剑麻产业的整体体系来看，剑麻专业委员会所构架的平台不足以支持产业发展要求，在政策研究和制订上无法切合产业的整体规划要求，在市场的研究开拓上无法支持企业的核心需求，在产业技术开发与研究上无法有效地引导方向。总而言之，我国现有的剑麻产业所建立的平台限于为产业前端及下游提供信息交流，对产业的政策支持、市场的拓宽拓展、科研的引导影响有限，由此可见，剑麻产业体系存在诸多因素制约着产业的进一步发展壮大，而基础产业支撑能力不强、制造业总体发展水平较低、现代服务业发展滞后、产业之间关联互动能力不强等问题一直限制剑麻产业的规模扩大和产业链升级，若没有搭建起能够专为生产部门、管理部门、贸易部门、科研部门的体系机制，进而系统地专项解决制约困境，这些限制条件将会是制约剑麻产业长期发展的掣肘。正因为剑麻产业体系的总体水平偏低，我国剑麻产业仍受到现代化

水平限制，国内现有的产出水平和产品品质无法充分满足市场需求，致使原料和市场对外依存，有效产能保障能力有限，割断了剑麻工业与高端服务业的有机联系，限制了国内剑麻产制品附加值的提升，对国内剑麻产业结构优化造成阻碍。

六、专业技术人才培养缺失，产业长远发展动力匮乏

我国剑麻种植业在经受"三病一虫"的暴发后，很长一段时间内，本就属于小众行业的剑麻产业进一步萎缩，除大量国有农场尽量维持保障战略资源供给所必需的人员基础外，剑麻产业上下游均面临人员缺乏的难题。在种植环节，剑麻的重劳力早已不是青壮劳动力的优先选择；在加工环节，剑麻初加工的低收益造成许多从业人员的流失；在相关的技术研究方面，受限于有限的专项财政经费支持，专职从事剑麻研究的青年研究人员更是屈指可数。从产业的长远发展来看，持续的产业更新必须依靠人才推动。当前，剑麻从业人员主要集中于50~60岁这一年龄段，青年人才缺乏严重，对产业的长远发展来说已是不可忽视的问题。近年来，随着市场的逐步回暖，剑麻行业从业人员总量有所回升，但人员结构上仍主要集中于贸易、深加工等下游服务环节，在种植端、技术研发端的人员缺口并未得到缓解，致使国内剑麻产业的产出水平并未大量增长，相关的技术瓶颈也未有较大的突破，始终制约着剑麻产业的发展。总而言之，产业人才的缺乏，无法为剑麻产业提供源源不断的发展动力，终将是我国剑麻产业长期发展的瓶颈问题。

七、剑麻作物性质相对特殊，政策保障支持力度有限

自20世纪50年代以来，作为战略资源原料的剑麻一直被列为经济作物，依据我国现有的管理规定，剑麻不允许在耕地和林地种植，只能在园地性质的农业用地中种植，这极大地限制了剑麻的种植场景。我国海南、广东、广西等地区皆属于热带地区，适宜种植剑麻的区域十分丰富，农垦系统的机制在很长时间内尚能保持剑麻适当的种植规模，但近年来因地方政府有关部门将大面积农垦（公有）园地类土地划为耕地和林地，在国家防止"耕地非粮化"的决策部署下，必然导致适宜剑麻种植的土地进一步减少。作为国家战略资源的剑麻在与剑麻相关的保障政策中，除部分政策涉及鼓励外资参与剑麻相关产业投资外，对剑麻作为战略资源的特性无任何重视，在国内的种植无相应的保障条例；与之对比的国家战略资源天然橡胶，我国已针对性划定1800万亩的保护红线，在各产区建立保护区充分保障天然橡胶的供给能力，而对剑麻

却未建立保障基本种植规模的相关措施，使得剑麻产业从源头供给上日渐衰微，在长期的资源供给上逐渐滑落。

参考文献

[1] Stigler G. The division of labour is limited by the extent of the market [M]. Journal of Political Economy, 1951.

[2] Hannan MT, Freeman J. The population ecology of organization [J]. American Journal of Sociology, 1977（82）: 929-984.

[3] 常金梅, 柳凤, 赵艳龙, 等. 剑麻提取液对砂糖桔采后防病效果及品质的影响 [J]. 广东农业科学, 2014, 22: 75-78.

[4] 常金梅, 詹儒林, 柳凤, 等. 剑麻叶汁对采后杧果炭疽病的防治效果及其抗逆指标研究 [J]. 果树学报, 2013, 30（5）: 865-870.

[5] 陈涛, 陶玉兰, 谢红辉. 广西剑麻机械的现状及展望 [J]. 广西热带农业, 2010, 1: 54-55.

[6] 陈邓. 剑麻病虫害防治 [J]. 中国热带农业, 2008, 4: 50-52.

[7] 陈河龙, 高建明, 张世清, 等. 剑麻 ISSR 反应体系的建立及其优化 [J]. 贵州农业科学, 2015, 43（2）: 20-23.

[8] 陈河龙, 郭朝铭, 刘巧莲, 等. 龙舌兰麻种质资源抗斑马纹病鉴定研究 [J]. 植物遗传资源学报, 2011, 12（4）: 546-560.

[9] 陈锦平, 刘清芬. 龙舌兰麻杂种 11648 斑马纹病的分布及其病原的研究 [J]. 热带作物研究, 1980, 2: 122-129.

[10] 陈锦平, 刘清芬. 龙舌兰麻杂种 11648 斑马纹病原烟草疫霉菌（*Phytophthora nicotianae* Breda.）生物学及形态特征的初步研究 [J]. 热带作物学报, 1982, 3（1）: 65-70.

[11] 陈叶海, 蔡泽祺. 中国剑麻发展概况与展望 [J]. 中国热带农业, 2005, 3: 19-21.

[12] 陈叶海, 胡乃盛. 我国龙舌兰麻种质资源的研究现状及应用前景 [J]. 福建热作科技, 2002,（27）1: 42-44.

[13] 陈叶海. 东方龙舌兰麻种质资源圃的建立 [J]. 热带农业科学, 2000（5）: 12-15.

[14] 陈长林, 沐森林, 张彬, 等. 剑麻病虫害的防治现状、问题及对策 [J]. 中国麻业科学, 2009, 31（6）: 369-371.

[15] 丁静, 徐立, 杜中军, 等. 剑麻遗传转化体系的建立与优化 [J]. 热带农业科学, 2011, 31（6）: 37-40.

[16] 高建明, 张世清, 陈河龙, 等. 剑麻抗病育种研究回顾与展望 [J]. 热带作物学报, 2011, 32（10）: 1977-1981.

[17] 郭朝铭, 易克贤. 剑麻遗传育种研究进展 [J]. 广西热带农业, 2006a, 2: 42-45.

[18] 郭朝铭, 易克贤. 现代技术在剑麻育种上的应用前景 [J]. 福建热作科技, 2006b, 31（1）: 37-41.

[19] 何立忠. 广西剑麻加工机械产品的开发[J]. 现代建设, 2012, 11 (5): 24-25.

[20] 胡力飞, 梅文莉, 易克贤, 等. 剑麻提取物的细胞毒活性研究[J]. 天然产物研究与开发, 2010, 22: 907-908.

[21] 胡盛红, 郑金龙, 温衍生, 等. 2013年中国剑麻产业形势分析及发展趋势[J]. 热带农业科学, 2014, 34 (12): 111-117.

[22] 黄艳. 海南剑麻产业的发展[J]. 热带农业科学, 2018, 33 (2): 88-90.

[23] 黄标, 邓业余, 郑立权, 等. 剑麻粉蚧虫发生规律及防治技术[A]. 中国热带作物学会2007年学术年会论文集[C]. 2007: 365.

[24] 黄标, 符清华. H·11648麻茎腐病发生规律及防治研究[J]. 热带作物研究, 1990, 3: 38-45.

[25] 黄东东, 沈奕德, 黄乔乔, 等. 剑麻叶不同溶剂浸提液对假臭草萌发和生长的影响[J]. 杂草科学, 2013, 31 (4): 5-8.

[26] 黄富宇, 张小玲, 钟思强, 等. 剑麻丰产高效生产技术集成与示范[J]. 中国热带农业科学, 2013, 4: 28-35.

[27] 黄艳. 国内外剑麻产业研究现状与发展趋势[J]. 热带农业科学, 2013, 33 (4): 87-90.

[28] 姜伟, 胡乃盛, 李强有. 剑麻种质资源圃建设与利用探讨[J]. 热带农业科学, 2011, (31) 10: 16-19.

[29] 金文英, 海洪, 吴开运, 等. 剑麻柄汁液发酵生产蒸馏酒工艺研究[J]. 广西轻工业, 2011, 11: 13-14.

[30] 赖克道, 李燕婧, 李茂. 剑麻皂素降血糖作用的研究[J]. 广西科学院学报, 2010, 26 (1): 56-58.

[31] 李华锋, 黄尚顺, 廖青, 等. 剑麻皂甙元生产技术进展[J]. 广东化工, 2014, 8 (41): 91-92.

[32] 梁宏合, 杜国冬, 王春田. 我国剑麻主要病虫害研究进展[J]. 广东农业科学, 2012, 22: 84-87.

[33] 林伯达. 加速选育龙舌兰麻新良种[J]. 福建热作科技, 1990, 1: 10-17.

[34] 刘翠娥, 李辉. 多年生麻类作物种质资源研究进展[J]. 山西农业科学, 2013, 41 (12): 1424-1428.

[35] 刘巧莲, 郑金龙, 张世清, 等. 13种药剂对剑麻斑马纹病病原菌的室内毒力测定[J]. 热带作物学报, 2010, 31 (11): 2010-2014.

[36] 刘峥, 夏金虹. 剑麻柄中缓蚀成分的提取及其性能[J]. 桂林工学院学报, 2005, 25(4): 521-524.

[37] 卢文标, 李道和. H·11648麻茎腐病的防治研究[J]. 热带作物学报, 1994, 15 (2): 71-78.

[38] 吕江南, 龙超海, 马兰, 等. 我国麻类作物机械化作业技术装备发展现状与建议[J]. 中国麻业科学, 2013, 35 (6): 307-312.

[39] 孙光明, 主编. 剑麻栽培工 [M]. 中国农业出版社, 2005.

[40] 陶玉兰. 再论 H·11648 麻斑马纹病的发生及防治措施 [J]. 广西热作科技, 1996, 2: 12-15.

[41] 韦祖桂. 剑麻新的危险性病害-剑麻茎腐病 [J]. 广西热作科技, 1989, 1: 12-13.

[42] 习金根, 郑金龙, 贺春萍, 等. 不同麻龄剑麻大中量营养元素分配及地上部养分累积特性的研究 [J]. 热带作物学报, 2013, 34 (4): 596-601.

[43] 习金根, 郑金龙, 谭施北, 等. 海南剑麻土壤养分状况比较研究 [J]. 安徽农业科学, 2012, 40 (30): 14804-14805.

[44] 习金根, 郑金龙, 易克贤. 干旱胁迫对剑麻幼苗生理生化的影响 [J]. 中国麻业科学, 2012, 34 (5): 216-219.

[45] 习金根, 郑金龙, 易克贤. 高产剑麻营养特性研究 [J]. 贵州农业科学. 2012, 40 (11): 87-89.

[46] 谢恩高, 王东桃, 周文钊. 剑麻选育种工作的回顾与展望 [J]. 中国麻作, 1994, 16 (3): 10-12.

[47] 谢恩高. 剑麻抗病高产新品种的选育及其探讨 [J]. 中国麻作, 1996, 18 (2): 14-17.

[48] 谢恩高. 剑麻选育种工作的回顾与展望 [J]. 中国麻作, 1994, 16 (3): 10-12.

[49] 谢恩高. 剑麻种质改良与育种 [J]. 中国麻作, 1996, 1: 11-13.

[50] 杨世军, 卢璐. 剑麻柄保健酒的工艺研究 [J]. 酿酒科技, 2005, 7: 94-96.

[51] 张鲁斌, 常金梅, 詹儒林, 等. 剑麻提取液对台湾青枣采后生理及贮藏效果的影响 [J]. 热带作物学报, 2015, 36 (1): 110-114.

[52] 张鲁斌, 常金梅, 詹儒林. 剑麻叶汁对芒果畸形病菌的抑制作用 [J]. 广东农业科学, 2010, 12: 83-84.

[53] 张伟雄, 文尚华, 陈士伟, 等. 剑麻粉蚧的为害及综合防治技术 [J]. 热带农业工程, 2008, 2: 53-54.

[54] 张文强, 庄兆明. 中国剑麻加工机械的现状与展望——以湛江地区为例 [J]. 热带农业工程, 2012, 36 (3): 57-60.

[55] 张文强. 150T 型剑麻刮麻机的研制与试验 [J]. 广东农业科学, 2012, 4: 127-129.

[56] 张小冬, 陈泽坦, 钟义海, 等. 新菠萝灰粉蚧生活习性初探 [J]. 华东昆虫学报, 2008, 17 (1): 22-25.

[57] 张耀琳, 胡炎兴, 覃焕祥. 龙舌兰杂种 11648 斑马纹病的发生与流行 [J]. 热带作物学报, 1984, 5 (2): 93-102.

[58] 郑金龙, 高建明, 张世清, 等. 杀菌剂对剑麻茎腐病病原菌的室内毒力测定 [J]. 中国麻业科学, 2010, 32 (5): 270-274.

[59] 郑文荣. 中国剑麻产业分析 [A]. 中国热作学会剑麻专业委员会第五届代表大会暨学术研讨会 [C]. 南宁, 2011-12-08.

［60］钟思强，黄树长，黄兑武. 我国剑麻纤维及制品产销形势分析［J］. 广东农业科学，2012，10：218-220.
［61］周少霞，晏卫红，蒋信生. 广西H·11648麻茎腐病营养元素分析初报［J］. 广西热作科技，1995，2：16-18，11.
［62］周少霞，晏卫红. 广西H·11648麻茎腐病研究［J］. 广西热作科技，1997，3：9-14.

第二章
剑麻产业与技术发展态势与需求分析

巴西、肯尼亚和坦桑尼亚是全球剑麻纤维的主要出口国，其在20世纪末出口量分别占世界出口总量的38%、17%和11%。北美和欧洲的发达国家是剑麻产品主要进口国，其中美国进口量一度占世界总进口量的50%（陆钧利，2005）。目前，中国剑麻纤维产量近4万吨，仅次于巴西，但单产高居全球第一。据统计，目前国产剑麻纤维只能满足国内需求的30%，而这种状况还将继续加剧，由于市场供不应求状况的长期存在，使得剑麻纤维利润可观。而且在欧洲市场，剑麻纤维制品价格由700~900美元/吨上升到超1400美元/吨，质量较好的产品每吨售价达3000美元以上，利润率达20%~30%。国内剑麻优等纤维也从十年前的6000元/吨上升到目前的13000元/吨以上，优质剑麻纤维布每吨达近20000元/吨，可见，剑麻市场前景广阔，利润可观，对于种植剑麻的农户和企业来说这是很好的市场机遇（黄艳，2008）。

同时，由于剑麻纤维的耐酸、耐腐及高强度等特性，剑麻产品在国防和工业发展中具有独一无二的战略地位。从传统的绳索、纱线到高级纸张、特种光缆芯材料、电子工业绝缘层、特殊用布、大坝及高速填充材料等应用场景，都在加大剑麻纤维的用量。

随着世界经济的快速发展，国内外对剑麻产制品的需求出现了极大的变化，传统产制品已无法满足剑麻市场需求，剑麻产业发生着极大的变革，对高附加值产品的需求越来越高，促进剑麻产业向更高端的供给侧结构性转变（陈叶海等，2002）。本章针对剑麻产业和技术发展态势进行整体分析，以明确我国剑麻产业高质量发展的需求。

第一节 剑麻产业与技术发展态势

一、世界剑麻产业与技术发展格局与趋势

(一)世界剑麻产业与技术发展格局分析

目前剑麻产品在"连接""捆绑""牵引"等传统应用领域的作用逐渐减弱,在"装饰""环保"等新兴领域的作用逐渐凸显,在"防静电"(特种纸张)、"油脂储放"(电梯绳芯)、"耐摩擦"(抛光布)等专业领域已独具优势。

剑麻产品贸易三大剑麻经济区域已经形成,即拉丁美洲(巴西为代表)、东非(以坦桑尼亚、肯尼亚和马达加斯加为代表)和亚洲(中国)。这三大经济区域的产品结构类似,但侧重点不同,价格表现也不一样。拉丁美洲以绳和地毯为主,贸易主要集中在美国和加拿大。东非以纤维和麻布为主,产品主要销往欧洲。中国以地毯、麻布、绳纱为主,产品主要销往东亚、南亚、中东、西亚、东南亚、澳洲和地中海国家。进入21世纪以来,中国剑麻产品逐渐进入欧美市场,并占据了一定的市场规模(徐文伟,2006)。

全球剑麻制品进口大国主要集中在北美和欧洲国家,这两个地区的进口总量占全球进口量的80%以上,说明剑麻制品非生产国的消费市场主要集中在北美和欧洲。目前,受疫情影响,导致剑麻纤维价格下降、销售困难,但剑麻纤维用途的不可替代性、剑麻纤维产品的可开拓性、剑麻产业的可持续性以及剑麻资源的有限性等决定了剑麻纤维供不应求的市场趋势不会改变。

(二)剑麻产业形势分析及发展趋势

世界对剑麻产品的需求远远大于纤维的供应量,产业下游加工原料的缺口导致纤维价格飞涨,将反向促进剑麻产业上游种植的扩张。具体来说,世界剑麻产业有以下几个方面的发展趋势。

1. 剑麻产品及市场的发展趋势

(1)传统产品市场出现恢复性增长

传统产品白棕绳,受到合成化纤绳价格的打压,导致市场急剧萎缩,但是自从石油价格上扬、绿色革命的实行和新产品引进后,这种趋势已经改变,出于环保原因,不可降解的合成化纤产品无法取代可降解的剑麻产品。目前,欧洲发达国家超市的货

架上出售用于捆扎的剑麻绳越来越多,而且发展中国家的环保意识也在逐步加强,未来的传统产品市场需求量将会恢复性增长。

(2)主导产品的需求量呈扩大趋势

剑麻地毯属于中高档地毯,目前仅在发达国家使用,其无静电、耐腐蚀、防潮、纯天然、具有保健功能等特性,发展的空间十分广阔。

剑麻布在抛光工业已是必不可少的抛光材料,与棉布抛光轮相比,剑麻抛光轮耐磨度和抛光质量可提高20%~30%,表面光洁度从4~5级可提高到7~8级,抛光蜡用量减少40%~70%,抛光环境空气中粉尘含量降低20%~30%,所以剑麻抛光轮的需求量在逐年增长。

随着世界经济的发展,建筑用电梯增多,作为ISO组织要求用于电梯钢丝绳芯的剑麻绳芯,需求量随之日趋扩大(徐文伟,2006)。

(3)剑麻产品呈现高质化、个性化趋势

除主导产品外,新型剑麻产品有别于传统产品,总体上在向高质化、个性化产品方向发展,品种越来越多,如各式工艺品、洗涤消费品、家庭装饰品、动物玩具。剑麻与造纸业、纺织业相结合,使得剑麻纤维利用其特有的特点生产出剑麻纸、茶袋纸、包装纸、钞票纸、新闻纸、绝缘纸等特种纸张和剑麻面料;在汽车行业,剑麻纤维可用于制作刹车片材料;剑麻纤维和玻璃纤维的混合可用于生成酚醛模塑料;在生物工程领域,剑麻纤维作为生物工程的载体,可以培养出诱导蛋白酶等。这类产品体量小、种类多、比较散,但附加值很高,应用空间很大。

值得关注的是剑麻纤维在汽车行业的应用:欧盟发布法令,规定汽车行业必须在2015年前实现所有新车所用的材料,85%可回收再利用,10%可燃烧处理,只有5%的废料是做掩埋处理,这一措施的实行必将促进剑麻纤维在汽车行业的应用(莫建恒,2011)。

(4)剑麻新产品加速拓展趋势

剑麻新产品的开发在向与交叉、边缘学科相结合的方向加速发展。如与造纸业的结合生产出特种剑麻纸,与纺织业的结合生产出特种剑麻服装面料等(唐黎标,2017)。

新产品的高科技初显端倪。如纳米技术应用于剑麻,开发出特种服装或通过纤维改性制造其他领域的产品等(徐欣等,2006)。

新产品向环保方向发展。如利用剑麻可降解、硬质等特性,开发一次性餐具、环保拖鞋等（侯天福，2012）。

新产品向保健功能性方向发展（杨世军，2005）。如利用剑麻含纤维素高和含有皂素等的特性，生产皂素、药品或药酒、高档服饰和保健拖鞋、坐垫等。

新产品向综合利用方向发展。如最近在东非开发的剑麻渣做沼气、动物饲料、混合肥料等，在南美用作造酒，在中国用剑麻渣提炼皂素原料等。

以上几个发展方向的新产品开发，从广度和深度来说，对剑麻产业的发展都是历史性的突破，每一种新产品的应用都是促进剑麻产业发展的动力源泉。

2. 剑麻生产和贸易多元化的发展趋势

随着剑麻产品的不断发展及全球经济贸易自由化的发展，三大经济区域相对稳定的格局将被打破。由于剑麻是一种独特的亚热带作物资源，仅仅适合上述国家生产，因此随着这些发展中国家融入全球经济一体化，剑麻产品生产和贸易逐步走向国际分工与合作的道路，向多元化的方向发展，形成你中有我、我中有你的格局。

3. 剑麻产业投入日益社会化的发展趋势

近十年，随着人们对剑麻的认识不断加深，剑麻的发展动力不再仅仅源于剑麻产业，更在于社会各方的扶持。如联合国粮农组织共同基金1998年援助坦桑尼亚研发剑麻纸浆项目，投资537万美元；2000年援助巴西东北部剑麻种植项目；中国推行剑麻产业化改革，促使剑麻产业整合为产供销一体化。此外，三大经济区域所在国政府均比较重视剑麻业。如坦桑尼亚、肯尼亚政府积极与联合国粮农组织配合，投入配套资金研发新产品并加以推广；巴西作为最大的剑麻生产国除了争取国际组织的支持，还出台了多项优惠政策，低价招租恢复剑麻种植面积；中国剑麻产业缺少国际组织的援助，但得益于规模均集中于农垦系统，有强有力的组织系统作保证，剑麻产业发展迅速（韩耀玲，2004）。

二、中国剑麻产业与技术发展格局与趋势

（一）历史及现状

中国的剑麻种植业始于20世纪50年代，主要由刚组建的粤西农垦局生产种植，到1959年种植面积达到0.38万公顷，产量1100多吨。自60年代初，从东非引进剑麻良种H·11648（东1号）在广东湛江地区国有农场种植成功后，代替原来的番麻品种后一直种植发展。当前，中国剑麻的面积和产量分别居世界第五位和第二位，而单位面积产量则是世界平均水平的3倍以上，居世界第一位。中国剑麻种植主要分布在

经济欠发达地区,剑麻在促进热区农业结构调整、增加农民收入及促进出口创汇方面发挥着重要作用(陈叶海等,2004)。中国是剑麻主要生产国之一,主要分布在广东、广西、海南。

1. 种植面积产量

20世纪50年代,中国剑麻的种植规模仍很小,仅限于种植少数野生品种。自60年代初引进H·11648剑麻杂交品种后,中国的剑麻种植规模持续扩大(钟文惠,2003)。到2019年,中国剑麻种植面积已达到28.0万亩。剑麻栽培区域比较集中,主要分布在广东湛江、广西玉林和南宁、海南昌江和东方等地区,其中广东4.20万亩,占全国的18.85%;广西22.73万亩,占全国的77.50%;海南1.07万亩,占全国的3.65%(表2-1)。

表2-1 2019年中国剑麻生产情况

地区	种植面积(万亩)	收获面积(万亩)	总产纤维(万吨)	单产量(千克/亩)	总产值(亿元)
广东	4.20	2.40	2.14	892.58	0.39
广西	22.73	21.50	6.62	307.76	5.89
海南	1.07	1.05	0.29	271.52	0.20

2. 生产技术

根据剑麻的生理特性和自然条件,中国已摸索出实现剑麻高产稳产的栽培技术措施,并制定了剑麻栽培技术规程。通过剑麻种植业标准化实施及推行剑麻营养诊断指导施肥技术、剑麻大壮嫩苗繁育技术、剑麻病虫害综合防治技术、剑麻机械化施肥技术等一系列栽培改革,使中国剑麻种植面积和产量稳步提高。目前,中国主产区之一的广东种植区大面积麻田从种植到收获已初步实现机械化,在剑麻叶片的轻简化运输运用了一定的简化机械,对剑麻的采收、种植机械仍有待开发。

3. 加工与销售

剑麻市场主要产品以纤维为加工原料,现有加工条件下剑麻叶片纤维抽出率一般不到5%。因此,中国的剑麻生产企业从开始就注重剑麻的加工问题,并从初、中级加工开始不断向剑麻制品的深加工发展(张文强等,2012)。经过几十年的发展,剑麻纤维制品从最初的几个系列,10多个规格品种,到目前研制开发的剑麻产品已有20个系列近500个品种(孙娟等,2020),主要包括剑麻纤维、剑麻纱、白棕绳、剑麻地毯、剑麻抛光轮、钢丝绳芯、剑麻絮垫及其他剑麻制品等。到2003年,除部分剑麻纤维直销外，加工成剑麻纱 6400 吨、白棕绳 8500 吨、剑麻抛光布 5500 吨、剑麻地毯 70 万平方米，尤其是广东省东方剑麻集团公司生产的"太阳牌"系列剑麻产品在国际市场上享有较高的知名度，荣获国家、部、省优质产品称号 20 多项奖次。

中国剑麻产品因其品牌信誉好、质量稳定，因而畅销国内 20 多个省市并远销欧洲、美国、东南亚、中东、日本、韩国等 30 多个国家和地区。目前出口的主要产品有剑麻地毯、剑麻抛光轮、剑麻抛光布、白棕绳、剑麻纱、剑麻工艺品等。广西剑麻集团的"剑王牌"系列也畅销国外。

中国剑麻产品价格受国内外市场的冲击比较大，1997—1998 年降幅较大，达 30% 左右，1999 年底剑麻价格开始回升，目前保持较高的价格水平。据了解，目前国产剑麻纤维只能满足国内需求的 30%，这种状况还将继续加剧，剑麻市场前景广阔，利润可观，对于种植剑麻的企业和农户来说这是很好的市场机遇。

4. 经营与体制

过去全国 70% 以上的剑麻属国家所有，长期实行计划经济，导致加工厂"小而散""多而重复"。从 1996 年起，主要剑麻生产企业纷纷探索剑麻经营的新路子，按照农业产业化经营模式，集中各单位的资源、技术、人才和品牌优势，组建剑麻龙头企业，实现种植、原料加工、产品销售于一体的整体优势，大大增强了剑麻产业的市场竞争力。如广东省东方剑麻集团有限公司、广西剑麻集团有限公司、海南省迪发剑麻制品有限公司等都是较为成功的剑麻产业改革典范。这些剑麻产业化经营的龙头企业，通过运作取得了较好的成效：一是原有的剑麻生产企业间相互压价、内耗竞争的情况消除，剑麻产品在国内市场的调控能力增强；二是剑麻纤维的质量有明显的提高；三是企业的信誉及知名度得到提高。经过多年的发展，中国已经形成了规模较大并专门从事剑麻产业的广东省东方剑麻集团有限公司和广西剑麻集团有限公司，两集团覆盖了全国剑麻 60% 的种植户和 70% 的产品，实现了产加销一条龙，农工贸一体化经营（陈叶海等，2004）。

5. 成本与效益

中国剑麻生产成本普遍偏高，以中国剑麻主产区广东省剑麻集团有限公司的剑麻生产成本预算，纤维农业成本为 2449.46 元/吨、加工成本 1100 元/吨，合计纤维总生产成本 3549.46 元/吨。中国从事剑麻种植的农垦企业，社会负担也较重，过高的经营成本对剑麻产业参与国际市场竞争极其不利。

与其他国家相比，我国剑麻纤维无论是单产数量，还是纤维质量，都具有无可比拟的优势，但目前剑麻栽培的品种过于单一，虽然经过几十年努力，已经引进和培育出一批具有优良性状的品种，但由于技术和资金等原因，一直没有成功实现将这些优良品质转移到一个品种上，导致 H·11648 作为主栽品种几十年还没有更新。与此同时，目前成批投放市场的白棕绳、钢丝绳芯等都是数十年来的传统产品，在国内外市场上畅销的剑麻纱、剑麻布、剑麻地毯、剑麻抛光轮等，也是十多年前开发出来的产品。种植品种的长期单一及老化退化、剑麻产品的开发滞后现象严重地阻碍着剑麻生产的发展和剑麻制品的创新。作为小产业，整个行业处于自发的发展状态，国家行业部门以及质量监管部门的重视与支持不够。

此外，剑麻产业存在机械收割滞后，劳动强度大的问题。国内剑麻产区主要集中在广东、广西、海南的大型农场，剑麻生产种植从整地、植苗、田间管理到叶片运输、刮制纤维、麻田更新等各个生产环节，基本实现了机械化作业。但剑麻叶片收获目前还未能实现机械化，基本上靠人工完成，目前割麻工短缺已成为制约剑麻产业发展的主要瓶颈之一（陈士伟等，2016）。

（二）中国剑麻产业与技术发展趋势

随着全球经济复苏，人们对剑麻制品的优越性日渐看好，同时也对环境保护问题日益关注，必将使其需求量激增，加剧剑麻制品市场供不应求的矛盾。2020年以来，疫情的蔓延对剑麻产业造成了一定的影响，但在今后相当长的一段时期内，剑麻产品供不应求的局面不会改变。因此，有必要大力发展我国剑麻产业，进一步提升我国剑麻产业在国际上的影响力。

1. 规划产业发展战略，优化产品区域布局

根据剑麻的特色优势，通过做好产业发展战略规划，优化产品区域布局，充分利用土地资源打造剑麻特色产业带，寻找剑麻新的发展空间。建立和完善种植、加工、销售一体化的产业链发展格局，推动剑麻生产向优势区域集中，以标准化生产示范园推进特色产业带建设，打造剑麻龙头企业，对原有的加工场进行改扩建，按照标准化加工技术规范，在每个产业带配套建设剑麻产品加工工业基地，建立完善的市场服务体系，促进产业升级。

2. 加强剑麻质量标准体系建设，提高产品和企业竞争力

加强剑麻生产和产品质量标准研究，开展标准体系建设，建立从种植、加工、销售到质量追溯的标准体系，完善质量追溯机制。加强对剑麻行业协会和农民合作组织的扶持，促进市场信息渠道畅通，加强市场监管力度，规范生产经营行为。

当前中国剑麻栽培水平参差不齐，特别是民营植麻区管理水平更低，应加强有关剑麻高产栽培技术标准的推广，以农业部高产剑麻标准化生产示范园创建为契机，全面推进剑麻标准化种植。

此外，中国剑麻产品市场不规范，加工质量也不稳定，标准化生产和质量监督落实不到位。因此，应加强剑麻行业协会与相关部门的监管力度，加强行业自律，在剑麻种植、加工全过程中实施有效的质量监督，贯彻落实标准化生产；依据具体的市场形势，合理协调产品价格；关注并分析国内外剑麻产业形势，在进行战略研究的基础上制定适当的应对策略；统一开展工作，引导企业加强沟通与合作，积极应对国内外市场的变化，增强整个剑麻产业在国际市场上的竞争力，推动产业的整体发展（汪佳滨，2016）。

3. 加大科研力度，选育抗病虫新品种

剑麻在我国属于小产业作物，受限于科技力量和资金投入不足，主栽品种H·11648久未更新而出现退化，导致近年来剑麻斑马纹病、茎腐病、新菠萝灰粉蚧、紫色卷叶病等病虫害频发。因此，政府、科研机构和企业应加大科研投入，努力攻关培育抗病虫新品种，替代或增加主栽品种，规避单一品种风险。同时，也应加强对剑麻主要病虫害的监测预警和绿色防控技术的研发支持力度（赵艳龙等，2007）。

4. 加快麻片采收运送机械研制，推进剑麻全程机械化生产

剑麻生产整个环节除叶片收割基本依靠人工收割，其他生产环节已实现机械化。国内研究热带作物机械的科研机构及剑麻主产区企业认识达成一致，必须加快剑麻叶片收割机械研制，尽快实现样机生产和大田应用，解决割麻工短缺和生产成本高的问题，推进剑麻全程机械化生产（卢庆富，2017）。

5. 促进剑麻综合开发利用，拓展产品门类，提升经济效益

目前我国生产的剑麻产品主要是纤维系列产品，液汁和麻渣仅作回田的肥料，而且纤维制品中大部分为低档产品，中档以上产品只占20%左右，综合利用率和附加值低，资源远未得到充分利用。在继续研发剑麻纤维新制品的同时，应加大力度研发复合材料、提高剑麻麻渣和麻渣水等废弃物的综合利用。如利用剑麻液汁提取皂素、叶绿素、激素药物、果胶、蛋白酶等产品，利用麻渣制作有机肥和培养有益生物菌，将剑麻综合开发利用作为国家麻类体系和技术机构的重要课题来推进，作为剑麻产业复兴的第一要务来抓，提高剑麻综合利用率，延长产业发展链条，提高产业整体效益（黄富宇等，2013）。

6. 加强国际合作与交流，实施"走出去"战略

非洲国家（如坦桑尼亚、肯尼亚等国）的宜耕地较多，但没有得到充分的开发，而且剑麻种质资源丰富、劳动力廉价。因此，国家应加大力度扶持剑麻企业"走出去"战略，通过政策和资金支持，与国外剑麻研究机构及企业合作，加强交流，举办研讨会和合作论坛，实现科技联合共享，企业合股共赢，促进多学科、多领域的交流和协作，缓解剑麻种植土地与人力资源紧缺问题，促进全球剑麻产品贸易和产业发展（孙娟等，2020）。

第二节 剑麻产业需求分析

一、剑麻产业国家需求分析

（一）剑麻作为战略物资的不可替代性

剑麻纤维具有强度高、吸放湿快、耐磨、耐腐蚀、无静电等特点，是优质的硬质纤维和重要的工业原料，产量占世界硬质纤维总量的60%以上，在国防、航海、建筑、运输等重要领域发挥着不可替代的作用。在全球贸易活动中颇为活跃，因为其具有特殊的军事用途，长期作为一种战略资源。根据常年剑麻种植规模、纤维产量、加工能力和进出口量计算，剑麻纤维的年需求量约为60万吨，其中用于石油钻探、冶金采矿等年需求量约20万吨，用于剑麻地毯、工艺品、剑麻抛光布等年消耗约20万吨，用于制造高级纸张、做复合材料原料消耗5万吨，用于钢丝绳芯等特殊建材消耗约15万吨（胡盛红等，2014）。目前，国内剑麻产品需求在15万吨左右，国产剑麻纤维只能满足需求的30%左右；国内对高品质纤维的需求每年约6万吨，国内产出只能满足约40%的需求，由于世界主要剑麻生产国的剑麻产量下降，通过进口也不能完全满足国内市场需求。

（二）剑麻作为民用物资的高经济价值属性

剑麻纤维可制舰艇、渔船的绳缆、绳网、帆布、防水布，飞机、汽车轮胎的帘布，钻探、伐木、吊车的钢索绳芯，机器的传送带、防护网等，并可编织麻袋、地毯、麻床、帽子、漆扫、马具等日用品，也可以编织布匹，与塑料压制硬板作建筑材料等。剑麻纤维也用作门板、轿车衬里、扶手等部件的加强筋。剑麻纤维可制造高性能的特种纸张，如茶袋纸、包装纸、钞票纸、新闻纸、绝缘纸等。剑麻可提取食品添加剂剑麻核酸、果胶，医药原料剑麻皂素等，剑麻皂素可用于合成具有抗癌活性的衍生物。此外，其根可作利尿剂，花轴流出的液汁还可以酿酒。目前，剑麻制品已发展到20多个系列，500多个品类。

（三）剑麻产业的重要贸易价值属性

剑麻产业在全球经济格局中的份额不大，但由于其用途的不可替代性和生长环境的约束性，在全球贸易活动中具有极为独特的价值。20世纪90年代之前，西方发达国家通过殖民和资本、机器、技术、标准等要素，牢牢控制了全球剑麻产业，并作为主要消费者长期控制了剑麻的贸易。20世纪90年代以后，新型经济体特别是中国快速崛起，推动着新南南合作，对全球经济架构产生空前和深远的影响。不仅影响剑麻全产业链的种植、加工、制造、消费，还影响资本、技术、知识标准和贸易规则。例如，广东农垦和广西剑麻集团通过建设海外剑麻基地影响全球剑麻供给；中国从非洲等产地绕过欧洲中间商直接大量进口剑麻纤维，改变了全球剑麻贸易的格局和标准体系；中国技术、设备、资本走出去，推动国外剑麻主产区产能提升和国际合作方式转变升级。在这种变化的推动下，剑麻产业出现了西方发达国家主导、新兴经济体消费市场迅速扩大，逐渐形成两极消费中心的格局。因此，必须关注国内剑麻市场的需求变化，针对国内消费群体的不同消费理念、消费方式和产品需求，对产品结构做出调整。

二、剑麻产业需求分析

（一）剑麻原料市场供需预测

2010年以来，巴西、墨西哥、坦桑尼亚、肯尼亚、古巴等主要剑麻生产国发生严重旱灾，中国则受到粉蚧等病虫害影响巨大，导致收获面积大幅下降，国际剑麻纤维供应急速减少，市场供需缺口急剧拉大。据联合国粮食及农业组织统计数据表明，剑麻纤维全球总产量（含中国）从2011年将近42万吨急剧下降至2012年的不足25万吨。2016年全球剑麻总产量恢复至30万吨水平，但仍然无法满足市场需求。从图2-1可以看出，全球剑麻纤维缺口整体持续攀升，且市场波动明显。

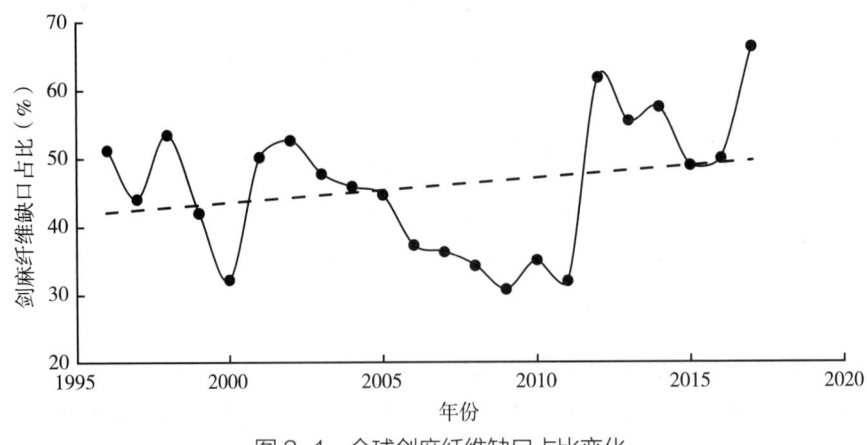

图2-1 全球剑麻纤维缺口占比变化

目前全世界对剑麻纤维的供需缺口呈增大趋势,从长远看,剑麻类纤维的市场价格会呈上升趋势。

国内能够用于剑麻种植的土地资源十分有限,加上其他高效短期经济作物的激烈竞争,剑麻种植面积出现萎缩趋势(汪佳滨,2016)。同时,随着劳动力成本不断上升,剑麻种植的经济效益下降,国内剑麻产量持续下降,国内产量早已无法满足国内市场需要。预计未来3~5年内,国内剑麻纤维资源仍将非常短缺。

随着剑麻全球种植面积和总产量的下降,剑麻叶片和剑麻直纤维的平均售价从2010年开始逐步飙升,以广东省东方剑麻集团有限公司的数据作为参考,2010—2016年,剑麻鲜叶片的平均售价从170元/吨上涨至420元/吨,剑麻直纤维的平均售价从8200元/吨上涨至近14000元/吨,并有进一步上升的趋势(图2-2)。剑麻种植面积和产量的下降只是剑麻价格上涨的一方面原因,另一方面是因为剑麻纤维制品市场的需求上涨。目前,国产剑麻纤维只能满足国内需求的30%,而这种供不应求的状况还将继续加剧,使得剑麻纤维价格看好。

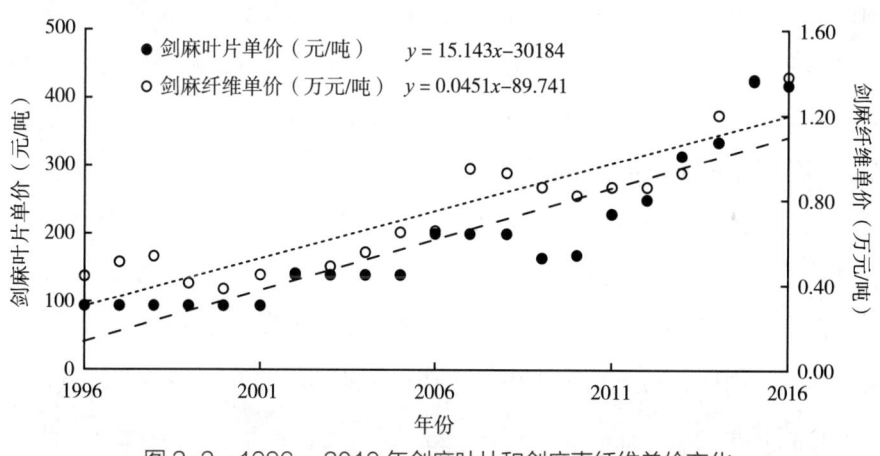

图2-2 1996—2016年剑麻叶片和剑麻直纤维单价变化

(二)剑麻纤维制品市场供需预测

目前,剑麻纤维制品在全球市场的售价不断上涨。国内剑麻优等纤维也从十年前的6000元/吨上升到目前的8000多元/吨,优质剑麻纤维布每吨达万元。以广东省东方剑麻集团有限公司最新销售数据为例,规格12~32毫米无油绳的销售价格已经达到17900元/吨,A类剑麻地毯售价为67元/平方米。在欧洲市场,剑麻纤维制品价格从1700~1900美元/吨,上升到目前超过3000美元/吨,质量较好的产品每吨售价达到3500美元以上,利润率达到20%~30%。据国际硬质纤维组织预测,21世纪全球对剑麻纤维的需求量仍将以每年10%~15%的速度增长（莫百春，2006），我国扩大剑麻产业规模将在一定程度上缓解国际纤维市场供求日趋紧张的局面。

剑麻细纱是剑麻纤维的重要制品之一，它是钞票、航空、航海图纸等高级纸、特种纸的生产原料，目前世界上每年对剑麻细纱的需求量超过10万吨，而供货量仅3万吨左右。钢丝绳芯广泛应用于电梯钢丝绳、索道、海洋石油砖采、港口装载、起重船等领域。随着国内城镇化建设和旅游业推进、基础设施建设的不断加大，电梯越来越多，这种纱线市场越来越大。2009年《剑麻钢丝绳芯》标准实施时，国内仅有产能不超过1.5万吨，而市场需求有3万吨；通过几年来的发展，国内市场需求已超过5万吨，而国内生产能力仅为2.3万吨。目前产品无法满足市场的需求，产品价格以20%的速度上涨，同时国内的消费潜力巨大，市场十分广阔。这些高端市场消耗大量优质剑麻纱线后，可用于高端纺织的原料进一步压缩，原料限制进一步加剧。

剑麻制品价格的不断攀升，一方面是因为原材料价格的上涨导致成本增加，另一方面则是由于剑麻制品的需求不断增加导致供需缺口不断增大引起的。尽管剑麻纤维的供给缺口近年由于自然灾害而呈现扩大的趋势，但是随着剑麻种植技术的改进、剑麻新品种的研制，以及剑麻种植量的回升，剑麻纤维的供给缺口扩大趋势将会得到有效遏制，剑麻纤维的价格也将逐步平稳。

随着居民收入和生活水平的不断提高，居民对生活品质的要求不断提升，剑麻制品具有天然无公害、防虫无异味、绿色易降解等多种优势，完全满足居民消费层次升级的客观需要，同时也完全符合全球日益严峻的环保要求，剑麻制品的需求将会面临新一轮的激增。因此，提前布局剑麻布、剑麻绳和剑麻地毯等优势产能，将有助于剑麻企业的长远发展。

三、剑麻产业技术需求分析

（一）剑麻育种研发需求分析

1. 研究历程与现状

国外剑麻育种工作始于20世纪30年代，坦桑尼亚、肯尼亚、巴西、墨西哥等国家在剑麻育种研究上做了大量工作，也取得了显著成就，如培育出了高产抗寒品种H·11648、抗病杂种H·67041、高产品种希氏新变种等。我国剑麻育种工作起步较晚，20世纪70年代开始，我国转入抗病育种研究，经过20多年的努力，培育出一些较抗病的品种如粤西114、广西76416、东16等，供剑麻病区选择利用。近年来，利用回交法对杂种F_1代进行回交，对改良杂种F_1代不良性状的研究获得了进展，如剑麻粤西114与H·11648回交培育出的南亚1号。与粤西114相比，南亚1号的叶片产量高、抗性好、叶片大；与H·11648相比，南亚1号的生产周期短、纤维率低，尚未达到理想的培育目的。我国几十年的剑麻育种实践，主要以常规方法培育新品种，虽然获得了一定成效，但并未从根本上解决国内剑麻生产品种缺乏的现状。

2. 研发需求分析

剑麻的生长周期较长（一般10～15年），一生只开一次花，各品种的花期也不一致，花粉不易贮藏，这些因素给育种工作带来了很多困难。当前剑麻生产中，由于长期种植单一品种H·11648，麻园早花早衰，斑马纹病、茎腐病日益严重，今后剑麻的育种工作应围绕解决这些问题逐步开展。

育种目标确定高产、优质、抗逆性强、皂素含量高等近远期目标，着重于提高产量、抗病性、纤维率等重要特性；继续积极收集引进新的剑麻种质资源，特别是引进境外龙舌兰野生植物和半野生植物，为育种提供丰富的原材料；育种中注重运用现代分子生物技术，通过植株再生体系的研究、基因转化、分子标记辅助等育种方法，育成高产、优质、抗逆性强、皂素含量高的新品种。

（二）剑麻栽培研发需求分析

1. 剑麻栽培技术概述

（1）剑麻粉垄技术的应用

为优化传统耕作模式、改善土壤环境，我国科技人员发明了一种新型高效的耕作和栽培技术——粉垄技术（韦本辉，2017），该技术利用"螺旋形钻头"耕作工具垂直入土30～50厘米，高速旋磨切割粉碎土壤（张宇等，2021），可一次性完成传统耕作的犁、耙、打等作业程序，达到播种或种植作物的整地标准，可较长时间保持耕层相对深松状态，从而有效改善土壤结构。目前该技术已广泛应用在甘蔗（李浩等，2021）、马铃薯（王斌等，2020）、棉花（金若成，2021）、甜高粱（王志丹，2022）、水稻（郑佳舜，2019）、花生（高伟等，2021）、烟草（熊梓沁等，2021）等作物的生产上。

广西壮族自治区亚热带作物研究所于2017年首次将粉垄技术引入剑麻生产中，该项技术的应用提高了土壤含水量，改善了土壤的团粒结构以及孔隙度等物理结构。调研数据显示，经过粉垄处理过的土壤有机质、全氮、全磷、全钾、速效磷和速效钾比对照分别高出15.82%、10.82%、73.60%、10.66%、58.57%和31.02%；剑麻根系深度和根系长度优势最明显，粉垄作业处理剑麻根系深度较不作处理和耙地处理深度分别多出20.32%和13.49%，根系长度分别多出12.35%和7.73%，剑麻的根系更为发达，白根明显比非粉垄剑麻增多，由此可知，将粉垄技术应用于麻园土地耕作有利于剑麻根系生长。此外，麻园粉垄减少施肥20%，比旋耕节约成本50%。

（2）冬季浅翻深松技术的应用

剑麻整个生产周期受管理水平影响极大，基本生产周期长达10～15年，种植园若常年得不到轮换耕作，易导致土壤层发生板结，引起土壤间的缝隙变小、透气性变差、土壤肥力及渗水性能下降等问题，阻碍作物根系的生长发育，最终影响剑麻的生产。因此，在剑麻生产期适当轮换耕作对剑麻的生长和品质意义重大。研究表明，浅翻深松作业具有显著的增产效果，蓄水保墒能力强、作业成本低，有利于保护土壤团粒结构，减少用工、降低成本、增加收入等多种优点而被作为重要的耕作方式应用于农业生产中（李少昆等，2006）。浅翻深松耕作是一种翻转地表30厘米以内土壤，同时疏松30～45厘米土层的新型耕作方式，可清除地表作物残茬，形成耕层的"海绵区"，使土壤疏松、活土层加厚，增加土壤的通透性的同时提升土壤蓄水保墒能力。据报道，表土耕层每加深1厘米，每亩可增加4吨的蓄水能力，一次降雨40～50毫米，地表也不会有明水，耕作深度的变化对20～30厘米土层土壤水分的影响要高于其他土层。此外，浅翻深松还可以通过扩大作物根系自由生长的区域，实现提高作物产量的目的（李娜等，2021）。针对深松技术，我国技术人员针对性研发了麻园大行深松机械，该机械由悬挂架、机架和齿组成，适宜在杂草较少的田块作业，其深松深度400毫米，使麻园较深层土壤疏松、透气性好和保墒，有利根系生长，增强吸水吸肥能力，并便于多功能施肥机直接边开沟边施肥边覆土一体化作业，改变传统大耕大耙水土流失较严重的问题，还可减少杂草为害。

（3）中耕培土技术的应用

深翻松土既可改善土壤的理化性质、防止土壤板结、增加土壤的通透性，又可适当犁断部分根系、诱导大量的吸收根生长、增强根系的吸收能力。深翻改土和培土护根好的麻园，单位体积土壤根系为24.34千克/立方米，是护根较差麻园11.79千克/立方米的2.06倍，年长叶幼龄麻增长17.5%、中龄麻增长30.2%，增产效果明显。在此基础上，针对性研发了覆土机械用于剑麻田管施肥，该机由挂架、机架、覆土板、刮刀组成，由拖拉机带动提供动力，工作效率可达1.67公顷/小时。

(4) 埋杆换行技术的应用

当剑麻进入生产终期后需将淘汰的麻株挖起并进行集中转移,该过程耗时耗力耗财,不利于剑麻的增产增收。对此,国家麻类技术体系相关岗站通过长期技术攻关,总结出一套山地剑麻埋杆换行种植技术,实现缩短剑麻园更新的时间,有利于剑麻的增产增收,并获得国家发明专利授权(陈涛等,2019)。该技术主要操作是麻株淘汰后,将剑麻麻株整株原地深埋,整地后重新种植新麻。该技术优点在于:①增加土壤肥力:淘汰麻株经过掩埋会充分腐烂分解,并作为肥料增加土壤有机质及氮磷钾等元素的含量,从而达到减少施用化肥、保护生态环境的目的;②避免连作障碍:剑麻连作会带来诸如病害以及生长障碍等诸多问题,不利于剑麻的生长,而本技术通过埋杆、新土覆盖、种植点换位,达到换行种植的目的,缩短淘汰剑麻园更新时间,降低淘汰麻株处理成本,实现剑麻生产提质增效。

(5) 剑麻间套种技术的开发与应用

根据现有规范《剑麻栽培技术规程》要求剑麻标准化种植必须满足以下条件:①气候条件,年均温不低于23℃,极端低温大于3℃,年降雨量1200~1800毫米;②地势坡度小于15°,土壤厚度80厘米以上,地下水位1.0米以下,排水性良好;③平地畦高要求20~30厘米、宽2~2.2米,大行距3.8~4.0米,小行距1.0~1.2米,株距0.9~1.0米。为满足标准化麻园建设,剑麻非收获期(幼苗定植至成熟开割期间)存在土地利用率低、表层土壤易风化、农户非收获期收益低等问题。

幼龄剑麻间套作系统利用高秆作物与矮秆作物垂直空间差的种植方式,具有种植空间通风透光好,土地、光能和CO_2得到充分利用,提高种植园生产效率和收益,增加农田生物多样性和稳定性,促进生态平衡等优点(赵雅姣等,2020;杨亚东等,2017)。在剑麻种植非收获期(定植后三年内)间种其他作物是兼顾生态和经济效益的不二选择。目前国内外缺乏关于幼龄剑麻园间作系统的研究,出现幼龄剑麻园土地利用不充分或间种管理不规范影响剑麻及间种作物产量的现象。

针对上述问题,两广地区开展了麻园高效间作技术试验示范与推广工作,示范间作冬瓜、西瓜、蔬菜、辣椒、茄子、豆科植物等多种经济作物,通过多年的实践证明,幼龄麻园双季间作栽培技术具有较高的生态和经济效益。

(6) 麻渣堆沤还田技术的应用

相比于不施加麻渣的土地,施加麻渣的土地中除了速效钾和过氧化氢酶涨幅较小,其他几项指标均有明显增加,由此可知鲜麻渣还田一定程度上提高了土壤营养成分，但是由于鲜麻渣中可能含有有害病菌，直接还田可能会导致新植株致病，因此采用加石灰先堆沤后再还田。

2. 剑麻栽培技术开发应用总体水平

通过多年的生产实践，我国已摸索出一套成熟的剑麻高产栽培技术，在种苗培育、施肥、中耕培土、病虫害防治等栽培技术环节上都有独到之处，成功应用于生产实践，处于国际领先水平。我国还先后制定了剑麻栽培技术规程、剑麻种苗繁育规程和剑麻病虫害防治技术。目前我国剑麻栽培应用的多为单项技术成果，没有进行技术集成，尚未形成高产高效的标准化技术体系。长期以来我国剑麻科技创新滞后，栽培技术研究也未能及时深入推进，造成我国剑麻虽然单产高，但产量水平极不平衡，高产麻田年亩产鲜叶可达 10 吨以上，而低产麻田亩产不到 3 吨，剑麻纤维总产量长期徘徊在较低水平。因此，集成一套完整的剑麻高产高效标准化技术体系，将是我国剑麻栽培技术研究的下一个目标。

剑麻栽培理论基础方面，营养与施肥的研究总体上还不够深入，植株养分吸收、运转和分配规律未得到精确测量和总结，不同地区施肥量和施肥方式至今没有统一结论，新型肥料的研究更是少有涉足。

3. 栽培技术研发需求分析

剑麻种植的土地有限，决定了我国剑麻栽培必须保持较高的单位面积产量，因此研究剑麻高产栽培理论、探索剑麻高产稳产栽培技术，始终是剑麻产业科研的重要组成部分。未来剑麻栽培领域应围绕高产高效栽培的目标，开展以下研究：①剑麻高产优质和轻简化栽培技术的研究与集成，形成与优良品种配套的高产高效模式化种植技术；②开展不同区域、不同生长期剑麻矿质营养需求规律及精量施肥技术、水肥耦合效应及高产根系培育、开花生理及推迟开花技术、生长调节剂的筛选与使用等剑麻高产高效栽培基础研究；③加强剑麻种苗提纯复壮、剑麻连作障碍与持续高产、剑麻土壤评价与治理等剑麻持续高产优质栽培技术研究。

（三）剑麻植物保护研发需求分析

1. 剑麻主要病虫草害概述

我国剑麻病虫害有十几种，其中斑马纹病、茎腐病、紫色卷叶病和新菠萝灰粉蚧常年发生，有些年份甚至大面积流行，危害较大。

（1）斑马纹病

斑马纹病是一种毁灭性病害，国外因斑马纹病发病非常严重且缺少有效防控措施，致使 H·11648 剑麻无法种植。1961 年，坦桑尼亚首次发生斑马纹病。1964 年，H·11648 麻引入我国，并迅速成为主栽品种，其高产但易感病；1970 年，我国在广东东方红农场首次发现此病；1973 年，迅速暴发流行，当年造成损失达 100 多万元（张开明等，1982）。20 世纪 80 年代，该病遍及广东、广西、福建、海南各植麻区，持续造成大面积麻园被毁，纤维产量和质量下降，仍为剑麻园最严重的病害之一（李莲英，2003）。

剑麻斑马纹病属传染性病害，致病菌为烟草疫霉（*Phytophthora nicotianae* Breda）、槟榔疫霉（*P. arecae*）和棕榈疫霉（*P. palmivora*）。这三种疫霉造成的叶斑症状相同，仅毒力上有差异，其中以烟草疫霉的致病力最强（赵艳龙等，2020）。烟草疫霉为色菌界（Chromista）二倍体真核微生物，其不仅对剑麻产生为害，同时也能为害烟草、凤梨、柑橘、辣椒等 60 多种作物。

斑马纹病病原菌主要经土壤、伤口、气孔等侵入，也能在完整叶面上直接侵染，由带菌土壤、麻田病株、未经处理的病田麻渣、风、雨、肥料、人畜、车辆、农具等进行传播。其病原菌在土壤中能存活数年至数十年，是一类重要的土传病害。病原菌可侵害剑麻植株的叶、茎和轴，引起叶斑、茎腐和轴腐，由于这三种症状可在同一株麻上单独或合并发生，故又称斑马纹复合病，发病时多数叶片先感病，从叶片基部侵入茎部引起茎腐和轴腐，几周后可见叶片收缩，半年或一年后导致植株死亡。

斑马纹病的发生流行与季节变化密切相关。新发病区 7 月份前只在少数病区麻株上发现，8 月份以后病株、病叶增多，9—10 月病情急剧上升，达到流行高峰，10 月后病势下降。老病区土壤中带有病菌，冬旱期病菌处于休眠状态，4 月以后（温度升高、雨水季节到来）病菌转为活跃状态，麻株开始发病，6—7 月进入流行期，直到 10 月病菌又转入休眠，如此循环，不断蔓延为害。其蔓延受到气象因素、地形地势、土壤条件、栽培管理措施、麻龄、品种等影响。降雨提供的高湿条件有利于病菌的繁殖、侵染和传播；麻田地势低洼、积水、排水不良、冲刷、土质黏重、地下水位高、居民点和牛栏附近等人畜活动多的麻田，均易发斑马纹病；剑麻不同种质或品种、不同的麻龄，抗病性有很大差异；栽培管理过程中造成的麻株叶片伤口（如雨季定植、割叶、机械作业等）、偏施氮肥、麻渣未经处理回田、杂草荒芜等，易引起斑马纹病。

斑马纹病防控技术成熟，以农业栽培措施（治水）为主，化学药剂防治和抗病育种为辅。①落实检疫制度和控制传染源：严禁病苗种植，并进行种苗消毒；冬季清理病源、割除病叶和挖除病死株，运至偏远处集中烧毁；麻渣回田需经堆沤腐熟。②起畦与排水：起畦种植，畦高20~30厘米，低洼地起畦高35厘米以上，畦面呈龟背形；雨季期间及时巡田，开好防洪、排水沟，确保田间雨季不积水、不受冲刷。③加强麻田管理：冬春或雨季前搞好麻田除草和达到或接近开割一刀麻标准的田块要及时开割或修脚叶，确保麻田通风透光，降低田间湿度；实行营养配方施肥，防止偏施氮肥，合理增施钾肥，以提高抗性。④严禁雨天作业：严禁雨天起苗、种植和幼龄麻田有损伤植株的一切田间作业，并防止畜害；雨季也不宜起苗种植，以免遇雨沤苗和伤口感病。⑤药剂防治：麻头消毒，起苗48小时内用58%甲霜灵·代森锰锌或72%甲霜灵·代森锰锌100~150倍稀释液进行麻苗切口喷药消毒；雨后加强田间巡查，发病初期在发病中心株45°以下的叶片用上述药剂均为50~75倍稀释液进行喷药，每7~10天喷一次，连续喷2~3次；过去因长期施用乙磷铝药剂，该病已产生抗性，故不能再使用（黄标等，2015）。⑥抗病育种：由于烟草疫霉属于卵菌，针对真菌的药剂对其几乎无效，其卵孢子或厚垣可以在土壤中长期存活，剑麻的蜡质层、鳞片极大地阻碍了药剂的顺利渗入，生产中常见的杀菌剂难以防止该病，因此，生产上最经济有效的抗病措施就是培育和使用抗病品种。东368、粤西114、南亚1号、南亚2号、广西76416、墨引5、墨引6等新品种对斑马纹病都有较高的抗性，可用于剑麻斑马纹病病区补植材料，但因产量、纤维质量、生长周期等性状劣于主栽品种H·11648而无法大面积推广。尽管如此，通过传统杂交育种、基因工程等技术育种仍是未来防控斑马纹病的一个长期课题。

（2）茎腐病

茎腐病（bole rot disease）是一种毁灭性病害。20世纪30年代，坦桑尼亚首先出现剑麻茎腐病。1987—1988年，我国湛江农垦的火炬、金星和东方红农场陆续出现此病，因病死亡的剑麻达25万株（折合种植面积850亩），直接损失纤维250吨，折合人民币70多万元。

Coutinho等（2006年）从染病剑麻茎组织中分离培养得到病原体，根据其形态特征鉴定其为黑曲霉菌（*Aspergillus niger*）。黑曲霉菌，属子囊菌门（Ascomycota）、丝孢菌目（Hyphomycetales）、丛梗孢菌科（Moniliaceae）、曲霉孢属（*Aspergillus*）、黑色组（*Aspergillus* section *Nigri*）（Susca et al.，2016）。黑色组曲霉是最复杂、最难以分类和鉴定的类群之一，其在形态上非常相似，难以通过表型区分（刘巧莲等，2014）。郑金龙等（2022）rDNA-ITS序列分析结果表明，引起我国麻区剑麻茎腐病的病原为黑曲霉菌（*A. niger*）。通过致病性试验、钙调蛋白（CaM）基因和NrITS序列进行综合鉴定，确定百岁兰曲霉（*A. welwitschiae*）是巴西剑麻茎腐病的病原体，而非黑曲霉（*A. niger*）（Duarte et al., 2018）。

病原菌可通过空气传播和伤口入侵，主要是从叶基的割口和起苗时茎基的切口侵入，高温高湿条件有利于病害传播。急性型病斑发病初期叶片呈水渍状褪绿，随后变成黄褐色；割口下呈水浸状湿腐，气候干燥时病部干缩，变为紫红色；后期病菌随维管束侵入到茎部，并向纵向扩展，茎部细胞及叶轴细胞感染腐烂坏死。可感染相邻的未割叶片，造成叶基腐败，叶片失水凋萎，无光泽，重者麻叶萎蔫、下垂，全株死亡。将病株纵向剖开，可见茎内部组织凋萎皱缩，产生暗黄色坏死病痕，病健交界处有淡红色分界线。慢性型病斑初时可见红褐色至黑褐色水渍状病斑，病原菌扩展缓慢，整株死亡者较少见。湿腐的表现为茎部组织和叶基腐烂，散发酒味。在叶基切口处可见大量黑色的霉状物，即病原菌的分生孢子堆。

剑麻茎腐病可分为越冬、始发、流行和病情下降4个阶段：12月至次年2月为越冬期，温度较低，不宜发病；3—4月为始发期，月平均温度高于20℃，发病率较低；5—9月为流行期，随着温度升高，发病率和死亡率急速上升；10—11月为下降期，随着温度的下降，发病率逐渐下降（赵艳龙等，2007）。

剑麻茎腐病的发生与流行是与剑麻品种的抗病性、麻株的营养水平、割叶时的气候条件以及栽培管理水平都有密切的关系。大量调查研究表明，麻株营养失衡，特别是钙含量过低，其抗黑曲霉菌的能力下降较快，易造成茎腐病的流行；长期偏施氮钾肥，易导致茎腐病的发生；夏秋季节气温高、雨水多、湿度大，对病害的发生流行极为有利，其中温度是引起发病的主要条件，但能否发生流行，首先取决于植株的抗性，其次才是气象条件和病原菌的因素；麻田荒芜、少施钙肥、偏施氮钾肥、割叶质量低以及强割等都有利于茎腐病的发生（赵艳龙等，2020）。

该病防控技术以调整收获时间为主，并结合药剂施用，主要有：①落实检疫制度：严禁病苗种植，并进行种苗消毒；②严禁高温期作业：严禁高温期母株钻心、采苗、起苗和种植及病田与易病田割叶；③调整割叶期：感病田和易感病田的割叶期可调整到低湿期，即原来6月前割叶的提前至3月上旬前割叶，原7月后割叶的推迟到11月上旬后割叶，注意不要反刀割叶；④加强麻田管理：实行营养配方施肥，合理增施石灰可显著减轻病害、提高麻叶的抗风折能力和促进麻叶生长，在剑麻大行土壤面上用机械撒施石灰1500千克/公顷，然后中耕，使植株钙含量达2.5%~4.0%。根据许能琨等研究，病区田除及时增施石灰以外，还要增施有机肥，控制钾肥用量，以调低麻株营养中的 K/Ca 比值，保持麻株的营养平衡；⑤降低麻田的相对湿度：采用中耕松土，对早、中期病株培土等农防措施能有效地控制病害发生；⑥采苗、起苗和病田及易病田割叶后 48 小时内用 40% 多·硫悬浮剂 150～200 倍稀释液喷施切口或割口（黄标等，1990）；⑦黄雪兰等（2019）研究表明参试生防菌对黑曲霉的抑菌效果显著，可用于田间防治剑麻茎腐病（黄雪兰等，2019）。

（3）紫色卷叶病

剑麻紫色卷叶病是目前剑麻生产上最重要的病害之一，该病在国内由南向北逐渐蔓延，对剑麻产业造成毁灭性打击。

2001 年 11 月在我国海南昌江青坎农场首次发现，并迅速蔓延至周边麻园。2002—2006 年剑麻紫色卷叶病在海南大面积流行，造成海南迪发剑麻公司昌江青坎基地等 666.67 公顷剑麻平均减产 30% 以上，损失惨重（张伟雄等，2010）。2003 年初，开始向广东剑麻主产区蔓延，2007 年 10 月以后紫色卷叶病大暴发，仅广东湛江地区 2008 年剑麻紫色卷叶病发病田块高达 10 万亩以上，因发病严重而淘汰的剑麻种植面积已达 3 万亩，整个湛江地区的发病率达到 30% 以上，给广东省的剑麻产业造成了重大影响。2019 年，有报道该病进一步蔓延至广西浦北县张黄镇东方农场麻区，发病率在 1%～5% 不等。

紫色卷叶病是由新菠萝灰粉蚧危害引起，病原仍在进一步鉴定，但已排除真菌、细菌、线虫病害。该病与新菠萝灰粉蚧分泌的毒物有密切关系（黄标等，2017），不遗传给后代，大田剑麻植株发病后 2～3 年便恢复正常，然后遇粉蚧危害再次复发，可反复发病 2～3 次，6～9 年后便产生抗性。反复感病植株获得抗性可能是因为免疫反应产生了大量抗性物质的缘故（夏李红等，2017）。最新研究表明该病与新菠萝灰粉蚧携带的植原体高度相关（吴伟怀等，2021）。

新菠萝灰粉蚧为害严重时，会引起剑麻紫色卷叶病发生。该病主要通过带粉蚧虫的种苗进行远距离传播，通过风、雨、蚂蚁等进行近距离传播。初期叶尖部和叶边缘变紫色，叶尖卷曲，逐渐向下扩展，并出现大量的褪绿黄斑，黄豆大小，病健交界不明显，病斑不断扩展，叶缘紫红色越来越明显，后期干枯变黑，最后麻株根系枯死。该病常伴随心腐，病组织初期灰黑色，叶肉叶汁被消耗，仅余表皮和纤维；后期变白色，叶片上半节脱落。

紫色卷叶病多发生于 10 年左右老龄麻以及 3 年内的抚育麻；发病程度与植株上的新菠萝灰粉蚧数量正相关；干旱季节有利于粉蚧的发生，从而造成紫色卷叶病的大发生与流行，大雨或台风雨冲刷附在麻株上的粉蚧虫，可使虫口显著减少，减轻该病的发生；营养丰富的剑麻叶汁能够吸引大量粉蚧吸食，有利于该病发生。另外，经过大量调查研究，发现铜、钼、硫等微量元素与紫色卷叶病呈明显至极显著相关的关系。

紫色卷叶病防治尚未发现有效的化学药剂和生物源农药，主要通过种植抗性苗和防控粉蚧来控制紫色卷叶病暴发，该病防控技术仍有待完善。

（4）剑麻炭疽病

剑麻炭疽病病原为胶孢炭疽菌，拉丁名 Colletotrichum gloeosporioides（Penz.）Sacc.，属小丛壳科（Glomerel-laceae），炭疽菌属（Colletotrichum）（陈邓，2008）。该病分布普遍，多发生在老叶上，叶片正反两面都可感病。初期，叶片产生水渍状病斑，长椭圆形或近圆形，浅绿色或暗褐色，略微凹陷，边缘有浅绿色晕圈，直径可达 2 厘米；随后病斑逐渐扩大，转为黑褐色，并有黏液流出；干燥后，病斑呈不规则形状，其上散生小黑点（有时呈轮纹状），即为病原菌的分生孢子盘；病部干枯、皱缩，纤维易折断。主要通过风雨传播，经伤口侵入剑麻叶片组织，高温多雨季节发病较为严重；麻田管理好，长势较好的发病较轻；麻田荫蔽、株行距密及排水不良的发病严重。

剑麻炭疽病防控方法主要有：①采用合理株行距种植，避免种植过密，保持麻田通风透光；②种植防风林减少风害造成的伤口，割除老叶减少病原；③冬季前增施钾肥，提高麻株抗寒、抗病能力；④采用 1% 波尔多液或用 0.3%～0.5% 多菌灵进行喷施防治。

（5）新菠萝灰粉蚧

新菠萝灰粉蚧，起源于中美洲，其刺吸剑麻汁液，分泌毒素致根系坏死，可引发紫色卷叶病（赵艳龙等，2020）。目前该虫由南向北逐渐蔓延，粉蚧及其引发的紫色卷叶病近年来为害较严重。1998 年，新菠萝灰粉蚧首次入侵我国并在海南省昌江县剑麻产区暴发成灾，之后在广东大面积暴发。2014 年，该虫已蔓延至广西的浦北县东方农场，但当时尚未发现引起剑麻紫色卷叶病。

该虫以若虫和雌成虫群集危害剑麻叶片和气生根，也可危害剑麻根部，主要聚集在剑麻的根、茎、叶，其中地上茎的叶腋部位聚集的粉蚧最多，此外虫体还可隐藏在剑麻叶片裂缝和翘皮下；通过口器刺吸剑麻汁液为害，以嫩叶为主，取食后形成取食斑，影响寄主植物的光合作用，严重时导致寄主植物死亡；雌成虫与若虫还会分泌蜜露，引起烟煤病，严重影响寄主的光合作用。更为严重的是引发紫色卷叶病，在叶片上表现为叶尖边缘变黑色，向下蔓延成淡紫色斑驳或退绿黄斑，同时叶尖向内卷曲，干缩失水；在植株心轴上表现为上半部枯死腐烂，严重受害株的根系呈黄褐色至坏死干枯状。

新菠萝灰粉蚧具有雌雄二型现象。其生殖方式属孤雌生殖，卵胎生，偶尔也可以产卵，卵孵化为若虫；29℃下，雌虫若虫期 20～28 天，雄虫若虫和蛹期 21～54 天；该虫世代重叠严重，一般 27～34 天为一个世代，平均每个世代为 29 天，每年 8 月以后到次年 4 月的温度有利于该虫的生长发育，每世代只需 27～29 天，每雌繁殖倍数为 36～85 倍，平均 55 倍。

新菠萝灰粉蚧若虫有聚集为害现象，在母体周围聚集生长；初产的一龄若虫体小、活跃，喜四处爬动，1～2 天后体表开始出现少许蜡粉，并长出尾须，一般 3 天后就可固定在植株上为害；该虫成、若虫整年田间为害，大部分在叶基聚集为害，还可蔓延至叶片顶部、叶轴和新叶未开的缝隙，甚至为害走茎苗和植株头部（含地下 2 厘米左右），吸食剑麻汁液，传播紫色卷叶病，此外还会分泌蜜露引起煤烟病，当植株上煤烟病严重和出现紫色卷叶病后会转移到健康植株上继续取食为害（胡钟予等，2017）。

新菠萝灰粉蚧远距离传播主要是靠种苗（带虫）传播。近距离传播主要是自身爬行迁移和靠蚂蚁、风、雨传播，蚂蚁在吸食粉蚧分泌物活动中可对粉蚧进行搬迁。新菠萝灰粉蚧的发生为害与气候环境关系密切。在一般情况下，降雨量、温度与新菠萝灰粉蚧虫量呈负相关。但温度过低也会抑制生长，呈休眠状态或死亡，如 2008 年春季特大寒潮低温致粉蚧死亡率达 50% 以上。雨季，尤其是台风暴雨冲刷对粉蚧威胁较大，从而抑制其繁殖量，使虫口密度大幅度下降；高温不利于粉蚧生长发育。在广西地区，每年 4—7 月虫害发生最少，几乎不发生为害，8—10 月逐渐增多，11—12 月为盛发期，次年 1—3 月虫量最多。

粉蚧的繁育与剑麻生势相关，剑麻（寄主）汁液丰富能满足粉蚧虫生长繁育所需，使其生长发育迅速，繁殖快、世代重叠，通常没有明显的休眠期，可整年在田间为害。苗期及大田幼龄麻、成龄麻、老龄麻等不同麻龄均可发生为害，生长旺盛、叶色浓绿的剑麻，其粉蚧虫害特别严重（黄标等，2015）。

新菠萝灰粉蚧及其引起病害的防控技术较为成熟，以农业措施和化学防控为主，主要措施有：①加强国内外农产品及林树果木的运输检疫；②抓好虫源检疫制度，落实消毒工作，防止种苗传虫；③种植抗性苗，实行轮作、间作，减少同种蚧壳虫发生机会，及时收割和除草灭荒，保持田间通风、透光等良好的生态环境；④增施有机肥，合理配施 N、P、K、Ca、Cu 等营养元素，使植株体内养分平衡，促进正常生长，提高抗性；⑤挖除麻园小行走茎苗，消除粉蚧栖息处，控制蚂蚁的数量以达到控制新菠萝灰粉蚧种群数量的效果；⑥探索应用生物防治的方法控制新菠萝灰粉蚧，孟氏隐唇瓢虫、丽草蛉可以对新菠萝灰粉蚧的发生起到控制作用（严珍，2012）（两种天敌昆虫都不具备捕食专一性，孟氏隐唇瓢虫只有幼虫期防治效果比较好，且当粉蚧虫口密度小或高温降雨季节都不利于孟氏隐唇瓢虫的生存与繁殖，因此需要进一步的深入研究；丽草蛉的食性广，可捕食对象多，同样只有幼虫期捕食，对剑麻田间常用化学药剂十分敏感，暂不适用于大田可持续防治新菠萝灰粉蚧。因此，有效防治新菠萝灰粉蚧的天敌有待进一步探索）（赵家流等，2015）；⑦选用亩旺特 2800 倍稀释液（主要用于剑麻苗圃和幼龄麻）+48% 毒死蜱 800 倍稀释液或 40% 毒死蜱·噻嗪酮 800 倍稀释液或 50% 氟啶虫胺腈 4300 倍稀释液或 48% 噻虫胺悬浮剂 2500 倍稀释液均加快润（助剂）5000 倍稀释液进行扑杀，其中亩旺特 2 个月喷一次，其他药剂 15 天左右喷一次，或撒施 5% 毒死蜱颗粒剂或 5% 杀单·毒死蜱颗粒剂 75 千克/公顷于植株心部 2 个月左右撒施一次（王润等，2014）。

（6）红蜘蛛

红蜘蛛为害较为普遍。受害的麻片叶背出现大小不一的斑点，严重影响剑麻生长和纤维质量。初孵化的"红蜘蛛"幼螨白色足 3 对，透明发亮，成螨足 4 对；头部尖，腹部宽，尾部近似卵圆形。雄螨比雌螨小，呈朱红褐色；雌螨呈黑色、发亮，雌雄体表均有刚毛。红蜘蛛喜在 45 度角以下叶片的基部为害，正反面均出现虫斑，虫斑褐色，呈圆形乃至椭圆形，为若干同心环所构成，同心环为起伏不平的木栓组织所组成。

红蜘蛛整年都能为害剑麻，危害程度受季节性气候变化影响。一般冬季气温低，湿度小，多藏在叶片中越冬，活动力弱，为害较小，但恶劣环境中仍孤雌生殖。每年春季以后，气温回升，特别在 6—8 月红蜘蛛发生较多。虫害发展快，虫口密度大，为害较严重。晴天清晨露水大，红蜘蛛便开始在叶面活动，至 9 时以后，太阳晒至叶面温度升高时，它们便躲藏在叶背面（王华宁，2013）。

红蜘蛛的防治方法主要有：①用 50% 多菌灵粉剂 500 倍、73% 克螨特乳油 1000 倍、8% 中保杀螨乳油 1000 倍、8% 的速扑螨乳油 1000 倍、0.3~0.5 浓度的石硫合剂进行防治（谢红辉等，2012）；②利用天敌胡瓜钝绥螨防治；③加强麻田管理，包括合理施肥，合理密植，及时拔除田间杂草、清理害虫为害的麻片和植株，并带离麻田集中焚烧等。

（7）大白茅

大白茅，俗称丝毛草根、白茅根、茅根、茅针、丝茅，是禾本科、白茅属植物，属多年生杂草，具横走多节被鳞片的长根状茎，株高 25 ~ 90 厘米。该草是剑麻田重要恶草之一，防控技术主要通过犁耕翻埋，或使用 10.8% 高效氟吡甲禾灵 200 毫升/亩，喷 1 ~ 2 次。

我国对主要病虫害的研究较多，已在形态特征、发生规律和防控机制等方面积累了较为全面的经验数据；对其他次要病虫害的研究较少，研究内容也只停留在一般的病虫情调查及常规化学药剂防治试验上，而相关的病虫形态特征、流行规律、天敌调查与保护利用以及生物防治等方面的研究仍较少，难以为剑麻病虫害的监测和防控提供全面系统的理论依据。

2. 植物保护研发需求分析

近年我国大量种植了抗紫色卷叶病剑麻种苗，但是抗性逐年下降，紫色卷叶病发病率逐年上升。为了能有效控制该病害，必须进一步对剑麻紫色卷叶病的发病机理、防控技术开展全面深入研究，不断完善剑麻病虫害防控技术，全面建立剑麻病虫害监测与防控体系，达到监测与防控相结合，才能保障剑麻健康可持续发展。

（四）剑麻机械化研发需求分析

1. 剑麻机械概述

（1）田间管理机械

近年来，针对剑麻劳动强度大、生产效率低、经营规模小、劳动力缺乏等问题开展剑麻生产配套机械的研制工作。我国已研发了剑麻园杂草（含套种经济作物茎秆）粉碎还田机（黄标等，2017）、麻园9齿深松机、剑麻喷药机械（陈涛等，2021；陈长林等，2011）、麻园开双（单）沟施肥覆土多功能机及施肥起畦育苗多功能机等多种机械。"剑麻园机械化学除草机""2H-1.8T 型石灰撒施机""打草施肥联合作业机""种植起畦犁""行间套种麻苗起畦犁""施肥沟覆土器"等机械先后研制成功，除了割叶环节，剑麻种植全程实现了机械化，从而使剑麻种植从早期的一个人工只能管 1.3 公顷，逐渐达到现在的 4 公顷，社会经济效益显著，具有良好的推广应用前景。

（2）收割机械

长期以来，剑麻叶片的收割由人工完成，收割劳动强度大、劳动成本高、越来越难找到割叶工人等因素制约剑麻产业发展，叶片机械化收割是当前急需解决的技术难题。我国在剑麻的机械化采收装置研究采用的是由半自动到自动化的路线，1997年便开始对剑麻采收设备进行了初步探索，截至目前已经开发出手持式剑麻收割装置、平台式剑麻收获机（蔡毅，2017）、多自由度剑麻收割机（任晓智，2017）等多种剑麻采收器械，相关的专利申请显示我国关于剑麻收获装置的研发已有较为全面的收录。然而，剑麻产业整体规模较小、各级科研经费投入不足、机械攻关技术难度较大等原因，导致叶片收割机械更新缓慢、技术升级滞后。

（3）加工机械

剑麻纤维加工基本工艺包括剑麻纤维并条、制股、制绳等。剑麻加工机械并条机行业标准规定了并条机的术语和定义、产品型号规格、主要技术参数、技术要求、试验方法、检验规则及标识、包装、运输和贮存等要求。剑麻并条工艺经过了多次修订，技术相对成熟，目前生产上暂时没有太大的技术障碍。剑麻的制股和制绳技术比较成熟，工艺标准经过更新修订已经应用于实际生产多年。剑麻加工机械制股机应用较广，既能够以剑麻纤维为原料加工成股条剑麻绳，也可以加工其他天然纤维、合成纤维和钢丝为原料的制股和制绳，该技术制品应用在渔业、航海、工矿、运输、油田等行业广泛应用的剑麻棕绳。

2. 研发需求分析

剑麻机械产品的研发应重点就以下几方面进行：①加大研发剑麻机械的新设备、新技术的力度，提高剑麻机械科技自主创新能力；②提高剑麻采收、运送、加工等环节轻简化、自动化、智能化设备和技术的研发水平；③调整产业结构，从单一进行剑麻加工机械开发向种植、割叶、加工等多种工序机械化联合开发转变，形成剑麻种植和加工机械相互配套的产业链；④融通产业链发展要求，统筹进行机械设备和加工技术的更新优化。

（五）剑麻制品和综合利用研发需求分析

1. 剑麻制品及综合利用现状概述

（1）剑麻制品

我国剑麻制品初步形成了产品的标准化、系列化。剑麻布和麻绳是剑麻纤维销售的两大主力产品，占剑麻制品总产品的70%以上。近10年来，剑麻地毯、内墙装饰、衬垫等产品越来越受到人们青睐，我国40%以上的金属抛光布、高档捻线、金属芯纱条和工艺绳远销美国、欧盟、中东、东南亚等国家和地区。在发达国家使用的剑麻地毯属于高档剑麻产品，其具有耐腐蚀、防水等优势，发展前景好。剑麻地毯需求量在以每年5%～8%的速度递增，国际市场对剑麻地毯年需求量缺口达1000万平方米（黄艳，2013）。作为具有韧性好、重量轻、隔热性好等优点的剑麻纤维复合材料，主要用于门板、轿车衬里、扶手等部件的加强材料。钢丝绳芯作为剑麻新兴产业，国内外需求量都有较大的市场空间，仅国内的电梯绳芯就有2万～3万吨的需求。随着国际市场对高品质绳芯产品的逐步认可，钢丝绳芯的市场将更为广阔。

（2）综合利用

剑麻除用作纤维主产品外，其废渣废水具有极高的工业、医疗、农业价值。在除剑麻纤维的非目标产出物外，最为突出的是剑麻麻水、剑麻麻渣、剑麻短乱纤维，结合新时代下绿色、环保、经济的管理要求、建设目标，对剑麻加工非目标产出物的综合利用以达到附属产物无害高值化利用是重要的技术发展方向，针对产出成分的区别，资源化利用的方法差异较大。

针对剑麻麻水的特性，科研人员结合麻水成分构成，主要开拓了三个麻水的综合利用途径，一是利用特定菌群对麻水进行厌氧发酵产生生物源沼气，二是提取剑麻皂素用于制药工业的基本消耗品（李祥等，2015），三是经过处理后用作作物的灌溉水源或菌类培养液。

针对剑麻麻渣的特性，目前主要拓展的无害化利用方式有：①结合微生物发酵进行堆肥，制成生物有机肥重新利用；②针对性开展膳食纤维研究，实现剑麻麻渣的高值化利用；③利用剑麻麻渣制备重要的工业原料叶绿素铜钠用于化工、医药、食品；④提取剑麻果胶，将剑麻麻渣的低价值材料高值化利用（韩耀玲，2004）。

在短纤维、乱纤维的高值化应用方面，目前主要有两个方向：一是利用短纤维、乱纤维在水泥中作为应力增强材料；二是用于高端纸张的纸浆原料。

2. 剑麻综合利用研发需求分析

我国剑麻纤维仅限于在一些传统产品中开发利用，在药用价值、建筑材料、饲料用途、生物能源等综合利用领域还处于探索初期，因此急需通过剑麻科技创新加速科研成果熟化与推广，推动剑麻产业发展，提升我国剑麻产业的国际竞争力。我国政府正在对剑麻产品进行结构性调整，鼓励发展精细剑麻制品，提高剑麻附加值，以剑麻为原材料生产高级纸、特种纸、复合材料已被列入国家科技创新计划。今后应深入开展纤维特性、纤维复合材料、纤维质能源开发等领域的研究，为剑麻纤维进一步开发利用提供理论依据。

第三节 剑麻产业与技术发展的总体目标

通过对国内外产业与技术发展背景与现状、产业与技术发展态势与需求分析，形成剑麻产业与技术发展整体思路，提出剑麻产业与技术课题研究方向，制定产业与技术发展路线图，为今后较长一段时间剑麻产业与技术发展规划提供理论依据，同时也为政府出台剑麻产业发展政策作参考。到2035年，国内剑麻农业规模大幅提升，剑麻加工更为高效，纤维品质达到国际领先水平，剑麻科技创新水平及能力显著提高，剑麻全产业链一体化实现高质量发展。

一、剑麻产业规模大幅提升，种植基础巩固

剑麻农业布局更为合理，国内剑麻种植面积超过45万亩，平均亩产达6吨以上，剑麻纤维年产量达15万吨以上，剑麻纤维原料自给率达80%以上。剑麻产业由广东、广西地区向琼、云、贵、川等省区扩张，成为小康致富及乡村振兴的重要支撑力量；剑麻种植栽培水平显著提高，在标准化栽培、机械化采收、轻简化运送技术方面取得重大进展，进一步降低人工成本，提高产业上游的资金投入效率。

二、剑麻加工更为高效，纤维品质更优

剑麻初加工设备及水平得到大幅提升，加工过程机械化、自动化、智能化程度明显提升，促进剑麻叶片加工效率大幅提升。人均日加工叶片量比现有水平提升1倍以上，剑麻纤维出纤率比现有水平提升10%以上，纤维加工整体效益提升20%以上。纤维品质优、色泽光亮、纤维长、含杂率低，达到国际领先水平。

三、剑麻科技创新水平及能力显著提高

剑麻选育种工作取得重大突破。剑麻割叶技术攻关取得重大进展。农业机械化技术得到广泛应用，基本全程机械化，农业生产技术水平显著提高。剑麻病虫害综合防治技术取得明显成效，剑麻因病淘汰率降低50%以上，剑麻初加工机具及工艺研发取得实效，工厂劳动强度大幅下降。剑麻麻渣麻水综合利用技术得到全面应用，环境污染明显降低。剑麻新产品研发不断推进，剑麻纤维及制品应用更为广阔。剑麻科研人员队伍日益壮大，人员整体素质和科研能力得到明显提升，国内剑麻产业技术实力

处于国际领先水平。

四、剑麻全产业链一体化实现高质量发展

标准体系进一步完善，制修订标准10余项，力争覆盖剑麻产业的产前、产中、产后全过程。届时，剑麻科技支撑作用进一步凸显，工、农业创新创业水平和能力较强。剑麻农业生产效益得到明显提升，麻农生活水平显著提高，剑麻农、旅紧密结合，深度参与乡村振兴建设，工农矛盾得到有效改善。随着剑麻新产品研发推进，产业下游链条不断延伸，附加值大幅提升，剑麻产业朝着首尾相连，第一、二、三产业全面进步的方向高质、稳健发展。

参考文献

[1] 陆钧钊. 广西剑麻产业发展战略构想及其对策研究[J]. 广西农学报，2005，3：51-55.

[2] 黄艳. 世界剑麻生产现状及未来展望[J]. 中国热带农业，2008，5：25-27.

[3] 陈叶海，黄治成，赵艳龙. 中国剑麻业应对加入WTO策略[J]. 中国麻业，2002，3：41-46+47.

[4] 唐黎标. 剑麻纤维生产与应用[J]. 人造纤维，2017，47（4）：28-30.

[5] 徐文伟. 广西剑麻集团公司发展战略研究[D]. 广西大学，2006.

[6] 徐欣，程光旭，刘飞清. 剑麻纤维的改性及其在摩擦材料中的应用[J]. 复合材料学报，2006，(1)：129-134.

[7] 侯天福. 剑麻纤维废弃物资源化利用关键技术研究[D]. 桂林理工大学，2012.

[8] 韩耀玲. 剑麻的综合利用[D]. 广西大学，2004.

[9] 赵艳龙，何衍彪，詹儒林. 我国剑麻主要病虫害的发生与防治[J]. 中国麻业科学，2007，6：334-338.

[10] 钟文惠. 世界剑麻产销概况及中国剑麻产业的发展前景[J]. 热带农业工程，2003，3：2-5.

[11] 张文强，庄兆明. 中国剑麻加工机械的现状与展望——以湛江地区为例[J]. 热带农业工程，2012，36（3）：57-60.

[12] 孙娟，钟鑫，郑红裕，等. 我国剑麻产业概况及对策研究[J]. 中国热带农业，2020，5：27-32.

[13] 钟思强，黄树长，黄兑武，等. 我国剑麻纤维及制品产销形势分析[J]. 广东农业科学，2012，39（10）：218-220.

[14] 陈士伟，李栋宇. 我国剑麻产业发展现状及展望[J]. 中国热带农业，2016，3：10-12+16.

［15］黄富宇，张小玲，钟思强，等. 剑麻丰产高效生产技术集成与示范［J］. 中国热带农业，2013，4：28-35.

［16］卢庆富. 广东农垦剑麻种植业发展探讨［J］. 南方农业，2017，11（19）：76-78.

［17］汪佳滨. 2015年剑麻产业发展报告及形势预测［J］. 世界热带农业信息，2016，8：26-30.

［18］胡盛红，郑金龙，温衍生，等. 2013年中国剑麻产业形势分析及发展趋势［J］. 热带农业科学，2014，34（12）：111-117.

［19］莫百春. 浅谈剑麻及其制品的应用［J］. 中国纤检，2003，6：42.

［20］王勉. 我国剑麻纤维出口量将大幅增长［J］. 西部大开发，2003，1：45.

［21］张伟雄，文尚华，陈士伟等. 剑麻粉蚧的为害及综合防治技术［J］. 热带农业工程，2008，2：53-54.

第三章
剑麻产业与技术发展图总论

剑麻是具有极高利用价值的经济作物，其产出的纤维是当今世界用量最大、范围最广的一种硬质纤维，具有坚韧耐磨、质地刚柔、富有弹性等特点，广泛应用于多种重要领域，被视为一种重要的战略性物资，受到国家密切关注。

为深入实施创新驱动发展战略，促进剑麻产业和技术发展，推动剑麻产业的可持续发展，在中国科学技术协会的大力支持下，《剑麻产业与技术发展路线图》应势而出。中国热带作物学会会同广东农垦热带农业研究院有限公司牵头组织各科研单位和相关企业开展剑麻产业与技术发展路线图的制定工作，充分利用产业技术路线图的原理和方法，重点分析剑麻产业国内外研究的现状、效果、主要经验、发展方向以及目前所面临的机遇和挑战，研究相关领域及产业的技术、产品、服务的发展趋势及希望达到的近、中、远期目标愿景，明晰解决的关键性技术问题和技术壁垒，提出解决这些问题、突破这些壁垒的研究开发路线。

剑麻产业是我国特色优势产业，剑麻产业与技术发展路线图涉及剑麻全产业链全板块领域，分析剑麻产业链中包括种植、品种、栽培技术、病虫害及防治、机械化、产品加工等方面的优劣势和面临的挑战，在此基础上，在产业与技术研究方面达成共识后，集中优势资源，为企业提供近期、中期和远期的技术指导和支持，为政府提供决策的依据。

第一节　国内外剑麻产业分析

一、剑麻产业现状分析评估

在剑麻的标准化、规模化栽培方面，我国得益于20世纪60年代开启的剑麻品种改良和技术配套开发，建立了世界先进的剑麻栽培管理技术，保障了中国剑麻的生产，使得中国剑麻纤维单产常年在世界平均产出水平的3~4倍，在该方面具有独特的领先优势；随着时代发展，剑麻产业对机械化的要求也越来越迫切，中国在剑麻的机械化栽培应用化水平仍在起步阶段，世界范围内剑麻的机械化栽培也处于起步阶段，仍有待进一步发展。

在剑麻的种质资源保存和利用方面，2008年农业部专项资金支持在湛江建立专门的剑麻种质资源圃，收集保存了剑麻种质资源165份，基本完成了国内重点剑麻种质资源的收集，建立了剑麻种质资源收集和利用平台。我国在剑麻的种质资源利用开发方面开展了大量工作，制订了对剑麻主要农艺性状的评价评估标准，并对剑麻的多种分子标记开展了针对性研究，育出了较多具有优良性状的剑麻品种，处于较为领先的技术水平。

在剑麻的病虫草害防控防治方面，我国结合栽培优化剑麻病虫草害管理，开展"五改一防"的优化措施，近年来积极开展机械化、信息化病虫害监测和防控探索，进一步保障了我国剑麻的产出水平，然而斑马纹病、紫色卷叶病、茎腐病、粉蚧（简称"三病一害"）仍是国内剑麻生产的重大危害因子。国外剑麻的病害防控和研究着重于茎腐病，对该病害的致病因子进行了系统研究，取得了较为完备的成果，但总体管理防控水平仍不够先进，剑麻种植产出水平远低于我国。

在剑麻加工附属产物综合利用方面，我国对附属产物综合利用开展了系统全面系统的研究，其中最为突出的是剑麻皂素的利用，运用剑麻麻水提取剑麻皂素是一大创新和突破，在对附属产出物的利用研究方面处于较为领先的水平。国外因剑麻初加工产地、技术水平和土地资源等原因，对剑麻加工附属产物的综合利用研究不深，运用规模有限。

在剑麻纤维复合材料的利用开发方面，中国处于较为落后的水平，属于技术的追赶者，近年来取得了一定的进展，剑麻纤维作为增强材料的研究更为普遍，在材料研发方面仍需进一步加强，在土木工程类的应用中，得益于我国在基础建设积累的优势和规模，我国的相关应用大幅领先于世界各国。国外以美欧为首的各国在剑麻纤维复合材料的应用开发积累了绝对的优势，主要表现在材料研发、性能评估以及应用场景的拓展方面。

在剑麻加工技术的革新方面，中国大部分的初加工设备更新缓慢，仍有不少初加工设备基于第二次世界大战的设备基础，初加工的机械化、自动化仍较为落后，这是全球剑麻产业一个普遍的问题，主要因为剑麻的种植和初加工由落后国家承担，特别是东非地区，近年来中国开展的设备更新和研究取得了一定的进展，但仍需通过生产检验效果和应用推广。在深加工方面，中国的剑麻加工产品多年来未有更新，集中于剑麻地毯、麻绳等产品，近年来剑麻绳芯等高端产制品生产技术有所突破，对药品等高附加值产品的研发仍较为落后，需进一步追赶。

在功能型剑麻的应用方面，景观剑麻一直是市场的热销产品，我国的景观剑麻在各大观赏园都有所应用；在剑麻的保土利用方面，中国的应用首屈一指，对石漠化山地的治理和重金属修复方面独具优势；在剑麻酿酒的研究和应用则较为滞后，与剑麻酿酒闻名的墨西哥相比十分落后，可就该方面进行深入研究。

在剑麻的产业政策研究和制定方面，中国对剑麻相关的产业贸易政策有初步构架，明确引导适宜地区发展剑麻种植，不同的产区也制定了各具特色的区域性引导政策，但贸易方面引导和保护相关的支持政策缺位，使得我国剑麻产制品贸易结构极为不均衡，低产值产制品占据消费市场份额过大，对产业的整体升级影响很大。

二、剑麻产业的研究重点热点

近年来，剑麻产业整体的研究重点、热点集中于剑麻产业的终端加工环节，剑麻的标准化栽培、种质资源利用、病虫草害的监测与防控等种植端方面是产业发展瓶颈，也是重点突破方向。标准化栽培主要通过明确不同区域的基础条件，建立适宜地区发展的剑麻种植模式，促进剑麻种植的规模化、标准化、机械化的实现，最终达到各地区协同发展的剑麻种植新格局。系统开展剑麻种植区域的土壤条件、环境条件、设施条件是基础也是核心，与此相关的研究单位现着力开展相关工作。

种质资源的利用方面，通过全面收集剑麻种质资源，针对特色优质性状进行育种研究，其中最为重要的剑麻表观性状有产量高、生长速度快、具有抗病性、生产周期长、易繁殖栽培，通过将以上3~4种优质性状有效地结合在一个剑麻新品种上，即可繁育出具有突破性的剑麻优质生产品种。目前，剑麻育种研究热点多集中于利用信息学技术筛选和分析剑麻优异性状开展遗传标记，进一步突破传统育种技术的限制。

剑麻的病虫草害监测与防控通过研究病虫草害发生的特点、为害方式及流行机理，针对性开展病虫草害监测与防控，保障剑麻农业生产的质量，紫色卷叶病、茎腐病、叶斑病和粉蚧的危害一直是造成我国剑麻减产的重要因素，其中紫色卷叶病防控研究近年来有了较大进展，有研究团队指出其致病原为植原体，未来将可基于此条件进一步完善紫色卷叶病防控手段。各种病虫害相关的诱发机理和监测体系建设是一项重点工作，需进一步加强。

剑麻的附属加工产物综合利用，通过开拓非目标产物的利用途径，减少加工产出的废弃物，实现附属产物的循环利用，提升产业的附加值。麻水中剑麻皂素是一种重要的制药原料，目前，关于麻水中提取剑麻皂素，不断优化处理工艺和提高提取纯度受到重视；为降低对环境的影响，研究筛选剑麻麻水除臭的微生物具有重要意义，广西亚热带作物研究所已有所进展，该方面研究仍是重点。

剑麻纤维复合材料的研究，利用剑麻纤维的耐磨、耐腐蚀、韧性强等特点，将剑麻纤维作为辅助材料增强复合材料的性能，广泛用于汽车零部件制造、建筑、基础设施建设和其他众多领域。研究的重点在于摸索最佳的纤维添加比例和处理参数，开展系统的性能评估评价，促进剑麻纤维复合材料类型、样式、品类的增加，使得剑麻产业进一步发展成高附加值的优势产业。

剑麻产业加工技术革新研究，重点在于系统化构建产业上下游协调发展的信息化、机械化、自动化剑麻产业格局，推动产业需求的有效对接和成本控制，提高剑麻纤维产出质量和产品品质，研究热点包括剑麻轻简化采收器械的研发、剑麻标准化加工流程和生产系统的构建、信息化技术的应用开发等。

功能型剑麻的应用主要结合剑麻所具有的独特优势，开发除生产加工方面的用途，景观剑麻主要通过差异表观性状筛选景观剑麻，推动剑麻应用场景的拓展；通过剑麻的生态特点进行生态修复的应用，重点在于建立适宜的种植模式和评价体系，评价剑麻在固土保湿和重金属修复方面的具体表现；开拓剑麻酿酒的市场，培育优质的龙舌兰酒品牌。

剑麻产业政策重点在于建立引导剑麻产业上下游协同发展的政策体系，因剑麻的特殊属性，不能任由剑麻产业市场自由发展，定向引导产业发展是一大重点工作。当前剑麻产业人才和研究力量后续乏力，上下游利益分配差异大，针对性建立剑麻生产补贴政策、人才培养体系、企业优惠政策等对保障剑麻产业的长远发展意义重大。

三、剑麻产业的发展方向预测

剑麻产业未来的发展要走向第一、二、三产业协同发展的方向，使得剑麻产业的产业链条环节都能在产业的发展中获益。

在产业的上游端，剑麻相关的种植技术研发、规模化管理技术应用、轻简化种植采收、优良种质创新创用等方面取得积极进展，在近 5 年内开展相关技术基本参数的收集与摸查，重点落实关键技术的试验探究，巩固好技术发展的基础；5～15 年内重点进行技术的开发与创新，完成标准化技术的构建，育成符合生产需求的优良品种，实现关键技术的瓶颈突破；在此之后着手于成熟技术的推广应用，对各适宜发展区推广恰当的品种和技术。

在产业的中游端，剑麻产制品的利用与加工技术是产业增效提质的核心环节，上游产出的产品大部分流向加工，加工技术的能力和水平直接决定了产业整体的附加值，剑麻纤维加工技术的机械化、自动化、智能化是剑麻产业加工的重点发展方向。近 5 年内，着力开展剑麻初加工、深加工技术、设备、体系的研究和构建开发，解决剑麻产出物的污染问题，提高产出材料的利用率和效率，加快产业自动化、绿色环保的发展进程；5～15 年内，重点开展产业智能化加工设备和系统的搭建，建立剑麻纤维和副产物利用的技术和体系，系统构建剑麻加工产业的发展格局，促进剑麻种植生产区和加工区的协调发展；在此之后进一步利用成熟的技术，推进剑麻产业加工环节的高质量发展。

在产业的下游端，重点关注剑麻产品的消费市场，以市场需求为导向，针对性开展产品开发和市场培育，分析国内外剑麻产品市场需求动向，合理布局国内外剑麻产业发展区域和产品市场，建立保障剑麻产业发展的政策体系。近 5 年内，着重开展现有优势产品的稳固和创新，突破低产值的限制，开展剑麻产业引导政策的研究，着力构建国内剑麻产业市场的结构；5～15 年内，建立保障剑麻产业整体格局高质量发展的政策体系，完善剑麻产业人才队伍、支持政策、产区产业结构等产业要素构建，开发特色高值剑麻产品开发和市场布局，促进产业附加值的提升；在此之后，针对国内外产业需求和市场情况，拓宽剑麻产业的覆盖面，培育具有竞争力的企业主体，促进剑麻产业与"走出去"政策的有力结合，将剑麻产业塑造成一个典型优势产业。

第二节　剑麻产业与技术发展路线图概况

一、剑麻产业与技术发展路线图研究方法

剑麻产业与技术发展总体路线图的制定，是以《产业技术路线图原理与制定》为指导，沿着"市场需求—产业目标—技术壁垒—研发需求"以及关联问题的路线，科学的确定剑麻产业与技术的发展进程。绘制剑麻产业与技术发展总体路线图，其目的在于加强科技管理、合理分配资源、人才和资金，架起我国和国际合作的平台，促进我国剑麻产业的科技进步和发展。

剑麻产业与技术发展总体路线图工作组（以下简称"路线图工作组"）有步骤、分层次地在最大范围内充分利用了德尔菲法、头脑风暴法、情景分析法、SWOT法、雷达图分析法等创新性的科学方法论为路线图的制定工作服务，使得技术路线图的制定在公开、公平、公正的前提下集思广益、集中凝练，使结论尽量满足科学性、权威性、决策性。

技术路线图的制定按照"问卷调研→召开系列专题研讨会→反馈与更新→绘制技术路线图→撰写报告→修正"的顺序进行，工作流程图见图3-1，团队建设如图3-2所示。

剑麻产业与技术发展总体路线图范围与边界在以下三大原则下进行界定。

（1）全面性原则

种植与生产、产品加工和产业经济三大边界的界定覆盖了整个剑麻产业链，涵盖了剑麻产业中的关键技术和流程；

（2）不交叉原则

三大边界的界定不仅包含了整个剑麻产业链，同时要避免三大边界的交叉和重叠；

（3）相关性原则

三大边界依据于整个剑麻产业的特点，结合剑麻理论知识及实践，针对剑麻产业中全产业链进行界定，确定的范围边界不偏离剑麻产业与技术发展主题。

根据中国科学技术协会科学技术创新部的统一部署，依据《产业技术路线图原理与制定》和《产业技术路线图——广东科技管理创新实践》的有关原理与制定程序，

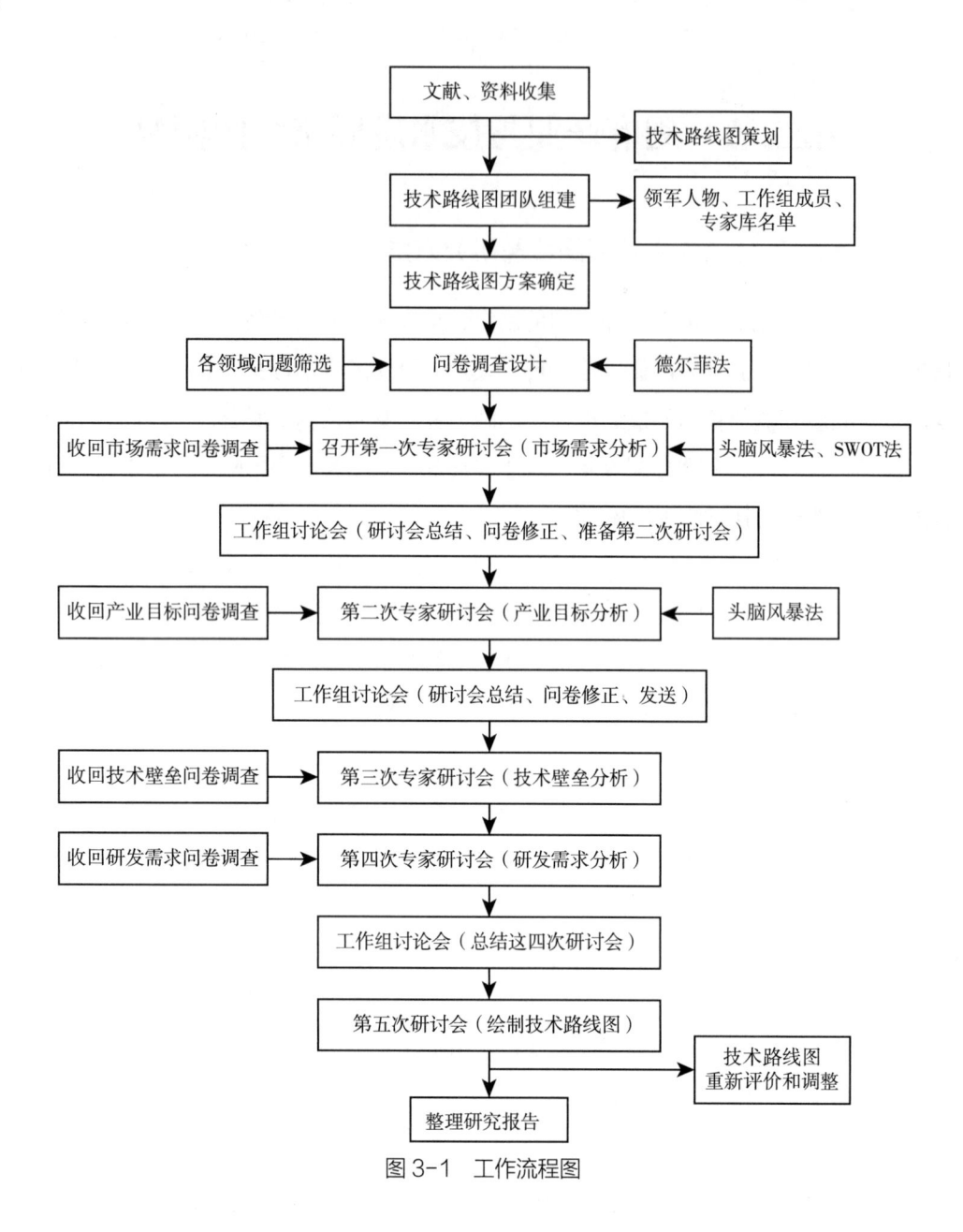

```
                  ┌──────────────┐
                  │ 文献、资料收集 │
                  └──────┬───────┘
                         │────────────→ ┌──────────────┐
                         ↓              │ 技术路线图策划 │
                  ┌──────────────┐      └──────────────┘
                  │技术路线图团队组建│───→┌────────────────┐
                  └──────┬───────┘      │领军人物、工作组成员、│
                         ↓              │专家库名单       │
                  ┌──────────────┐      └────────────────┘
                  │技术路线图方案确定│
                  └──────┬───────┘
  ┌────────────┐         ↓              ┌────────┐
  │各领域问题筛选│─────→┌──────────┐←────│德尔菲法 │
  └────────────┘       │问卷调查设计│    └────────┘
                       └─────┬────┘
  ┌──────────────────┐       ↓              ┌──────────────┐
  │收回市场需求问卷调查│──→│召开第一次专家研讨会(市场需求分析)│←──│头脑风暴法、SWOT法│
  └──────────────────┘       │              └──────────────┘
                             ↓
            ┌─────────────────────────────────────┐
            │工作组讨论会(研讨会总结、问卷修正、准备第二次研讨会)│
            └──────────────────┬──────────────────┘
                               ↓
  ┌──────────────────┐  ┌──────────────────────┐  ┌────────┐
  │收回产业目标问卷调查│→│第二次专家研讨会(产业目标分析)│←│头脑风暴法│
  └──────────────────┘  └──────────┬───────────┘  └────────┘
                                   ↓
                  ┌─────────────────────────────────┐
                  │工作组讨论会(研讨会总结、问卷修正、发送)│
                  └────────────────┬────────────────┘
                                   ↓
  ┌──────────────────┐  ┌──────────────────────┐
  │收回技术壁垒问卷调查│→│第三次专家研讨会(技术壁垒分析)│
  └──────────────────┘  └──────────┬───────────┘
                                   ↓
  ┌──────────────────┐  ┌──────────────────────┐
  │收回研发需求问卷调查│→│第四次专家研讨会(研发需求分析)│
  └──────────────────┘  └──────────┬───────────┘
                                   ↓
                      ┌──────────────────────┐
                      │工作组讨论会(总结这四次研讨会)│
                      └──────────┬───────────┘
                                 ↓
                      ┌──────────────────────┐      ┌──────────────┐
                      │第五次研讨会(绘制技术路线图)│──→│技术路线图    │
                      └──────────┬───────────┘      │重新评价和调整 │
                                 ↓                  └──────────────┘
                         ┌──────────────┐
                         │ 整理研究报告 │
                         └──────────────┘
```

图 3-1 工作流程图

结合剑麻产业的特点,确定了剑麻产业与技术发展总体路线图的范围与边界,共分为三大边界:

(1)种植与生产

包括剑麻种植发展历程、品种选育、栽培技术、病虫害及防治技术、剑麻麻叶收割机械化发展、剑麻种植生产需求等。

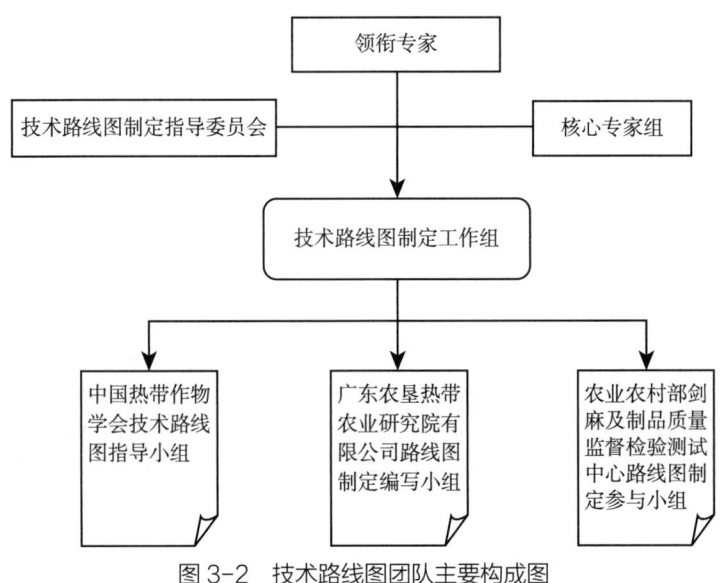

```
                    领衔专家
                       │
    ┌──────────────────┼──────────────────┐
技术路线图制定指导委员会              核心专家组
                       │
              技术路线图制定工作组
                       │
    ┌──────────────────┼──────────────────┐
中国热带作物          广东农垦热带        农业农村部剑
学会技术路线          农业研究院有        麻及制品质量
图指导小组            限公司路线图        监督检验测试
                      制定编写小组        中心路线图制
                                          定参与小组
```

图 3-2　技术路线图团队主要构成图

（2）产品加工

包括剑麻初加工、深加工、剑麻附属产出物资源化利用等。

（3）产业经济

包括剑麻产业经济发展沿革、剑麻产品现状、经济现状、国内外剑麻贸易公司、贸易市场、产业政策等。

二、剑麻产业与技术发展路线图意义及定位

通过剑麻产业与技术发展总体路线图的制定，系统地梳理和分析我国剑麻产业未来 5~15 年的市场需求、产业目标、技术壁垒和研发需求，包括产业面对的问题、挑战和机遇，为我国剑麻产业的科技管理和技术创新提供了分析和解决问题的方案。

依据产业链状况，由资源开发产品服务进行界定，使得三大边界以及各产业要素通过技术路线图紧密地联系统一，服务于整个剑麻产业的发展。剑麻产业与技术发展总体路线图三大边界的确定，其目标在于分析、确认目前和未来 5~15 年我国剑麻产业与技术发展全产业链存在的问题及解决方案。

构建 SWOT 分析矩阵（表 3-1），其工作是对剑麻产业进行 SWOT 分析，筛选出市场需求要素并进行优先排序，为剑麻产业选择技术创新战略、确定技术创新组织形式以及研发计划的组织管理等提供依据。

表 3-1 剑麻产业 SWOT 分析矩阵

内部因素 外部因素	优势（S）： 1. 地域优势 2. 资金优势 3. 人才优势 4. 原料生产优势 5. 种质资源优势	劣势（W）： 1. 品种单一 2. 良种繁育体系不健全 3. 科学种植管理技术应用不足 4. 农业机械化程度低 5. 缺乏大企业参与 6. 缺乏深加工，产品附加值低 7. 缺乏产品标准
机会（O）： 1. 国家战略物资 2. 适应性广 3. 气候条件优越 4. 传统经济作物 5. 生产成本低	SO 战略：发挥优势，利用机会 1. 进一步完善产业链，创造品牌，提高产品加工技术，为广东广西两翼发展添砖加瓦 2. 利用优势的种植环境以及国家对剑麻产品的需求，进一步做大做强剑麻产业	WO 战略：利用机会，克服弱势 1. 加强抗病品种选育 2. 建立良种繁育体系 3. 培育市场，以路线图为契机，在政府的支持下健全良种繁育体系及科学种植管理体系，推广剑麻种植收割的机械化 4. 利用人才、技术等优势，加快剑麻产业的深加工业发展。做大企业，推动剑麻产品的标准化
威胁（T）： 1. 劳动力成本高 2. 粉蚧危害 3. 新的剑麻病害 4. 工业和商业发达，忽略剑麻产业的发展	ST 战略：利用优势，抵御威胁 1. 发挥资金、人才、种质资源等优势，加大发展抗病虫害育种，加强剑麻品种保护，加强深加工，提高剑麻产品附加值，进一步扩大市场，扩大出口 2. 进一步推动剑麻产业的科技进步	WT 战略：减小弱势，回避威胁 1. 加快推进机械化，降低生产成本 2. 重视剑麻产业的发展，加大剑麻产业发展中相关技术环节的研发投入

通过对国内外剑麻产业现状以及国内剑麻产业在国民经济和区域经济中的地位和市场发展趋势的系统分析，按种植与生产、产品加工和产业经济三大边界筛选出产业需求要素。提炼出剑麻产业需求要素，如表 3-2 所示。

表 3-2 剑麻产业的需求

优先顺序	产业需求要素	评价值
1	品种的多样性需求	8.500
2	种植技术（栽培、水肥、周年种植）	8.300
3	植保技术	8.273
4	产品标准化	8.260
5	新产品开发与培育新市场	8.100
6	政策指导	7.916
7	机械化研发推广	7.818

续表

优先顺序	产业需求要素	评价值
8	产品或原料的均衡供应	7.700
9	良种繁育体系	7.600

在确定了产业未来市场需求要素及其重要性排序后，按照产业技术路线图的制定原理与标准程序，确定未来产业为了满足市场需求所应该确立的发展目标。根据剑麻全产业链的现状及未来 5~15 年剑麻产业的市场需求（表3-3），通过科学的统计方法，凝练专家对产业未来发展方向的判定，从而确定剑麻全产业链近、中和远期的发展目标，对产业目标的重要性进行了排序，同时，还对产业目标要素与市场需求要素之间的关联关系进行了分析。为了更加具体和细致地表述不同时间节点的产业目标，还对产业目标按照不同的时间节点进行了详细的量化分析。通过产业目标的量化分析使产业的现状水平、发展方向与进度、与国外先进水平的差距等要素一目了然。

表3-3 剑麻产业目标要素的时间节点

产业领域	产业目标要素	近期（<5年）	中期（5~15年）	远期（>15年）
资源	种质资源利用	种质资源的遗传多样性特点	特异资源的引进、鉴定与创新	鉴定特异资源的分子身份证鉴别体系
种植与管理	种植技术	品种的生长特性	品种标准化栽培	标准化栽培技术推广应用
	病毒病防控	主要品种的茎尖脱毒与繁殖	脱毒技术体系的建立与产业化应用	品种的繁育体系的完善
	水肥管理	主要剑麻产区栽培土壤的肥力现状	剑麻品种的配方肥料方案	剑麻测土配方施肥技术的应用
加工	产品标准化	现有重要剑麻产品标准的建立与实施	其他重要剑麻产品标准的建立	新开发的剑麻产品标准的建立
	产品开发与综合利用	新产品的开发研究	高附加值产品的开发	高附加值产品的开发
植保	虫害	主要虫害的发生与危害现状及趋势分析研究	粉蚧的综合防治技术	建立系统、有效的虫害预测、预报和防治体系
	病害	主要剑麻病害发生与危害情况，病原菌的分离鉴定	剑麻病害抗性评价方法与抗性鉴定	剑麻主要病害抗性评价体系的建立
品种	抗病优质品种	适宜生产、内销或出口的优质品种	品种抗两种以上病害的品种	优质加工型品种抗两种以上病害的品种
政策	优惠政策	剑麻生产列入经济作物补贴	产品加工企业的优惠政策	促进剑麻产业发展的政策

1. 剑麻产业目标要素

剑麻产业目标要素包括成本降低比率、市场占有率、出口创汇率、资源利用指标、精深加工和综合利用指标与效益、农民收入增长率、劳动力生产技术水平等。要通过科技创新与进步、科技服务和培训,提高农民的文化技术水平,增加剑麻生产中的技术含量,提高剑麻生产效益和市场竞争力,提升剑麻的种植、管理、植保和精深加工等综合生产能力。

2. 剑麻技术壁垒

品种单一、种苗退化等造成生产成本高,是制约剑麻大面积发展的瓶颈,因此优质品种的引进、培育以及检测技术直接关系着剑麻产业目标的实现。

热带、亚热带地区气温高、湿度大,病虫种类多、繁殖快,许多病虫无休眠期,可世代重叠,初侵染量大、速度快,因此剑麻病虫害问题突出,毁灭性病虫害突发的频率大、风险高。剑麻病虫害测报和综合防控技术是保证剑麻高产、稳产和优质的关键,关联着效益、成本、市场、出口等一系列产业目标要素。

栽培管理水平低和施肥技术落后直接影响剑麻的产量和质量,同时导致资源的浪费和生产成本提高,关联到产业高效率、低成本、资源合理利用等目标要素的实现。

剑麻收割后加工环节是实现剑麻产业经济效益的关键环节,熟化初加工、精深加工技术,加大资金投入力度,同时提高剑麻废水、废渣的利用率,剑麻麻渣、麻水作为天然产物原料,汁液可提取皂素制成贵重药物,还可提取草酸、果胶和制取酒精,麻渣可做肥料和饲料。在生物工程上,利用剑麻组织和细胞培养诱导蛋白酶,利用麻渣水培育生防真菌、制备液体肥等。剑麻加工及产品开发方面社会经济效益显著,具有良好的推广应用前景,对促进剑麻产业的发展有着重要意义。

3. 剑麻产业研发需求

根据技术壁垒要素分析结果及大量资料的查阅,广泛征集核心专家意见,利用德尔菲法对研发需求要素进行调研。根据研发需求调查问卷分析结果,研发需求按照优先排序分为顶级、高级和中级。工作组总结出42个研发需求,其中顶级研发需求项目21个,高级研发需求项目15个,中级研发需求项目6个,见表3-4。

表 3-4　剑麻产业研发需求项目优先级及项目名称

优先级别	编号	项目名称
顶级研发需求	1	剑麻特异资源的引进、筛选、鉴定与创新
	2	剑麻测土配方施肥技术的研究与应用
	3	优质、高效剑麻品种的标准化栽培技术
	4	剑麻产品的周年生产关键技术研究与集成
	5	剑麻主要病虫害的发生与危害现状及趋势分析研究
	6	剑麻产品质量标准的建立
	7	剑麻良种繁育与示范基地建设及新品种推广
	8	剑麻紫色卷叶病的防治技术研究
	9	高效绿色剑麻加工产品开发研究
	10	剑麻主要病害抗性评价方法研究
	11	剑麻粉蚧综合防治技术的研究
	12	剑麻麻渣水回收综合利用的研究
	13	剑麻皂素的提取与产品开发
	14	剑麻遗传育种分子标记辅助选择技术平台的建设
	15	剑麻高效遗传转化技术体系的研究
	16	剑麻产品加工企业的政策优惠
	17	剑麻品种的分子身份证鉴别体系的研究
	18	剑麻产业发展的品种多样性需求分析
	19	优质、高产、多抗剑麻品种的选育研究
	20	剑麻作为战略经济作物的生产补贴政策
	21	剑麻酿酒工艺研究
高级研发需求	22	剑麻重要品质性状快速检测技术研究
	23	剑麻标准化栽培模式研究
	24	剑麻主要病虫害监测与防治技术系统性研究
	25	剑麻药用成分的加工技术研究
	26	剑麻育成品种的遗传多样性分析
	27	优质多抗剑麻资源的创新
	28	剑麻叶片收割技术研究
	29	麻叶机械化收割评估及模式建立
	30	剑麻产业协会的建立
	31	剑麻种质资源的保存与利用研究
	32	麻水除臭技术研究
	33	剑麻纤维分级标准的建立

续表

优先级别	编号	项目名称
高级研发需求	34	麻水高质量发酵技术研究
	35	剑麻果胶提取及产品开发
	36	剑麻食品安全标准的制定
中级研发需求	37	剑麻重要品质性状相关基因的克隆与功能分析
	38	剑麻遗传物质的研究
	39	剑麻精品酒工厂化模式研究
	40	优质剑麻精深加工产品的开发研究
	41	剑麻产品的主要农药残留成分及其检测技术研究
	42	建设剑麻新品种、新技术的网络信息平台

目前国内种植的剑麻品种主要是 H·11648，自 20 世纪 70 年代引进以来已在我国种植几十年，经历了 3 个生命周期，种植品种的长期单一造成我国麻园病虫害日益严重，导致剑麻产量和质量不断降低，已成为制约我国剑麻产业可持续发展的主要因素。随着种植时间增加，品种抗性下降，我国剑麻病虫害主要有十几种，其中斑马纹病、茎腐病、紫色卷叶病和新菠萝灰粉蚧常年发生，有些年份甚至大面积流行，危害较大，品种单一化给整个产业埋下重大隐患。热带、亚热带地区气温高、湿度大，病虫种类多、繁殖快，剑麻种植过程中病虫害发生普遍，导致产量和品质下降，严重地造成毁灭性危害和损失。因此，当前剑麻产业最优先（顶级）研发需求是，产前急需解决抗病优质品种的引进、筛选和培育以及检测技术问题；产中急需解决剑麻各种病虫害测报和防治技术问题；产后急需解决剑麻叶片机械化收割、剑麻初加工及精深加工技术问题。

第三节 剑麻产业与技术发展的总体路线图

通过对市场需求、产业目标、技术壁垒、研发需求总结，找出关键的时间节点，对相关内容进行有效的分析，组合连接各研讨会的内容和结论，并进一步对优先研发需求进行风险分析、研发组织主体分析和技术发展模式分析，为技术路线图的绘制提供依据。

在绘制技术路线图的基础上，将核心结果和结论进行整合、凝练，以研发时间节点为要素，将剑麻产业的现状和地位、全产业链中涉及的市场需求、产业目标、技术壁垒、研发需求、研发主体与技术发展模式相关联，绘制剑麻产业与技术发展综合技术路线图，以综合反映剑麻产业在近、中、远期分别需要重点解决的问题及预期达到的目标。

一、研发需求技术路线图

根据各种研发需求，确定政府层面、产业层面和企业层面的研发需求，以及各层面研发需求的时间节点，见表3-5。表3-5中标示的项目编号对应于表3-4中相应的编号的项目名称。各优先级别的项目名称见表3-4。

表3-5 剑麻产业研发需求技术路线

企业层面	25、40	12	
产业层面	2、4、5、6、7、8、10、13、14、15、20、21、22、26、27、28、29、32、33、34、35、36	3、9、11、16、23、24、38、41	1、30、37、39
政府层面	42	31	17、18、19
时间	近期（<5年）	中期（5～15年）	远期（>15年）

二、顶级研发需求技术路线图

涉及剑麻产业领域的顶级项目共有21项，以下将以其中之一为例，从时间节点、关键技术难点、风险和回报等方面进行具体分析（图3-3）。

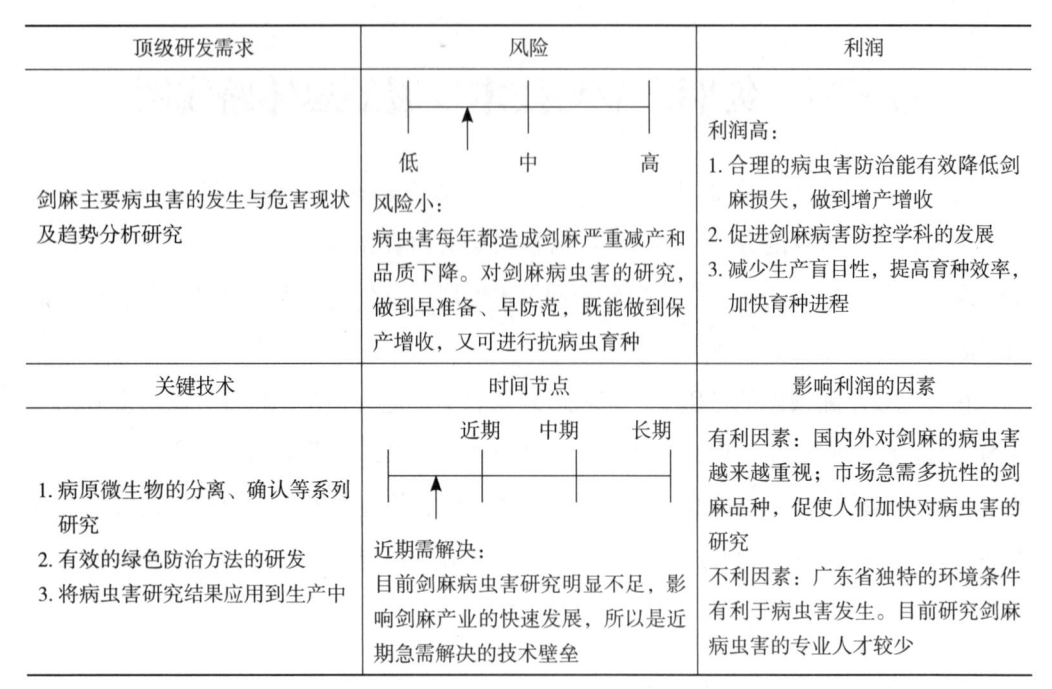

顶级研发需求	风险	利润
剑麻主要病虫害的发生与危害现状及趋势分析研究	低　中　高 风险小： 病虫害每年都造成剑麻严重减产和品质下降。对剑麻病虫害的研究，做到早准备、早防范，既能做到保产增收，又可进行抗病虫育种	利润高： 1. 合理的病虫害防治能有效降低剑麻损失，做到增产增收 2. 促进剑麻病害防控学科的发展 3. 减少生产盲目性，提高育种效率，加快育种进程
关键技术	时间节点	影响利润的因素
1. 病原微生物的分离、确认等系列研究 2. 有效的绿色防治方法的研发 3. 将病虫害研究结果应用到生产中	近期　中期　长期 近期需解决： 目前剑麻病虫害研究明显不足，影响剑麻产业的快速发展，所以是近期急需解决的技术壁垒	有利因素：国内外对剑麻的病虫害越来越重视；市场急需多抗性的剑麻品种，促使人们加快对病虫害的研究 不利因素：广东省独特的环境条件有利于病虫害发生。目前研究剑麻病虫害的专业人才较少

图 3-3　剑麻病虫害的发生与危害现状及趋势分析研究技术路线图

三、风险-利润路线图

将 21 个顶级研发需求项目置于以风险程度为横轴、以利润为纵轴的坐标系中，见图 3-4。图 3-4 中的项目编号对应表 3-6 中相应编号的项目名称。通过该坐标系，显示了每个优先项目风险和利润之间的相关性，为科技主管部门或者产业联盟领导在项目立项、科研经费的投入等方面作出科学判断提供依据。

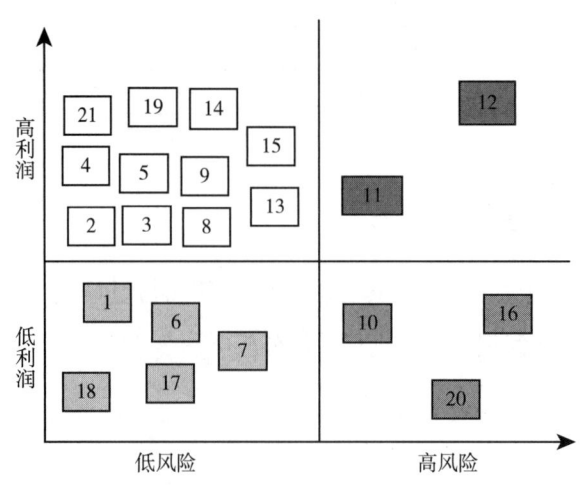

图 3-4　剑麻产业顶级研发需求风险-利润路线图

表 3-6　剑麻产业顶级研发需求项目列表

编号	项目名称	备注
1	剑麻特异资源的引进、筛选、鉴定与创新	低利润，低风险
2	剑麻测土配方施肥技术的研究与应用	高利润，低风险
3	优质、高效剑麻品种的标准化栽培技术	高利润，低风险
4	剑麻产品的周年生产关键技术研究与集成	高利润，低风险
5	剑麻主要病虫害的发生与危害现状及趋势分析研究	高利润，低风险
6	剑麻产品质量标准的建立	低利润，低风险
7	剑麻良种繁育与示范基地建设及新品种推广	低利润，低风险
8	剑麻紫色卷叶病的防治技术研究	高利润，低风险
9	高效绿色剑麻加工产品开发研究	高利润，低风险
10	剑麻主要病害抗性评价方法研究	低利润，高风险
11	剑麻粉蚧综合防治技术的研究	高利润，高风险
12	剑麻麻渣水回收综合利用的研究	高利润，高风险
13	剑麻皂素的提取与产品开发	高利润，低风险
14	剑麻遗传育种分子标记辅助选择技术平台的建设	高利润，低风险
15	剑麻高效遗传转化技术体系的研究	高利润，低风险
16	剑麻产品加工企业的政策优惠	低利润，高风险
17	剑麻品种的分子身份证鉴别体系的研究	低利润，低风险
18	剑麻产业发展的品种多样性需求分析	低利润，低风险
19	优质、高产、多抗剑麻品种的选育研究	高利润，低风险
20	剑麻作为战略经济作物的生产补贴政策	低利润，高风险
21	剑麻酿酒工艺研究	高利润，低风险

四、产业技术发展模式路线图

剑麻产业顶级研发需求的技术发展模式路线图见图 3-5。图中标示编号对应于顶级研发需求技术发展模式注释列表（表 3-7）中相应编号的项目名称。

五、剑麻产业综合技术路线图

技术路线图的绘制，沿着"市场需求 – 产业目标 – 技术壁垒 – 研发需求"以及关联问题的路线，以近期（<5 年）、中期（5~15 年）、远期（>15 年）为时间节点，结合剑麻全产业链要点，整合产业专家指导意见，确定三大边界范围（种植与生产、产品加工和产业经济）中各要素的重要性及关联分析，绘制了剑麻产业与技术发展总体路线图（图 3-6）。

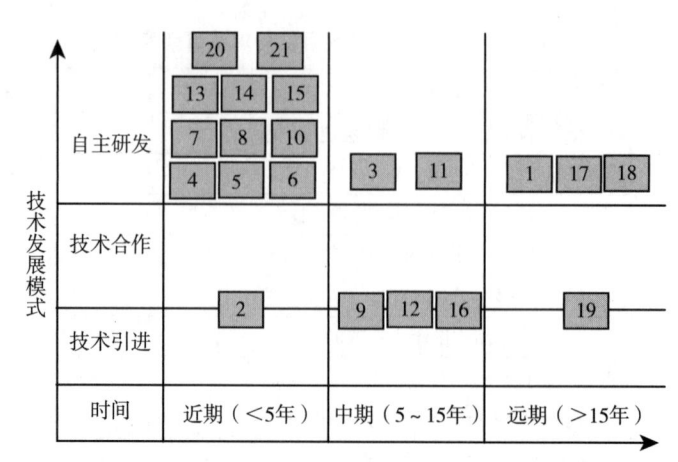

图 3-5 剑麻产业顶级研发需求技术发展模式路线图

表 3-7 剑麻产业顶级研发需求技术发展模式注释

编号	项目名称	备注
1	剑麻特异资源的引进、筛选、鉴定与创新	△，远期
2	剑麻测土配方施肥技术的研究与应用	☆，近期
3	优质、高效剑麻品种的标准化栽培技术	△，中期
4	剑麻产品的周年生产关键技术研究与集成	△，近期
5	剑麻主要病虫害的发生与危害现状及趋势分析研究	△，近期
6	剑麻产品质量标准的建立	△，近期
7	剑麻良种繁育与示范基地建设及新品种推广	△，近期
8	剑麻紫色卷叶病的防治技术研究	△，近期
9	高效绿色剑麻加工产品开发研究	☆，中期
10	剑麻主要病害抗性评价方法研究	△，近期
11	剑麻粉蚧综合防治技术的研究	△，中期
12	剑麻麻渣水回收综合利用的研究	△，中期
13	剑麻皂素的提取与产品开发	△，近期
14	剑麻遗传育种分子标记辅助选择技术平台的建设	◇，近期
15	剑麻高效遗传转化技术体系的研究	◇，近期
16	剑麻产品加工企业的政策优惠	◇，中期
17	剑麻品种的分子身份证鉴别体系的研究	△，远期
18	剑麻产业发展的品种多样性需求分析	△，远期
19	优质、高产、多抗剑麻品种的选育研究	△，远期
20	剑麻作为战略经济作物的生产补贴政策	◇，近期
21	剑麻酿酒工艺研究	☆，近期

注：☆国外已解决；◇国外可能先解决；△仍未解决。

第三章 剑麻产业与技术发展图总论

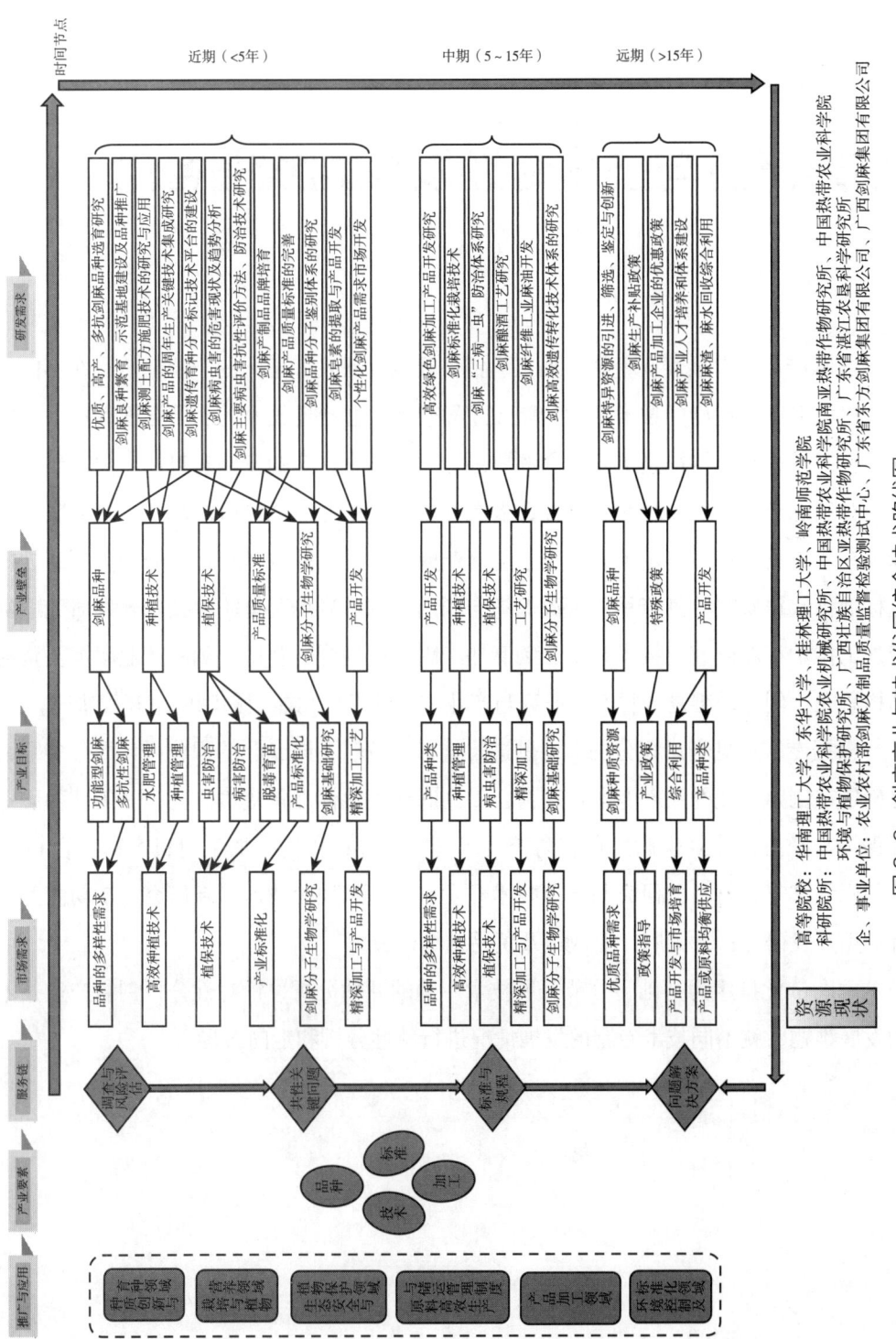

图 3-6 剑麻产业与技术发展综合技术路线图

第四章

剑麻产业与技术专题发展路线图各论

　　剑麻产业的发展涉及生产、加工、销售及技术研发等不同的产业环节，在不同的产业层面上所表现出的技术困境和瓶颈差异较大，在产业技术的发展方面存在一定的共性，但其非共性特征是主要的制约瓶颈。为布局全产业的发展态势和方向，研究团队针对剑麻产业的发展现状和特性，多次开展剑麻产业实地调研活动，经过多次讨论以及专家意见征集，确定了九个关于剑麻产业技术发展的技术专题，分别为剑麻规模化标准化栽培研究、剑麻种质资源保护与利用、剑麻病虫草害防控技术开发研究、剑麻加工技术革新研究与技术开发、剑麻加工附属产物综合利用、剑麻产业政策及贸易结构研究、剑麻纤维复合材料的研究与产业技术开发、功能型剑麻应用开发研究。

　　根据专家意见利用积分法对专题进行排名，按照不同专题的积分累计得分多寡最终确定在剑麻产业的技术专题排序为：①剑麻规模化标准化栽培研究；②剑麻种质资源保护与挖掘；③剑麻病虫草害防控技术开发研究；④剑麻加工附属产物综合利用；⑤剑麻纤维复合材料的研究与产业技术开发；⑥剑麻加工技术革新研究；⑦功能型剑麻应用开发研究；⑧剑麻产业政策及贸易结构研究。

　　本章依此排序为基础，分节开展技术专题的评估分析，针对性分析剑麻产业技术的发展难题，就不同技术专题的发展情况进行特性分析和走向布局。

第一节　剑麻规模化标准化栽培研究

剑麻作为多年生作物生命周期可达 13~15 年，农业生产周期在不同地区因品种和管理水平而有所不同，但基本可达 8~10 年，故而，在剑麻的种植栽培阶段构建一个标准化的栽培技术是保障剑麻生产产量的根本，也是保障剑麻纤维产出质量的基础。陈叶海等人在 2005 年编写出针对剑麻标准化种植的标准——《剑麻栽培技术规程》，为我国剑麻产业规模化种植提供参考，但是该标准是广泛性的指导手册，对于特定区域环境种植及机械化收割的指导性较低；在剑麻实际种植生产过程中，麻叶采收劳动强度大、技术要求高（Ahmad et al., 2017），这是制约产业发展的一个重要问题，因此剑麻标准化种植技术更新和采收机械研发能够降低麻叶种植采收环节对劳动力的需求、降低剑麻的种植养护成本、促进剑麻采收质量的统一，统筹剑麻农业种植采收器械与栽培技术的协同升级，进而突破制约剑麻种植环节的瓶颈问题，是维持剑麻产业健康可持续发展的关键。

当前剑麻标准化种植栽培技术的更新处于技术研发阶段，规模化收割和生产也需要进一步加强。此外，为降低劳动力成本，提倡节本增效，研发和推广应用全套轻简运送技术也是改革发展方向。

一、剑麻规模化标准化栽培技术发展路线图

（一）剑麻绿色栽培技术水平分析

20 世纪 80—90 年代，我国剑麻绿色生产技术处于较低水平，过量使用除草剂、化肥、农药并不鲜见。近十年来，通过国家麻类产业技术体系剑麻相关岗位和试验站的技术研发、示范与推广，剑麻绿色高效生产技术水平有了质的飞跃，主要体现在药肥减量、精准施肥等方面，尤其经过我国剑麻的栽培技术探索，在"五改一防"的技术指导下确立了 H·11648 的种植管理要求，虽然我国剑麻栽培和管理仍主要依靠人工、机械化应用水平低，但得益于管理制度的完善和栽培技术手段的开发应用，使得我国剑麻的生产水平远超世界平均水平，稳居于世界前列。综合来看，我国对剑麻栽培的技术开发和麻园管理领先于其他剑麻种植国家，粉垄、培土和翻耕等栽培技术的应用推广均走在世界前列。

虽然 H·11648 早已证明是一个优质高产品种，但因其所需要的种植管理水平较

高,在非洲地区无法充分发挥生产潜力,在生产技术水平方面相比于中国较为落后,而在一些新技术的推广上更是落后;欧美国家因地理原因无法在本土种植剑麻,在该方面的技术研发工作更为落后。

(二)剑麻轻简化可持续生产技术水平分析

剑麻轻简化可持续种植技术主要包括埋杆换行、田间套种、麻渣堆沤施肥和叶片运送等系列关键技术,近年来在国家麻类产业技术体系的推动下,我国在剑麻的可持续生产技术上开展了许多试验性开发工作并取得了一定的成效,在广东、广西、云南乃至缅甸、委内瑞拉开展了广泛应用推广,实现了降低成本推动产业循环经济的良好效果。对比其他的剑麻种植地区和国家,我国在剑麻的可持续生产技术上取得了较为明显的领先优势,在技术的应用开发和经验上储备了较强的先发优势,同时,因我国种植剑麻的产区分布区域差别大,对不同产区、地形的剑麻轻简可持续生产技术应用上积累了经验,为技术的应用场景开发奠定了基础,可进一步促进成熟技术的应用。

对非洲地区的剑麻种植国家而言,剑麻种植面临的条件与我国有着极大差异,非洲大陆土地资源多且都是热区,可用于种植剑麻的土地十分充裕,开展轮作便可极大程度解决麻田营养流失的问题,无须针对性开发剑麻的可持续生产技术,因而在可持续生产技术的应用开发水平较为滞后。

(三)剑麻高效标准化种植水平分析

剑麻高效标准化种植技术包括良种繁育、麻苗上山、测土配方、水肥管理、割麻标准等管理制度的搭建,我国已经在剑麻的种植制度上建立了广谱性的栽培技术规程,但在特种条件、独特环境的栽培研究仍不够完善,在与机械化收割机器的联合采收规划未建立较为一体的栽培制度,从该方面出发我国对剑麻高效标准化的麻园建设仍有待进一步开展;在剑麻全生长过程的营养管理上,结合我国在测土配方、测素施肥等技术的应用,对剑麻的营养管理已经是较为先进的水准。剑麻的标准化栽培技术目前主要在广东垦区、广西百色、云南石漠化地区等区域进行推广应用,主要通过标准化健康种苗繁育、新植标准化麻园、低产麻园综合提质增效来实现,目前已覆盖两广、云南石漠化剑麻种植区;关于剑麻叶片采收机械的应用,我国虽在开发技术上有所积累,但应用仍仅限于小规模试验,未有较为可靠的叶片采收机械可承担大规模的应用,相对于其他的剑麻种植国家,我国在剑麻叶片收割机械的研发上有所积累,具备一定的领先优势。

二、剑麻规模化标准化栽培实现时间及可能性

（一）剑麻栽培技术的实现及制约因素

剑麻绿色农业种植技术强调人和自然、人和经济的协调发展，绿色农业种植技术主要是指在政府部门的相关规定下，结合科学的生产方法开展农业种植，最终产出无污染、对环境无害的产制品。绿色农业种植技术不仅体现的是产出绿色健康的农产品，更重要的是让人们拥有良好的节约意识、环保意识，促进农业的可持续发展。通过基于减药减肥，麻渣还田等循环技术实现，减少化工产品在农业种植端的使用，进而提高剑麻栽培种植的无害性；此外，如何将剑麻栽培与机械化采收进行一体化流程设计，对未来减少剑麻种植生产的劳动成本投入和机械化设施设备的应用奠定基础，是剑麻栽培技术规程的发展方向，预计2035年可完成该项一体化工程的搭建。

剑麻栽培技术实现的制约因素如下：一是植保手段的制约，剑麻的主要病虫害防治手段仍依靠化学防治为主，必然使用多种化学农药，且现行条件下可替代手段极其有限，因而开发有效的绿色防控手段是重要的措施；二是基础设施建设的制约，投入成本高，基础设施不完善，在一定程度上限制了绿色农业的可持续发展，当前对剑麻种植、采收、运送的高效专用化器械产出水平仍较低，无法满足剑麻高标准的采收要求；三是受到人才短缺的限制，发展农业栽培种植技术对相关技术人员的要求比较高，需要专业人员对技术参数开展持续性、系统性的摸索，这在一定程度上提升了剑麻农业生产技术的门槛，现有水平的专业技术人员仍无法满足相关要求。

（二）剑麻轻简化可持续种植技术的实现和制约因素

剑麻轻简化可持续发展技术的实现主要通过简化管理工序、减少作业次数，良种良法配套、农机农艺融合，实现剑麻生产轻便简捷、节本增效、可持续发展的栽培管理措施和方法，是我国剑麻科技工作者立足中国国情，通过对传统种植技术创新改造而创建的新型栽培技术体系，是我国剑麻生产由传统劳动密集型向轻简节本增效转变的重要支撑技术。剑麻轻简化栽培技术体系主要包括健康种苗繁育技术、少耕或免耕技术，精准施肥以及装运技术等关键技术。制约轻简化可持续种植技术实现的瓶颈主要体现在人工的短缺、种植户的知识水平与接收能力等方面，目前的剑麻种植户年龄偏大，知识水平低，接受能力差。同时，剑麻受重视程度不高，属于小众作物，地方农业部门的投入积极性不高，制约了轻简化技术的应用推广。

（三）剑麻高效标准化种植的实现与制约因素

我国剑麻产区覆盖广东、广西、海南、云南、福建等地区，区域性差异较大，统一的技术规程无法满足特性的种植要求，因而针对不同产区、不同条件建立可移植的剑麻栽培规程对促进高效标准化栽培具有重要作用。以广西百色地区为例，其石漠化地区由于土壤耕作层较薄，耕地不规整，长期存在种植密度过高，管理水平低下的问题，因此，在当地推行适宜的标准化种植很有必要，其内容包括健康种苗繁育、壮苗厚肥、适宜株行距定植、麻渣发酵全量还田、叶片营养诊断精准施肥等关键技术，而这些技术具体的使用参数需要针对性试验摸索；针对剑麻叶片采收的机械研究，除了需解决产出机械的实际使用意义外，还需结合差异化标准麻园的情况摸索机械参数用于机械的推广应用。结合现有的建设条件，预计我国于 2035 年便可完成相关的技术摸索。

截至 2022 年底，我国在相关技术的开发上受到的制约因素主要有：一是产业覆盖面大，从业人员相对较少，相关的政策支持和资金支持较为匮乏，无法较为全面地开展工作；二是系统性的工作难以快速开展，需相关带头人带领开展针对性、系统性、全面性的工作研究；三是联合性智能化、自动化机械的开发缺乏，暂未研制出较为成熟的可用于剑麻大规模应用的采收、种植机器。

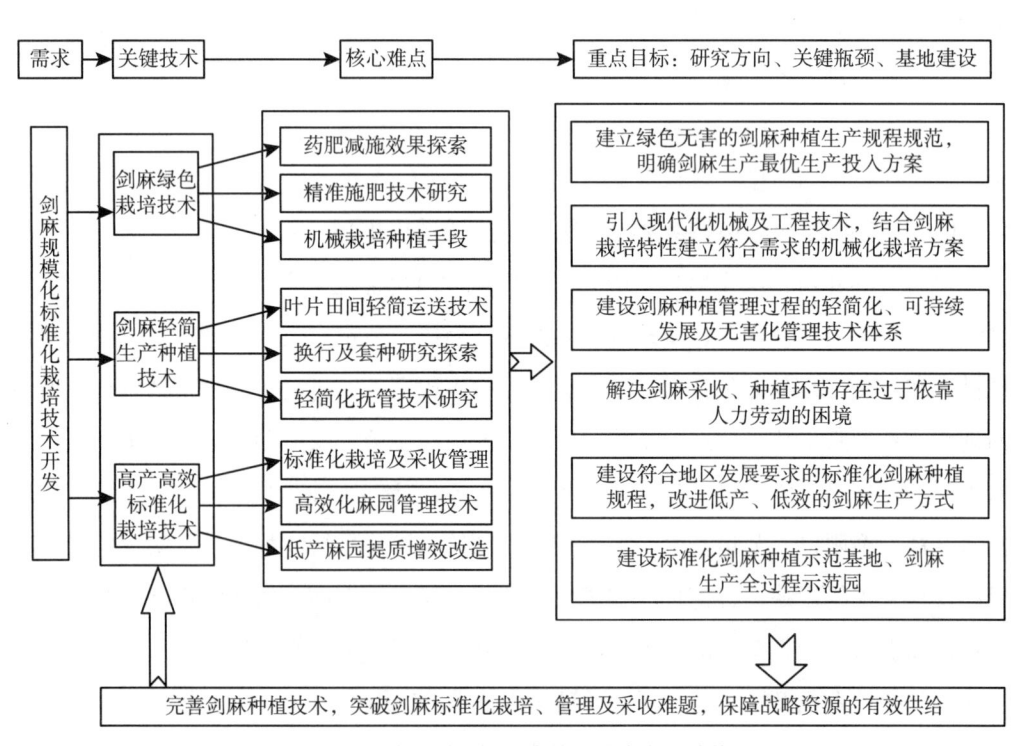

图 4-1 剑麻规模化标准化栽培技术发展路线图

第二节 剑麻种质资源保存与利用

剑麻作为一种重要的战略资源，对国家的安全供给至关重要，开展剑麻种质资源的保护与挖掘对促进剑麻产业的长效发展具有奠基性意义。从世界范围来看，剑麻所属的龙舌兰科植物共有21个属约670个种，主要分布美洲、非洲、亚洲、太平洋以及大西洋、印度洋的一些岛屿等热带、亚热带地区，其中以墨西哥和美国交界处的索诺拉（Sonora）沙漠种类最多（孙娟等，2020；陈士伟等，2016；Simpson et al.，2011），在不同的地区具有较大的表观性状差异，但剑麻叶片呈剑形、硬而狭长、具有喜温耐旱的特点是不同剑麻品种的共有特征（汪佳滨，2016；黄艳，2013），通过收集和引进差异特质的剑麻品种进行保存，为剑麻优良品种的选育提供物质基础，进一步挖掘符合我国热区所需要的特异性状，对促进产业的更新发展和保障国家战略资源的安全供给具有重要意义。

一、剑麻种质资源利用概述

（一）中国剑麻栽培繁育发展历程

目前全世界种植剑麻的国家有20多个，主产国有墨西哥、巴西、坦桑尼亚等。中国是剑麻主要生产国之一，产地主要分布在广东、广西、海南、云南、福建等热带和亚热带地区（熊和平，2010）。自剑麻在我国开始种植栽培，我国剑麻种植经历了"三易麻种"，即由栽培番麻到普通剑麻，再到H·11648麻（东1号）的历程。实行的"五改一防"栽培技术措施，使剑麻大面积稳产高产，每公顷产纤维由最初273千克番麻到目前东1号约3800千克，跃居世界先进行列。

（二）中国剑麻种质资源概况

农业农村部在广东湛江建立了国家剑麻种质资源圃，已引进和收集种质资源160多份（刘文等，2020），通过制定《剑麻种质资源描述规范》，形成了剑麻种质资源描述评价标准体系，完成了一批种质资源的调查、收集、整理、保存、鉴定评价和创新利用等工作（田夏红等，2020；王会芳等，2018；Huang et al.，2018；Yang et al.，2015），引进和选育出东1号（H·11648）、粤西114号、广西76416、南亚1号、南亚2号等一批高产优良品种，具体剑麻种质资源情况见表4-1。

表 4-1 剑麻种质资源圃品种资源名录

序号	作物种类	种质名称	资源类型	分类	来源	特征特性
1	龙舌兰属	亚洲马盖麻	种苗	经济、药用植物	福建	抗逆
2	龙舌兰属	桂幅4号	种苗	经济作物	广西	优质
3	龙舌兰属	假七	种苗	经济作物	广东	优质
4	龙舌兰属	多叶绿剑麻	种苗	经济作物	广东	优质
5	龙舌兰属	银边番麻	种苗	经济作物	广东	抗逆
6	龙舌兰属	多叶剑麻	种苗	经济作物	广东	优质
7	龙舌兰属	普通剑麻	种苗	经济作物	广东	优质
8	中美麻属	金边龙舌兰	种苗	经济作物	广东	高效
9	龙舌兰属	蓝剑麻	种苗	经济作物	广东	高效
10	龙舌兰属	灰叶剑麻	种苗	经济作物	广东	优质
11	龙舌兰属	假菠萝麻	种苗	观赏	广东	优质
12	龙舌兰属	有刺番麻	种苗	经济作物、药用植物	广东	优质
13	龙舌兰属	无刺番麻	种苗	经济作物、药用植物	广东	优质
14	龙舌兰属	银边假菠萝麻	种苗	观赏	广东	抗逆
15	龙舌兰属	T麻	种苗	经济作物	坦桑尼亚	高效
16	龙舌兰属	H麻	种苗	经济作物	坦桑尼亚	抗逆
17	龙舌兰属	雷神	种苗	观赏	广东	抗逆
18	龙舌兰属	金边番麻	种苗	观赏	广东	优质
19	中美麻属	毛里求斯麻	种苗	经济作物	福建	抗逆
20	中美麻属	皮带麻	种苗	经济作物	福建	高效
21	丝兰属	千寿兰	种苗	观赏	广东	高效
22	龙舌兰属	菠萝麻	种苗	观赏	广东	抗逆
23	丝兰属	丝兰麻	种苗	观赏	广东	高效
24	丝兰属	金边千寿兰	种苗	观赏	广东	抗病
25	龙舌兰属	银边龙舌兰	种苗	观赏	广东	高效
26	龙舌兰属	金边弧叶龙舌兰	种苗	观赏	广东	高效
27	龙舌兰属	劲叶龙舌兰	种苗	观赏	广东	高效
28	龙舌兰属	弧叶龙舌兰	种苗	观赏	广东	高效
29	虎尾兰属	金边短叶虎尾兰	种苗	观赏	广东	高效
30	虎尾兰属	短叶虎尾兰	种苗	观赏	广东	高效
31	龙舌兰属	墨西哥引进1	种苗	经济作物	墨西哥	优质
32	龙舌兰属	墨西哥引进2	种苗	经济作物	墨西哥	高产

续表

序号	作物种类	种质名称	资源类型	分类	来源	特征特性
33	龙舌兰属	墨西哥引进 3	种苗	经济作物	墨西哥	高产
34	龙舌兰属	墨西哥引进 4	种苗	经济作物	墨西哥	高产
35	龙舌兰属	墨西哥引进 5	种苗	经济作物	墨西哥	优质
36	龙舌兰属	墨西哥引进 6	种苗	经济作物	墨西哥	高产
37	龙舌兰属	墨西哥引进 7	种苗	经济作物	墨西哥	高产
38	龙舌兰属	墨西哥引进 8	种苗	经济作物	墨西哥	高产
39	龙舌兰属	墨西哥引进 9	种苗	经济作物	墨西哥	优质
40	龙舌兰属	墨西哥引进 10	种苗	经济作物	墨西哥	抗病
41	龙舌兰属	墨西哥引进 11	种苗	经济作物	墨西哥	抗病
42	龙舌兰属	墨西哥引进 12	种苗	经济作物	墨西哥	优质
43	龙舌兰属	杂交 B	种苗	经济作物	广东	优质
44	龙舌兰属	南亚 1 号	种苗	经济作物	广东	高产
45	龙舌兰属	南亚 2 号	种苗	经济作物	广东	抗病
46	龙舌兰属	粤西 114	种苗	经济作物	广东	高产
47	龙舌兰属	广西 76416	种苗	经济作物	广西	高产
48	龙舌兰属	南亚所 117	种苗	经济作物	广东	抗病
49	龙舌兰属	南亚所 292	种苗	经济作物	广东	抗病
50	龙舌兰属	东 1 号（H·11648）	种苗	经济作物、药用植物	广东	高产
51	龙舌兰属	东 2 号	种苗	经济作物、药用植物	广东	高产
52	龙舌兰属	东 5 号	种苗	经济作物、药用植物	广东	高产
53	龙舌兰属	东 16 号	种苗	经济作物、药用植物	广东	高产
54	龙舌兰属	东 18 号	种苗	经济作物	广东	高产
55	龙舌兰属	东 26 号	种苗	经济作物	广东	高产
56	龙舌兰属	东 27 号	种苗	经济作物	广东	高产
57	龙舌兰属	东 109 号	种苗	经济作物	广东	抗逆
58	龙舌兰属	东 368 号	种苗	经济作物	广东	高产
59	龙舌兰属	金边东 1 号	种苗	经济作物	广东	高产
60	龙舌兰属	小刺番麻	种苗	经济作物	广东	高效
61	龙舌兰属	粤西 74	种苗	经济作物	广西	抗病
62	龙舌兰属	笹之雪	种苗	观赏	广西	高效
63	虎尾兰属	圆柱虎尾兰	种苗	观赏	广西	抗逆
64	丝兰属	象腿丝兰	种苗	观赏	广西	高效

续表

序号	作物种类	种质名称	资源类型	分类	来源	特征特性
65	龙舌兰属	狐尾龙舌兰	种苗	观赏	广西	高效
66	龙舌兰属	维里底斯麻	种苗	经济作物	广西	优质
67	龙舌兰属	黄纹万年麻	种苗	观赏	广西	高效
68	铁树属	巴西铁	种苗	观赏	云南	高效
69	酒瓶兰属	酒瓶兰	种苗	观赏	广西	高效
70	龙舌兰属	云南引1	种苗	经济作物	云南	抗逆
71	龙舌兰属	云南引2	种苗	经济作物	云南	抗逆
72	龙舌兰属	云南引3	种苗	经济作物	云南	抗逆
73	龙舌兰属	云南引4	种苗	经济作物	云南	抗逆
74	龙舌兰属	印尼引1	种苗	经济作物	印尼	抗逆
75	龙舌兰属	印尼引2	种苗	经济作物	印尼	抗逆
76	龙舌兰属	印尼引3	种苗	经济作物	印尼	抗逆
77	龙舌兰属	泰国引1	种苗	经济作物	泰国	抗逆
78	龙舌兰属	泰国引2	种苗	经济作物	泰国	抗逆
79	龙舌兰属	泰国引3	种苗	经济作物	泰国	抗逆
80	龙舌兰属	广西引16	种苗	经济作物	广西	抗逆
81	龙舌兰属	绿剑麻	种苗	观赏	广东	高效
82	龙舌兰属	无刺剑麻	种苗	经济作物	广东	优质
83	龙舌兰属	东556	种苗	经济作物	广东	优质
84	龙舌兰属	东495	种苗	经济作物	广东	优质
85	龙舌兰属	K1	种苗	经济作物	广东	优质
86	龙舌兰属	有刺剑麻	种苗	经济作物	广东	优质
87	龙舌兰属	广西引1	种苗	经济作物	广西	优质
88	龙舌兰属	广西引2	种苗	经济作物	广西	优质
89	龙舌兰属	广西引3	种苗	经济作物	广西	优质
90	龙舌兰属	广西引4	种苗	经济作物	广西	优质
91	龙舌兰属	广西引5	种苗	经济作物	广西	优质
92	龙舌兰属	广西引6	种苗	经济作物	广西	优质
93	龙舌兰属	广西引7	种苗	经济作物	广西	优质
94	龙舌兰属	广西引8	种苗	经济作物	广西	优质
95	龙舌兰属	广西引9	种苗	经济作物	广西	优质
96	龙舌兰属	广西引10	种苗	经济作物	广西	优质

续表

序号	作物种类	种质名称	资源类型	分类	来源	特征特性
97	龙舌兰属	广西引 11	种苗	经济作物	广西	优质
98	龙舌兰属	广西引 12	种苗	经济作物	广西	优质
99	龙舌兰属	广西引 13	种苗	经济作物	广西	优质
100	龙舌兰属	广西引 14	种苗	经济作物	广西	优质
101	龙舌兰属	泷之白丝	种苗	观赏	福建	高效
102	龙舌兰属	条纹龙舌兰	种苗	观赏	福建	高效
103	龙舌兰属	华岩锦	种苗	经济作物	福建	高效
104	虎尾兰属	宽叶虎尾兰	种苗	观赏	广东	优质
105	龙舌兰属	翡翠盘	种苗	观赏	广西	优质
106	龙舌兰属	粤西 75	种苗	经济作物	福建	高效
107	龙舌兰属	海南东一号腋芽苗	种苗	经济作物	海南	高效
108	龙舌兰属	海南东一号走茎苗	种苗	经济作物	海南	高效
109	龙舌兰属	龙舌兰新品系	种苗	观赏	福建	优质
110	龙血树属	龙血兰	种苗	观赏	广西	优质
111	虎尾兰属	长叶虎尾兰	种苗	观赏	广西	优质
112	龙舌兰属	厦门 1	种苗	经济作物	福建	高效
113	龙舌兰属	厦门 2	种苗	经济作物	福建	高效
114	龙舌兰属	桂麻一号	种苗	经济作物	广西	优质
115	虎尾兰属	韩国短叶虎尾兰	种苗	观赏	韩国	优质
116	中美麻属	金边龙舌兰 2 号	种苗	观赏	广东	优质
117	虎尾兰属	金边长叶虎尾兰	种苗	观赏	广东	优质
118	龙舌兰属	广西引 15	种苗	经济作物	广西	高效
119	龙舌兰属	八荒殿黄复轮	种苗	观赏	福建	优质
120	龙舌兰属	鲍鱼	种苗	观赏	福建	优质
121	龙舌兰属	吉祥冠锦	种苗	观赏	福建	优质
122	龙舌兰属	八荒殿	种苗	观赏	福建	优质
123	龙舌兰属	五色万代	种苗	观赏	福建	优质
124	龙舌兰属	吹上	种苗	观赏	福建	优质
125	龙舌兰属	连刺甲蟹	种苗	观赏	福建	优质
126	龙舌兰属	竖线笹之雪	种苗	观赏	福建	优质
127	龙舌兰属	五色万代还原	种苗	观赏	福建	优质
128	龙舌兰属	泷雷	种苗	观赏	福建	优质

续表

序号	作物种类	种质名称	资源类型	分类	来源	特征特性
129	龙舌兰属	笹之雪姬乱雪	种苗	观赏	福建	优质
130	龙舌兰属	风雷神	种苗	观赏	福建	优质
131	龙舌兰属	辉山	种苗	观赏	福建	优质
132	龙舌兰属	世吹雪	种苗	观赏	福建	优质
133	龙舌兰属	锯齿番麻	种苗	观赏	广东	优质
134	龙舌兰属	菲洛克麻	种苗	经济作物	云南	高效
135	龙舌兰属	新品系1号	种苗	经济作物	广西	高效
136	龙舌兰属	优选株系1	种苗	经济作物	广西	高效
137	龙舌兰属	优选株系2	种苗	经济作物	广西	高效
138	龙舌兰属	优选株系3	种苗	经济作物	广西	高效
139	龙舌兰属	优选株系4	种苗	经济作物	广西	高效
140	龙舌兰属	优选株系5	种苗	经济作物	广西	高效
141	龙舌兰属	优选株系6	种苗	经济作物	广西	高效
142	龙舌兰属	优选株系7	种苗	经济作物	广西	高效
143	龙舌兰属	优选株系8	种苗	经济作物	广西	高效
144	龙舌兰属	优选株系9	种苗	经济作物	广西	高效
145	龙舌兰属	优选株系10	种苗	经济作物	广西	高效
146	龙舌兰属	优选株系11	种苗	经济作物	广西	高效
147	龙舌兰属	优选株系12	种苗	经济作物	广西	高效
148	龙舌兰属	优选株系13	种苗	经济作物	广西	高效
149	龙舌兰属	兴宁1	种苗	观赏	广东	抗逆
150	龙舌兰属	兴宁2	种苗	观赏	广东	抗逆
151	龙舌兰属	兴宁3	种苗	观赏	广东	抗逆
152	龙舌兰属	兴宁4	种苗	观赏	广东	抗逆
153	龙舌兰属	兴宁5	种苗	观赏	广东	抗逆
154	龙舌兰属	兴宁6	种苗	观赏	广东	抗逆
155	龙舌兰属	兴宁7	种苗	观赏	广东	抗逆
156	龙舌兰属	兴宁8	种苗	观赏	广东	抗逆
157	龙舌兰属	兴宁9	种苗	观赏	广东	抗逆
158	龙舌兰属	兴宁10	种苗	观赏	广东	抗逆
159	龙舌兰属	兴宁11	种苗	观赏	广东	抗逆
160	龙舌兰属	厦门3	种苗	观赏	福建	高效

续表

序号	作物种类	种质名称	资源类型	分类	来源	特征特性
161	龙舌兰属	厦门 4	种苗	观赏	福建	高效
162	龙舌兰属	厦门 5	种苗	观赏	福建	高效
163	龙舌兰属	厦门 6	种苗	观赏	福建	高效
164	龙舌兰属	厦门 7	种苗	观赏	福建	高效
165	龙舌兰属	巨龙锦	种苗	观赏	福建	高效

二、剑麻种质资源利用技术现状及发展路线

（一）剑麻种质资源开发利用水平

1. 剑麻有性杂交育种水平

有性杂交是龙舌兰麻育种的最主要方法，把一个或多个优良品种的花粉授到另一个品种的柱头上，使其受精结实产生杂种，再通过培育选择获得新品种。

早在 1931 年东非坦噶尼喀剑麻研究站（现为坦桑尼亚剑麻试验站）就开展了龙舌兰麻选育种工作，经过 22 年的努力，育成丰产较耐寒的 H·11648。1961—1971 年东非坦桑尼亚和肯尼亚剑麻试验站用具有抗斑马纹病能力的莱氏龙舌兰麻（*Sisal lespinassei* Trel）为母本，以多叶片的 H·11648 为父本，进行杂交育成抗斑马纹病的新杂种 H·67041。巴西花了 16 年的时间（1958—1974 年）进行了蓝剑麻与假菠萝麻杂交，选育出具有更多叶片的新杂种（Monja-Mio et al., 2019）。

我国剑麻育种工作起步较晚，自 20 世纪 70 年代开始，广东省国营东方红农场、广西亚热带作物研究所、中国热带农业科学研究院南亚热带作物研究所都进行了抗病育种研究。如广东省国营东方红农场选育的杂交种东 16、东 368、东 27、东 74、东 109，均具有速生快长、产量高、抗剑麻斑马纹病、中抗茎腐病等优点。其中东 109 由于高抗斑马纹病和耐寒等，且速生快长、产量高，是理想的抗病耐寒品种，可作为剑麻斑马纹病区的补植材料；广西亚热带作物研究所选育的杂种 76416 号和中国热带农业科学研究院南亚热带作物研究所选育的粤西 114 号、南亚 1 号、南亚 2 号等均具有较高产量和抗斑马纹病等优点，亦是较好的抗病品种。

2. 剑麻无性杂交育种水平

龙舌兰麻无性繁殖采用吸芽、珠芽和地下茎作为繁殖材料。无性繁殖后代的遗

传性一般比较稳定，但在不同外界条件下，常有芽变现象发生，如 Lensing 等（1964）在肯尼亚的洛莫洛（Lomolo）的剑麻麻园中选出植株高大、叶片特多的新变种。广东省国营东方红农场在长期栽培番麻麻园中选出了无刺番麻变种；火炬农场从剑麻园中选出了叶片数多的剑麻单株。因此，用单株选择的方法，选出优良的植株，可以培育成新品种（郭朝铭等，2006）。

3. 剑麻诱变育种水平

诱变育种作为一种新的育种方法，历史较短、起步较晚，但由于其具有方法简便易行、育种年限较短等特点，取得的研究成果相当显著。诱变育种在改良生育期、抗性（抗病、耐寒、耐旱）、结实性（高产）与植株矮化等综合性状方面均取得重大进展。诱变育种包括利用放射线和化学诱变剂处理植物材料，如 Φ 射线、γ 射线、β 射线、中子、激光和诱变剂等处理种子、珠芽、吸芽和地下茎切段，促使它们的遗传性发生变异，从中选育新的品种。辐射育种的特点是可以提高变异频率、扩大变异范围，为选育新品种提供丰富的原始材料，辐射产生的变异部分稳定较快，可以在短期内选育出新品种。华南热带作物研究院等单位利用 γ 射线诱变育成了金丰一号、金丰二号高产抗病品种和银边东 1 号观赏品种（龚友才，2002）。我国麻类诱变育种研究在 γ 射线应用方面研究较多，但 Φ 射线、快中子同样具有很好的诱变效果，值得进一步加强这方面的研究，对于诱变育种大多数科学家关注植株后代的表现，对于诱变机理及基因突变的成因研究较少。今后应探索与基因工程等生物技术相结合，进一步提高诱变育种的方向性与准确性。近年来，发展迅速的航天育种，已成为诱变育种新的发展方向，为诱变育种工作注入了新的活力。

4. 剑麻体细胞杂交水平

近代的植物体细胞杂交研究起步于 20 世纪 70 年代，Power 等提出了体细胞杂交设想并进行了原生质体诱导融合的研究，美国 Carlson 等（1972 年）报道了首例粉蓝烟草与郎氏烟草两种不同的烟草原生质体融合并首先得到了种间体细胞杂种；1978 年，Melchres 等第一次得到的番茄与马铃薯属间体细胞杂种。这种方法可以克服远缘杂交受到杂交不亲和的限制，使植物中不同科、属、种间的细胞原生质体融合，经过培养而育成具有亲本优良特性的新杂种。近几年植物配子－体细胞杂交迅速发展，特别是在用幼嫩花粉、成熟花粉原生质体与体细胞原生质体杂交相继成功。虽然，这项技术在许多种类的植物上取得成功，但在剑麻选育种上，尚未有关通过此技术取得优良新品种的报道。

5. 剑麻组织培养育种水平

目前，由于剑麻栽培的品种单一，品种优良性状退化日益严重，再加上茎腐病和斑马纹病等病害严重，使剑麻减产甚至整个地区剑麻歉收，而且剑麻一般采用母株钻心、腋芽繁殖种苗，易出现早花现象。现在已有对一些出现在抗性和产量上有着明显优势的母株，通过器官发生、胚胎发生用剑麻组织培养技术把其保持下来，用来选育出新品种的研究报道（陈鸿等，2008；杨龙等，2017；揭进等，2012）。通过组织培养技术快速繁殖种苗，获得无菌苗，为提高品质及产量开辟新途径。目前，已经在某些品种上得到突破，但由于还有一些客观上的问题，新品种选育道路还需进一步的努力。

6. 剑麻基因工程育种水平

利用植物基因工程技术，可以打破物种间的界限，从各种生物中提取有用的基因改良现有品种，不但可以大大缩短育种周期，而且基因工程具有高效性、专一性等特点，可以对剑麻进行定向改良（Gross et al.，2013）。随着生物技术水平的不断发展，越来越多的育种专家开始倾力于这方面的研究。在剑麻的遗传育种上，由于受其本身条件的限制，其他育种方式的研究进展受到很大的阻碍，开辟基因工程育种的工作，将会给剑麻育种带来一次突破性的飞跃。分子标记技术正大规模运用到种质亲缘关系分析和检测种质多样性以及遗传多样性的研究。现在运用比较多的分子标记技术如 RAPD、AFLP 及 SSR 等（Souza et al.，2018；董斌等，2021；陈河龙等，2021；张燕梅等，2021），SSR 以其稳定性及高重复性得到更加广泛运用，是进行种质亲缘关系分析和检测种质多样性的有效工具，可以确定亲本之间的遗传差异和亲缘关系，从而确定亲本间遗传距离，并进而划分杂交优势，提高杂种优势潜力。据相关研究资料显示，墨西哥在利用转基因技术开展剑麻品种繁育上起步最早，通过基因枪和农杆菌两种手段，成功地获得了转基因剑麻植株（Sivia et al.，2007）。

（二）剑麻种质资源利用发展路线

国内外开展剑麻育种研究已有 60 多年的历史，育成的优良品种不多，主要育种方式是常规的有性杂交，而剑麻的生长周期较长（一般 10~15 年），一生只开一次花，各品种的花期不一致，花粉贮藏不易等因素给育种工作带来了很多困难。针对这些问题，今后的育种工作应该把握好以下三点。

1. 确定近远期的育种目标

根据剑麻生产实践中存在的问题，确定近期和中远期的育种目标。剑麻育种目标总的要求是：新品种具有高产、优质、抗逆性强、皂素含量高等综合优良性状。但由于当前生产发展需要，首先要提高产量和增强抗病力（抗紫色卷叶病、斑马纹病及茎腐病），或者产量虽然提高不多（或产量接近），但在抗病能力或纤维品质方面有明显改进。只有在品种的抗病高产方面有所突破之后，改进纤维含量和皂素含量及其他性状才会显得重要。

2. 积极搜集引进新的剑麻种质资源

龙舌兰麻原产地墨西哥、坦桑尼亚等国拥有丰富的种质资源。龙舌兰属257种，其中约有50种种质资源中蕴藏着各种性状的遗传基因，具有重要经济价值是育种工作的基础和重要材料，国外育种成效较显著，主要是有大量的龙舌兰野生和半野生资源，因此积极搜集、发现新种质并进行鉴定、评价和利用，在此基础上，才有可能取得事半功倍的效果。

3. 运用现代分子生物技术加快育种步伐

当前剑麻育种以常规育种为主，国内外剑麻新品种绝大多数是常规方法育成。在加强常规育种的同时，应加强现代分子生物技术在育种上的运用，通过植株再生体系的研究、基因转化、分子标记辅助育种等方法，为剑麻的遗传育种注入新的活力，快速育成具有高产、优质、抗逆性强及皂素含量高等综合性状优良的新品种，从根本上解决种植单一品种H·11648（易发生紫色卷叶病、剑麻斑马纹病、茎腐病等）而大面积减产的潜在危险。

三、剑麻种质与育种技术水平与制约因素

（一）剑麻种质与育种技术水平

在现今时期，因剑麻产业的整体发展态势不佳，剑麻的常规育种方面正走向衰微，国际上主要的剑麻种植国家对剑麻的育种研究也趋向衰落，据业内人员表示，育出H·11648的坦桑尼亚剑麻试验站现今研究支持薄弱，已难以在剑麻选育种方面开展系统工作。就当前阶段而言，我国在剑麻种质资源利用与育种方面居世界先进水平，收集保护了大量的特色剑麻种质资源，利用不同类型的剑麻种质资源，通过不同育种方法先后育成粤西114号、南亚1号、南亚2号、广西7641等20多个剑麻新品种。同时，我国剑麻各产区仍有专业人员队伍在开展剑麻品种选育繁育工作，其中主要以中国热带农业科学院为引领，其他垦区麻类产业技术体系剑麻试验站为保障，开展剑麻选育种工作。

（二）剑麻种质与育种技术的制约因素

目前，我国生产中种植的剑麻主要为 H·11648，为我国剑麻产业跃居世界前列奠定了基础。H·11648 易感斑马纹病，不抗茎腐病和紫色卷叶病，使得我国剑麻生产存在较高的种植风险。20 世纪 70 年代开始，我国转入抗病育种研究，培育出了一些较抗病的品种如粤西 114、广西 76416、东 16、南亚 1 号等，供剑麻病区选择利用。与 H·11648 相比，上述品种生产周期短、叶片大、纤维率低，实际推广价值不高，且选育出的剑麻品种基本来自 H·11648，没有从根本上解决国内剑麻生产品种缺乏的现状，剑麻种植的品种结构仍需进行优化和更新。随着剑麻种质资源的不断积累与育种技术的改良，预计 2035 年能完成剑麻种质创新与高产高抗的剑麻育种利用（图 4-2）。推进过程中主要需要解决的制约困境如下。

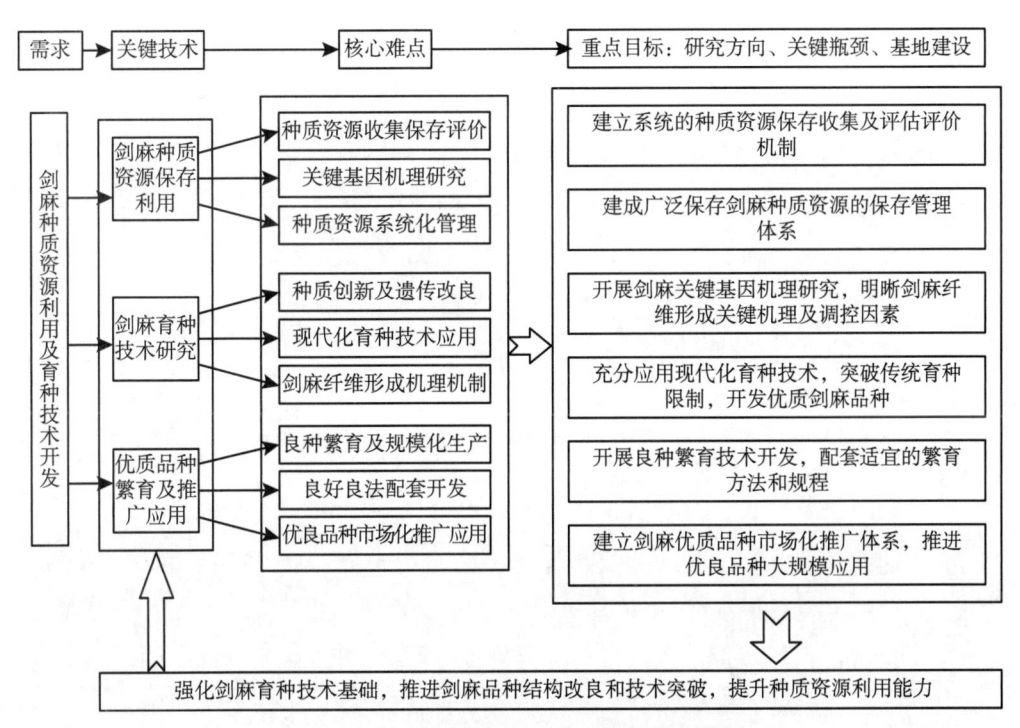

图 4-2　剑麻种质资源保存与利用发展路线图

1. 剑麻种质资源虽然较多，具有较高利用价值的资源很少

优质种质资源缺乏，具有特异性状如高纤维含量、高抗病（抗紫色卷叶病、斑马纹病、叶斑病等）种质资源的引进等工作亟需加强，针对性挖掘剑麻特异性基因及功能研究有待进一步推进。

2. 我国育成的剑麻新品种实际推广价值有限

目前大面积种植单一品种 H·11648 抗病性较差，长期的品种结构单一使得栽培的剑麻对病虫害的抗性降低，并在多地出现品种退化的现象，生产上已经显现很高的种植风险。

3. 当前剑麻育种方式仍以常规的有性杂交为主

剑麻生长周期很长（一般 10~15 年），且整个生育期只开一次花，加之各品种的花期不一致，导致育成优异新品种的难度较大，需要加强推进现代分子育种术的应用。

第三节　剑麻病虫草害防控技术开发研究

剑麻病虫草害种类多、影响大，时常暴发成灾，其发生范围和严重程度对剑麻生产常造成重大损失。历史上，斑马纹病、茎腐病和紫色卷叶病先后对我国剑麻产业造成毁灭性打击。经过多年的生产摸索和科学研究，我国已建立了以"农艺措施为主，化学防治为辅"的剑麻病虫草害防控技术体系，基本实现了病虫草害可防可控。由于麻园长期连作和作物及品种单一、长期使用一种或同类化学药剂、盲目大量施用化学肥料，导致病虫草抗药性上升、病虫暴发概率增加、防控难度和成本上升，造成面源污染等因素叠加，严重影响了剑麻产业的可持续发展。此外，亟需探明紫色卷叶病病原、致病机理及其针对性防治技术。

剑麻病虫草害防控技术开发研究对剑麻产业的长远发展具有重要意义，推动剑麻病虫草害防控技术研究可解决当前制约剑麻生产的主要瓶颈，促进剑麻产业的可持续健康发展。本章围绕剑麻的病害、虫害、草害三个方面的防控技术开发研究进行讨论，通过对比分析国内外的技术研究术水平，评定技术开发的领先地区，明确我国技术开发的国际水平，评判我国关键技术的实现时间及可能性，并展望技术研发应用前景。

一、剑麻病虫草害防控技术开发水平及领先地区

（一）剑麻病害防控技术开发水平及领先地区

剑麻常见病害有斑马纹病、茎腐病、紫色卷叶病、条纹病、炭疽病、黑斑病、褐斑病、叶斑病、溃疡病等。除紫色卷叶病外，我国对常见剑麻病害均已探明病原，斑马纹病、叶斑病、炭疽病、溃疡病、黑斑病、黑腐病等为真菌侵害引起，平行条纹病等为病毒引起，带枯病、褪绿斑驳、黄斑病、白斑病、皱叶病、枯斑病等为缺素引起。经过多年的大田生产实践经验积累和科学研究，剑麻主要病害防控技术已较为完备。生产上利用精细的农业栽培措施和健康的抗病种苗，结合化学药剂的合理施用，可实现包括紫色卷叶病在内的主要病虫害防治。由于精细的农业栽培措施和频繁的喷药防控需要大量的人工成本和较高的技术水平，各麻区病害的防控效果参差不齐。

国外剑麻产业主要受到茎腐病的侵扰，病害防控技术开发以茎腐病为主。相关研究工作揭示了茎腐病的病原为韦氏曲霉（而不是黑曲霉），其破坏了薄壁细胞和维管

圆柱体细胞，导致内部茎组织的坏死；分离了柑橘假单胞菌、伯克霍尔德菌等拮抗剂；研发了利用补充磷、硫、铁等的自然疗法。相关研究工作对平行条纹病的病原进行推测。通过元转录组学研究，获得了剑麻病毒（病毒组）多样性的信息。

结合科研情况和产业应用分析，在剑麻病害的防控方面，我国的技术储备和研发水平处于国家领先地位。

（二）剑麻虫害防控技术开发水平及领先地区

当前阶段，剑麻虫害防控技术已经较为完备，对新菠萝灰粉蚧等主要害虫的各虫态的形态特征、生活习性、生殖方式、发育历期、发育起点温度和有效积温等生物学特征及其发生规律研究已较为透彻。针对新菠萝灰粉蚧的防控技术较为完善，研究了低温和高温胁迫技术、辐射处理技术、溴甲烷熏蒸处理技术、新烟碱类等杀虫剂毒力、丽草蛉和隐唇瓢虫等天敌的生物学特性及防控技术、SS-ITS鉴定技术等。生产上主要通过合理施肥、合理密植、防除田间杂草、保持麻田通风等栽培措施，喷施化学药剂的化学防控措施，隐唇瓢虫等天敌防控措施等进行综合防控。针对红蜘蛛的防控技术较为完善，研究了虫螨腈悬乳剂、阿维菌素乳油、哒螨灵可湿性粉剂等药剂防控技术、复合微生物肥料等微生物防控技术、植保无人机防控技术等。

国外针对剑麻虫害防控技术的报道较少，一般针对其他经济作物进行研究。国外学者研究了"菠萝-粉蚧-天敌"之间的关系，对该粉蚧性信息素进行了初步的应用研究；研究了红蜘蛛不同温度下的生物学特征和生殖潜力、不同种群的生殖相容性、梨园中的种群动态，对阿维菌素等的耐药性及其相关的分子机制等。

结合科研情况和产业应用分析，在剑麻虫害的防控方面，我国的技术储备和研发水平处于世界领先地位。

（三）剑麻草害防控技术开发水平及领先地区

当前阶段，剑麻草害防控技术已经较为完备，包括传统手工除草方式、除草剂除草方式，以及非化学除草方式，即农业措施、机械除草、生物技术除草（覆草、生草覆盖、间作）、地膜覆盖、有机除草剂、热力除草、电力除草等。我国剑麻草害防控技术研究中较为成熟的技术手段是化学防控，通过人工或机械喷洒除草剂是较为常见的做法。科研团队持续调查麻园杂草的主要种群及其消长动态，并以此为基础进行剑麻园除草试验，明确了禾本科、菊科、莎草科等不同类型的杂草的适用除草剂种类、施药剂量、施药时期以及施药器械等技术要点；为了应对轻简化、规模化和集约化种植模式的发展，人力成本不断增加，研发了背负式喷雾器、自走式植保机、植保无人机等施药器械，明确了机械的相关技术参数。农业措施是一种环保、普遍的剑麻杂草防控技术。即通过拖拉机等动力装置拖挂各类农机具进行耕、翻、耙、中耕松土，杀除已出土的杂草或将草籽深埋，或将地下茎翻出使其干死。我国已研发了剑麻园杂草（含套种经济作物茎秆）粉碎还田机（黄标等，2017）、麻园 9 齿深松机、剑麻喷药机械（陈涛等，2021；陈长林等，2011）、麻园开双（单）沟施肥覆土多功能机及施肥起畦育苗多功能机等多种机械。间种的生物防治方法是较好的技术储备。采用间种豆科植物或多年生藤本植物覆盖控草可在一定程度上控制杂草的发生，其中间种花生、大翼豆具有明显的防控效果，且间种豆科植物能提高土壤肥力。与其他除草方式相比，利用火焰高温控制杂草具有杀草谱广、见效快的优势，除草的同时还能对土壤进行杀虫灭菌，但操作过程更需要经验和技巧，该技术使用较少。覆盖地膜是较好的技术储备，但由于经济因素限制，该技术使用较少。

结合科研情况和产业应用分析，在剑麻草害的防控方面，我国的技术储备和研发水平处于世界领先地位。剑麻一般种植于热带地区，巴西、坦桑尼亚、印度等主产区受经济和科技因素限制，杂草防治以人工除草、化学药剂除草为主，其他麻园除草方式未见报道。2010 年在印度奥里萨邦桑巴尔普尔市的田间试验，研究了麻田杂草管理方法对剑麻苗圃杂草的影响及其对苗圃中剑麻植物生长和土壤微生物的影响，明确了当地麻园的主导杂草物种、手工除草和化学药剂除草的杂草控制效率及其对苗圃中剑麻植物生长和土壤微生物的影响。

若杂草防控技术不再局限于麻园，我国的杂草防控技术开发水平处于平均水平。杂草防控技术水平不仅体现在除草效果，还体现在环保及安全性、机械化及智能化程度。对比国际杂草生物学研究水平、除草剂的效用及环保水平、除草设备的机械化及智能化的水平，我国杂草生物学研究在杂草稻生物学、寄生杂草生物学机制、外来杂草快速适应性演化机制、新型除草剂研发、除草剂效用及环境影响评价、植保无人机、智能除草机等领域的研究处于国际先进水平，但总体还处于赶超阶段。我国研发了北斗定位水稻机械智能除草机、播 / 插同步喷施除草剂装置、集成了传感器和变量喷雾装置的植保无人机、菜田高温火焰灭草技术及装备、"鲁宝 1 号"微生物除草剂、秸秆 / 水葫芦覆盖控草技术、果园生草栽培技术、稻鸭共作、稻鱼共作、移栽稻田机械除草装备以及轮作休耕等控草技术措施，但由于技术成熟度、应用成本、应用效果等方面的不足，其应用规模有限，尤其是针对麻园等小宗产业的杂草绿色防控技术储备缺乏。发达国家重视对杂草绿色防控技术的研究和应用。澳大利亚发明了在作物收获时同步破损杂草种子的破碎机，大大减少了对后茬作物田的杂草种子输入；美国、加拿大研发的微生物除草剂在农田杂草防控中发挥重要作用；欧美地区和日本研发出一系列机械除草装备，如大型火焰除草机、高温蒸汽除草机等，杂草雨刷机实现精确地涂抹除草剂，人工智能除草机器人可实现拟人工高精度自动除草、播种等功能（该机器人全球范围内已售出150台），多功能农业机器人可实现精准机械除草和喷洒农药除草，Tom机器人可实现精准电击除草；以草控草技术已在国外得到广泛应用。

二、剑麻病虫草害防控技术实现时间及可能性

我国的剑麻病虫草害防控技术已基本完善，如通过种植抗病苗实现紫色卷叶病的有效防治，通过以"治水"为核心的农艺栽培措施实现斑马纹、茎腐病等毁灭性病虫害得到有效防治，通过高效化学药剂实现新菠萝灰粉蚧、红蜘蛛等虫害的有效防治，通过人工喷施除草剂、机械犁耕翻埋等实现草害的有效防治。以当前的技术储备、在不考虑经济因素的前提下，实现剑麻病虫草害防控完全具备基础条件；困难在于，在保障具有竞争性的收益的前提下，实现剑麻病虫草害防控。预计经过大力基础研究和规模推广，2035年在保障具有竞争性的收益的前提下，可实现剑麻病虫草害防控。

（一）剑麻病虫草害防控技术主要制约因素

1. 抗病育种进展缓慢

目前生产上的主栽品种H·11648种植已有50余年的历史，占种植面积的98%以上。该品种抗真菌能力差，经几十年种植后品种退化严重，抗性明显下降，加上种植品种单一，导致病虫害不断暴发。

中国目前仅有种质资源160多份，且多数是从国外引进或从现有麻园选育出来的品系，遗传背景模糊，遗传基础狭窄，再加上剑麻生命周期长、育种效率低、倍性复杂等，给育种工作带来了很大的困难，尽管获得了一些优良的杂交后代，但迄今为止，未有一份种质的综合性状超过主栽品种H·11648。

2. 防治技术不够轻简、高效、环保

剑麻主要病害，目前的防治措施都是以农业防治为主，即通过控制麻园湿度、减少创伤、平衡施肥等措施以提高植株抗病性或阻止病原菌侵染，这种方式对防治该病害效果比较明显，但这种方法需要精细的管理措施才能达到理想的防治效果，工作比较烦琐，而且有些防治措施可操作性差（如调整割叶时间）。化学防治作为一种辅助防治手段，防治效果没有农业防治措施明显，但化学防治操作比较简单，防控技术容

易掌握，麻农易于接受。长期使用同一种或作用机制相同的化学药剂导致病虫草的耐药性增加，陷入药剂用量、频率、土壤残留不断增加的怪圈，亟需研制新型低毒环保药剂。生物防治具有无毒、无害、无污染、不产生抗药性等优点，但其防效慢、与化学防治冲突问题比较突出。剑麻抗性苗的繁殖和应用收到了理想的防治效果。

3. 机械化程度低，防治成本高

目前剑麻在田间管理（喷药、施肥、除草）以及病虫害防治方面主要依靠人力，尤其在广西，剑麻大多种植在土壤贫瘠、草荒严重的山头，无法进行机械化操作；加上人力资源缺乏，人工成本高，田间管理不到位；剑麻叶片呈螺旋状排列向上，防治过程中容易产生死角，加上叶片表面带有蜡质层，药液不易吸附，从而使病虫害的防治更加困难。

4. 资金、科研投入不足

由于国家缺乏相应的扶持政策，加上前期投入大，产业经济萎缩，种植者的积极性受到影响，人力资源投入锐减。开展剑麻研究的机构和团队少，科研投入严重不足，加上生产上不断有新的病害发生，科研工作者们很难全身心的投入理论研究，从而使理论研究严重滞后。如剑麻紫色卷叶病发生10多年以来，由于未能找出该病发生的真正原因，因此不能很好地防治该病的发生与蔓延，严重损害麻农积极性，剑麻种植面积锐减。

（二）剑麻病虫草害防控技术改进措施及其实现时间

1. 加大种质资源收集和鉴定

全世界龙舌兰科植物有21个属约670个种，种质资源十分丰富，在墨西哥，仅龙舌兰属就有200余种。中国现有剑麻种质资源约全世界的1/6，这其中仅有少部分进行了鉴定，其余种质的倍性如何、抗性怎样还不清楚。以当前的技术储备而言，实现大量的种质资源收集和鉴定完全具备基础条件，预计经过大力的收集和专项推进，在2030年可完成对90%以上的剑麻种质资源收集和鉴定。

2. 继续培育抗病新品种

利用有性杂交、无性选种、现代生物技术育种。转基因等生物育种技术已趋于成熟，以当前的技术储备而言，实现抗病品种培育完全具备基础条件，可以借助转基因工程、诱变育种、细胞融合育种、分子育种等途径，加快现有品种的遗传改良，预计在2035年可以实现抗病新品种的培育。

3. 加强病害防治措施的研究

农业防控技术措施在防治剑麻病害中起到很好的防治效果，目前生产上应用比较多，但因为该工作麻烦不易操作，部分麻农要完全按照该防治措施执行比较困难，因此应研发推广轻简化的农艺措施，如麻蔗等轮作、铜等中微量元素的施用方法等。化学防治手段具有防效快速的优点，而且剑麻是纤维作物，在剑麻上使用化学农药不会造成人体食用中毒的问题，可以选择性地使用低毒化学防治，建议加强化学防治药物的研制，尤其是土施药剂，为化学防治提供更多轮换使用的药物，提高化学防治的效果，同时建议研发适合麻田作业的喷药机械以减轻劳动强度，提高工作效率。生物防治具有无毒、无害、无污染、不产生抗药性等优点，建议加强生物农药、天敌防控技术的研发。以当前的技术储备而言，实现化学防控药物、生物防控药剂、天敌防控技术研发完全具备基础条件，但由于新病虫害的不断发生及病虫的耐药性，该项工作的实现处于动态进程。

4. 完善预警预报系统

在麻区建立多个剑麻病虫草害监测站点，对剑麻病虫草害进行监测预报，指导病虫害防治。建立并健全区域性统一高效的应急防控指挥体系，加强重点区域的应急防控设施设备建设，建立突发重大病虫疫情应急预案，做到准确、快速反应，采取科学的布控、隔离和封杀等应急措施，以有效控制危险性病虫害扩散和蔓延。以当前的技术储备而言，完全具备实现的基础条件，预计2030年可以建立完备的预警预报系统。

5. 加强基础理论研究

尽快鉴定紫色卷叶病等病原及其致病机理，以指导生产。植物受病原菌侵染后会产生防卫反应，大量的基因被诱导表达，从转录组水平和蛋白质水平研究不同剑麻种质在病原菌侵染后基因表达变化，筛选出抗病相关的重要功能基因，为培育抗病转基因剑麻提供基因资源，同时也助于了解剑麻病害的发病和抗病机理，为抗病育种提供理论依据。以当前的技术储备而言，完全具备实现的基础条件，预计2027年可以实现鉴定紫色卷叶病等病原及其致病机理。

三、剑麻病虫草害防控技术展望

由于紫色卷叶病、茎腐病、炭疽病等病虫草害的不断滋生，导致麻田管理成本增加、精细程度要求加大、麻田减产及失收风险上升，对现有的防治方法和措施构成极大挑战。为稳定我国剑麻产业的健康发展，需要充分重视剑麻病虫草害的研究工作，更深入地研究病原及其致病机理、发生流行规律，给出安全、高效、实用的防治手段和方法。

当前，国家对剑麻这种特色经济作物越来越重视，国家麻类产业技术体系和广东省现代农业产业技术体系对剑麻育种和剑麻栽培技术研究给予稳定的经费支持，农业农村部热作病虫害疫情监测和防治项目对剑麻病虫害的监测防治发挥巨大作用。

围绕轻简、高效、环保三个核心，通过加强化学防控技术、生物防控技术、抗病育种、监控体系建设、机械化防控的研发和推广力度，力争在2025年研发出一系列简单高效绿色的防控技术和方法，培育出一大批抗性好、产量高的剑麻新品种，剑麻紫色卷叶病、溃疡病等新老病害可以及时发现、研究、防治，促进剑麻产业的高质量发展。

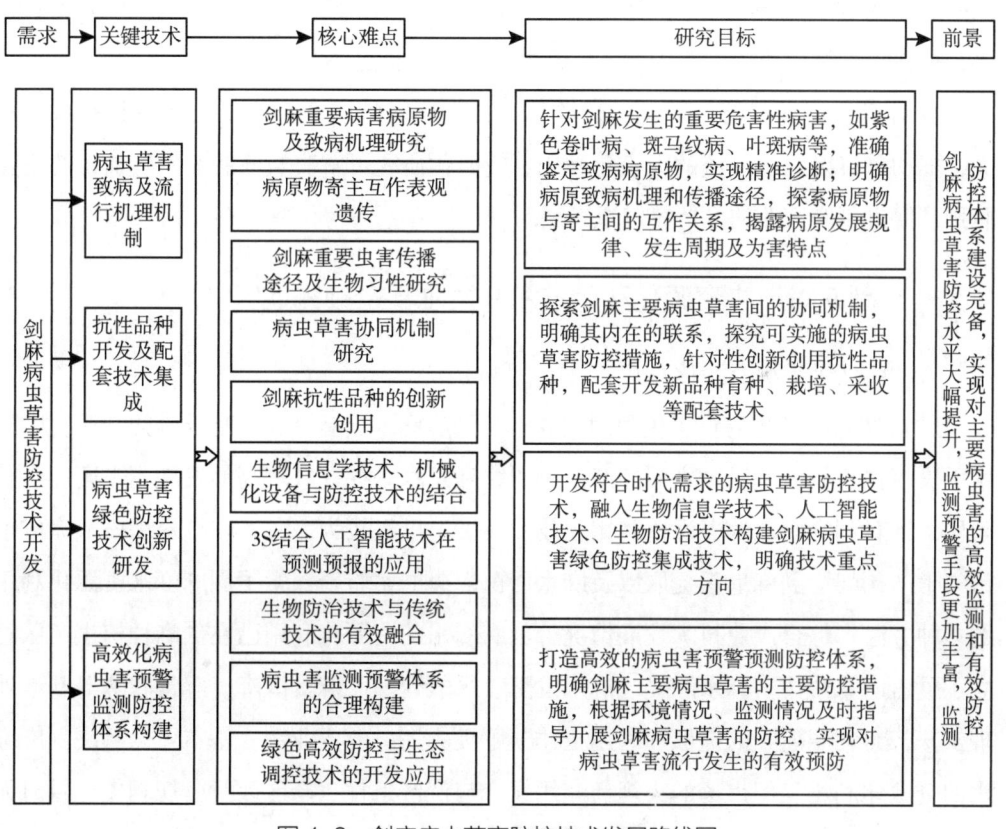

图4-3 剑麻病虫草害防控技术发展路线图

第四节　剑麻加工附产物综合利用

剑麻叶片在纤维抽取过程中需要用大量水冲洗，加工过程产生的麻水、麻渣未经处理排入环境会对环境造成污染。多项研究表明剑麻麻渣、麻水中含有丰富的果胶、皂素、纤维素、木质素等，麻水、麻渣中生物源物质的无害化、资源化综合利用可降低剑麻加工产业对环境的影响，优化产业结构，解决制约加工产业发展的瓶颈。我国剑麻麻水、麻渣的循环利用已有多项发展基础，剑麻皂素提取早已进入广泛应用，剑麻麻渣膳食纤维制备、剑麻果胶提取、剑麻麻水生产沼气等开发成功，麻渣回田已有实际应用；总体来说，剑麻麻水、麻渣的综合利用水平仍不高，在皂素提取、果胶提取中会引入有机溶剂导致产生新的污染物，膳食纤维、沼气生产总体系统构架不够完善，存在着亟待解决的限制因素，针对性研究进展推进不足。

针对麻渣、麻水的无害化、资源化综合利用对剑麻产业的长远发展具有重要意义，推动剑麻麻水、麻渣的无害化利用、资源化研究可解决当前制约剑麻加工的主要瓶颈，促进剑麻产业的可持续健康发展。

一、剑麻附产物资源化利用技术开发水平及领先地区

（一）剑麻麻水资源化利用技术水平分析

针对剑麻附产物的资源化利用主要涉及剑麻麻水、麻渣、短乱纤维的利用，因技术手段存在着较大差异，不同的产出物研究开发水平存在着较高的发展不平衡。当前阶段，针对剑麻麻水的资源化利用在技术发展上已经较为完备，在技术手段上完成了沼气生产构架、剑麻皂素提取以及麻水回田灌溉的实验，探索了剑麻麻水资源化利用的多种方法。综合产业技术发展情况，剑麻麻水的资源化利用已在剑麻种植生产区建立了覆盖麻水收集、麻水除臭、麻水发酵、厌氧处理、麻膏沉降、麻膏晾晒等基本处理工艺，对剑麻皂素的提取和利用也建立了极为完备的产业链，基本可以解决剑麻麻水的资源化利用，但市场的大规模应用投产与产区条件、产区政策密切相关，暂时无法完全实现麻水的资源化无害利用。

结合科研情况和产业应用分析，在麻水的资源化利用方面，我国的技术储备和研发水平处于国家领先地位，其中利用剑麻麻水制备剑麻皂素是我国最为优势的技术，不仅是在技术开发方面取得了多项研究成果，在生产应用方面也是全球剑麻皂素最重

要的产出地，建立了完备的产业链条；国外在剑麻皂素的制药产品开发方面具备相当的优势，其中美国在利用剑麻皂素制备甾醇类药物、蛋白激素类药物具有相当的研发优势。在沼气利用的技术储备上，得益于我国完备的工业基础条件，早在2006年我国曾对全球第一个剑麻麻水沼气发电项目进行技术援助（刘刈等，2016），为该项目提供所需的发电设备和技术培训，保障该项目的顺利实施，表明在剑麻麻水的沼气利用方面我国早已经积累了技术优势，能够独立完成对剑麻麻水的沼气化应用。全球目前只有坦桑尼亚真正利用剑麻麻水生产沼气用于生物发电，积累了一定的应用经验。

（二）剑麻麻渣资源化利用技术水平分析

剑麻麻渣资源化利用的技术研究中较为成熟的手段是肥料化利用，将麻渣用于堆肥后回田是较为常见和可行的储备技术，在堆肥时间、腐熟菌种以及种繁试验上进行了多种实验研究，获得了适用于技术应用的各项参数和技术要点，已经具备较为成熟的全套堆肥处理工艺；因实际生产条件的限制，部分地区未将剑麻麻渣堆肥直接还田，对所种植的剑麻后期病虫害的发生影响很大；利用剑麻麻渣制备膳食纤维、提取果胶、制备叶绿素铜钠等技术虽有所探究，但一直停留在实验室开发阶段，在实际的规模化生产中尚未见大量应用。

在剑麻麻渣的资源化应用研究中，我国研究人员对麻渣的堆肥处理已经在具体参数上明确了堆肥条件、堆肥时间、腐熟菌种等核心技术参数，建立了覆盖处理措施、环境设置、肥料生产的储备技术，在相关的技术研究上处于领先地位；国外在剑麻麻渣堆肥的技术研究中，肯尼亚利用剑麻麻渣用作平菇的肥料基质，开展了针对性技术完善和优化，着重建立安全的生产技术规范，希望能将相关技术应用于蘑菇的商业化种植；巴西的相关研究团队在剑麻麻渣的再利用方面做了探索，主要将其用于蘑菇种植的基质，在实现剑麻麻渣的资源化利用方面储备了一定的技术基础，但产业化的大规模种植方面仍未实现商品化生产。作为剑麻的主产国之一坦桑尼亚早在2004年开展利用剑麻麻渣种植蘑菇的探索，相关市场化应用仍未成熟。

（三）剑麻短纤维、乱纤维资源化利用技术水平分析

对剑麻的短纤维、乱纤维高值化利用研究，结合实际的应用情况，将剑麻纤维用于水泥基材料性能优化方面已经较为成熟，科研团队针对性明确了将剑麻纤维用于水泥基材料的优势，并明确了具体的使用参数和要点，相关的研究可见于国内外多种学术期刊；利用剑麻纤维制备特种纸张，自20世纪50年代便早已开展研究，经过技术

的不断探索和优化，明确了剑麻纤维纸张的高强度、透气、抗折的特性，在剑麻无纺布和特种纸张的制备开展的技术开发积累了一定的储备，为相关产品的技术应用奠定了基础。现阶段剑麻纤维特种纸张制备技术已经发展出较为成熟的产业结构，并形成了较大的产业规模。

得益于我国工业、基础设施建设、材料研究方面的基础，我国沥青路面技术在全球范围早已是领先水平，在利用剑麻纤维提升混凝土材料性能方面目前也居于领先地位，但在目前的短纤维综合化利用上探索不足，无法将短纤维利用与混凝土材料优化高效结合。在全球范围内，欧美国家在20世纪积累的先发优势仍然存在，尤其以美国所研制的专利产品，在市场上已应用多年，其主要是利用优质的商品化剑麻纤维处理后利用，未针对剑麻短纤维的利用进行探索。近年来印度在剑麻纤维应用于混凝土性能优化研究较多，期望能够在该技术的研究开发取得进展，在实际的应用中仍有待推进。

剑麻纤维相关的特种纸张的制备中，我国虽然早有研究人员进行技术开发探索，明确剑麻纸浆制备的特种纸张具有独特的理化性质，但我国在相关市场化应用中仍较落后，据剑麻从业人员披露我国广西农垦曾试图开展相关探索，最终因市场原因未能成功，但未来可期；巴西在剑麻纤维特种纸张的技术研究中处于领先地位，自20世纪80年代至今，储备了深厚的加工技术和生产经验。

二、剑麻附产物资源化利用实现时间及可能性

（一）剑麻麻水资源化利用的实现及制约因素

对剑麻麻水的资源化利用，我国的技术研究和成品推广已在部分产区初步实现，如麻水除臭经多年的研究已初具成效，剑麻皂素的提取利用工艺在我国已经成熟，麻水发酵的沼气发电在技术上已完成建立，但以全国各剑麻产区的情况来看，不同产区的技术应用水平不均衡，以当前的技术储备而言，实现剑麻麻水的资源化利用完全具备基础条件，预计经过专项推进，在2035年可完成对剑麻麻水的资源化无害化利用。推进过程中主要需要解决的制约困境如下。

（1）剑麻麻水产出的区域在目前较为分散

在剑麻种植区直接进行叶片加工的现状对剑麻麻水的集中处理是最重要的制约，集中处理难免增加运输成本，因而，选取适当的地理位置在不同产区建立集中处理厂是较为合适的解决办法。

（2）麻水沼气处理、皂素提取实现盈利困难

以现阶段的投入产出进行评估，完全依靠麻水的沼气处理、皂素提取实现较好的盈利极为困难，在工程建设的前期投资足以阻挡投资者的投资欲望。

（3）剑麻麻水在沼气产出量仍有待进一步技术优化

当前的产出水平仍不足以推进大规模的生产建设；

（4）剑麻麻膏的处理措施和提取工艺现阶段是分离的

剑麻产区负责麻膏的处理晾晒，提取工艺则主要位于湖南、江西等地，处理过程的分离导致了成本的增加和效益分配的不均衡；

（5）剑麻麻水的回田灌溉仍涉及核心技术难关的攻克

麻水营养成分、麻水酸值等问题制约着该利用途径的发展。

（二）剑麻麻渣资源化利用的实现和制约因素

在剑麻麻渣的资源化利用技术的探索和储备中，我国研究人员对多方面的利用途径展开了技术开发，涉及的应用途径十分广阔，其中最为成熟和应用较为普遍的便是堆肥处理（含直接还田），结合产麻区调研情况得知，利用剑麻麻渣处理后还田对植麻土壤的理化条件改善具有重要作用，在我国广东、广西剑麻种植区是较为常见的处理措施，而我国在该方面的技术储备也比较成熟，具备一定的领先优势，明确在未来十年内完全可以实现无害资源化利用。关于利用剑麻麻渣制备果胶、叶绿素铜钠和膳食纤维的技术开发，我国虽然开展了一些实验，但总体来说技术仍不成熟，在持续的开发研究中投入不够，短期内不具备大规模应用的可能。制约剑麻麻渣的资源化利用因素主要有：①剑麻麻渣分散的产出造成区域产出量大、局域产出量小，无法形成规模优势，从而压低平均投入成本；②利用剑麻麻渣制取有机肥的规范标准不够明确，整理的流程处理规范不足，相应的市场监管机制不够成熟；③剑麻有机肥的附加值不高，与其他生物源肥料相比优势不明显，需通过针对性复配方法提高有机肥的附加值；④与现有的多数提取来源相比，剑麻麻渣提取果胶并无突出优势，在中间产物处理过程中引入的有机溶剂如何有效处理亦是重大难题；⑤叶绿素铜钠、膳食纤维提取技术开发研究仅完成了可行性部分，在市场化应用和经济性分析仍存在短板，实用性探索还有待进一步加大力度。

（三）剑麻短纤维、乱纤维资源化利用的实现及制约因素

在剑麻纤维应用在混凝土材料的性能优化上，我国已经在技术研究、实际应用中取得了长足的进展，居世界领先水平，但结合短纤维、乱纤维的利用则有待进行整

体性的结构优化,实现低值产品的高值化利用;在利用剑麻纤维制备特种纸张的技术开发方面,我国虽然起步较早及具备了技术基础,并不断在研发上持续发力,但市场化应用方面远落后于世界先进水平。综合当前情况分析,对剑麻短乱纤维的利用具备实现的可能,在产业扶持和推动下,2035年完全可能实现,其需解决的制约因素有:①加工企业对剑麻短纤维、乱纤维的不规范管理,是制约短纤维、乱纤维应用的重要节点,对下游的产品质量影响甚大;②剑麻短纤维、乱纤维针对性脱胶工艺处理流程的完备性不足,剑麻短纤维、乱纤维的脱胶工艺流程系统构架能够保障产品的质量,是提升纤维利用的途径;③剑麻纤维专用纸张、无纺布的推广应用范围受限,进一步推进无纺布、专用纸张的市场应用,降低生产成本,促进其下游产业的发展;④强化相关企业的监管,保障相关产品的质量要求,促进国内剑麻特种纸张、无纺布利用的规范化利用。

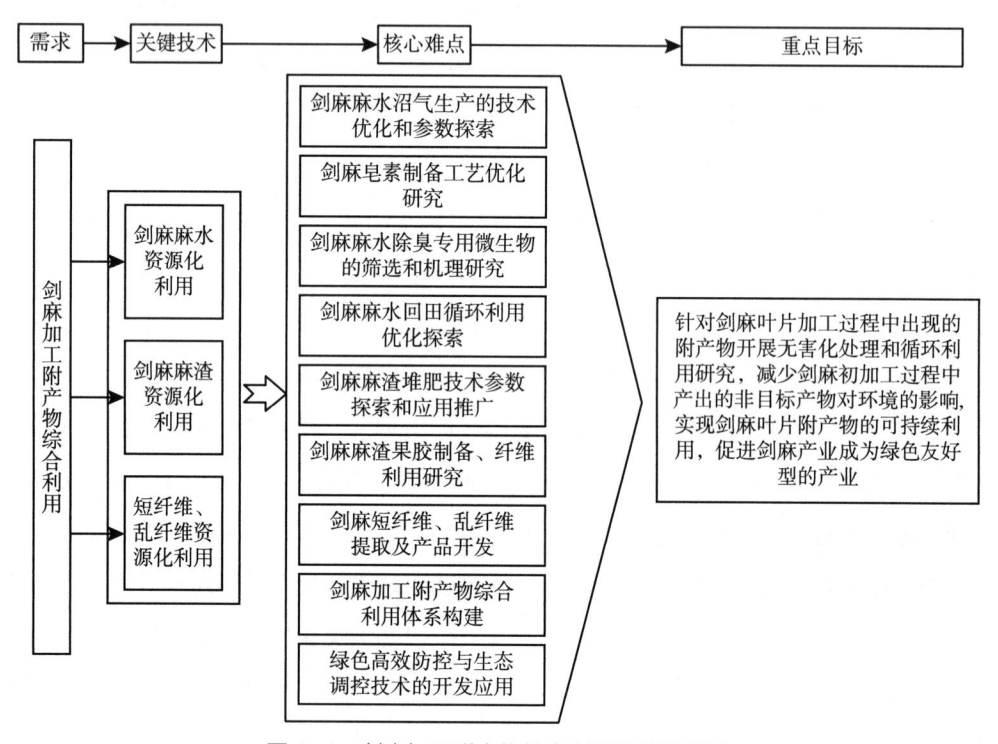

图 4-4　剑麻加工附产物综合利用发展路线图

第五节 剑麻纤维复合材料的研究与产业技术开发

随着环保理念发展和国家关于环保政策的长远规划，节能降本及可持续发展已成一般性要求，剑麻纤维作为一类绿色天然材料用于制造纤维增强复合材料，特别是一些可全降解的剑麻纤维增强复合材料受到了学术界与工业界的普遍关注。

开发高性能剑麻纤维增强复合材料，一方面可提供轻质高强、高性价比的先进复合材料广泛用于汽车零部件制造、建筑、基础设施建设和其他众多领域；另一方面则可为剑麻产业提供更广阔的应用出口，延长产业链条，提升剑麻产业发展水平，增加剑麻种植地区人民的收入。以剑麻纤维替代合成纤维，还可保护环境、节约资源，为可持续发展作出重要贡献。

为实现这些目标，需要凝练可行的技术发展路线，进一步突破关键技术，提升剑麻纤维增强复合材料的相关性能，着力开发新的成规模应用领域，提升制品质量稳定性和使用寿命，降低成本，并在全过程实现环境友好与可持续。

一、剑麻纤维复合材料发展水平与技术路线

（一）剑麻纤维复合材料发展水平

1. 剑麻纤维复合材料工业应用水平

汽车工业是当今工业领域最典型的代表，这里主要介绍和总结剑麻纤维增强复合材料在汽车工业领域中的应用状况。

剑麻纤维合成的聚合物复合材料具有韧性好、重量轻、隔热性好等优点，主要用于门板、轿车衬里、扶手等部件的加强筋。现代化汽车材料供应商的典型代表如Faurecia及其轻量化麻纤维材料。该材料将天然纤维注塑材料（一种添加约20%大麻纤维的增强聚丙烯材料）经开模技术实现材料膨胀，是注塑与发泡相结合，进一步减轻了材料的密度，并可加强制品的抗翘曲和抗弯性能。该材料在车用领域经过宝马X5系列平台的充分验证，可为剑麻纤维系列车用复合材料提供发展标杆，如显著的减重（可达30%）与良好的力学性能、充分的系统验证结果、良好的多种工艺适应性特别是注塑工艺，具备流变学模拟能力（Kannengiesser et al., 2021）。应用零件包括如仪表盘、门板和中控台，并由皮革或织物进一步进行装饰覆盖。

另据汽车材料网信息，梅赛德斯 – 奔驰 A 级车型天窗架、福特福克斯汽车发动

机护罩、标致雪铁龙 308 量产车型均采用了麻纤增强复合材料。还有消息称丰田汽车 2000 年在其汽车门板上大量使用洋麻材料。一些最新进展显示剑麻纤维的国外有关应用正进一步向列车内饰拓展（Jagadeesh et al., 2022）。

近几年，国内的汽车零件制造企业也在相关领域与国内高校和研究机构合作发力。2021 年 11 月 3 日召开的 2020 年度国家科学技术奖励大会上，长春博超汽车零部件股份有限公司、中国人民解放军军事科学院系统工程研究院军需工程技术研究所、吉林大学、天津工业大学共同凭借研发项目"固相共混热致聚合物基麻纤维复合材料制备技术与应用"，荣获国家科学技术进步奖二等奖。宁波华翔在近年逐步拓展了碳纤维和自然纤维新材料等新业务，在车用自然纤维领域是全球第二家、国内唯一一家供应商，全球市场份额达 30%。东风汽车与其他一些汽车零部件公司也都曾涉及剑麻增强汽车内饰零件的设计与生产专利。

2. 我国与世界的研究与应用情况对比

世界范围内，发达国家率先启动剑麻纤维增强复合材料的开发与应用。发达国家对剑麻纤维等为代表的天然纤维增强复合材料早在 20 世纪中期便已进入汽车领域，基体材料、增强材料改性和相关的工艺和装备技术均走在前列。近年来，从研究论文发表与专利申请的情况看，印度、南美、非洲等国家和地区对剑麻纤维增强材料都有越来越多的研究，结合最新的合成和天然基塑料的发展，有一系列系统的基础研究成果发表，在实际的应用场景中，以欧美国家为主的发达国家在该方面积累的技术优势仍然存在，其他地区虽在增加对该方面的研究，但应用层面有所滞后。

我国在 20 世纪 90 年代开始剑麻纤维的基础研究，近年在多方面均取得了长足进步并在实际应用中有所进展，开发制备了许多具有优秀性能的材料。中山大学于 2005 年便开始有关研究并申请了 SF+PP 层压制备复合材料的专利；广西南宁师范大学在淀粉基剑麻复合材料方面有系列专利，涵盖高强度、高耐热性、疏水性等方面；桂林理工大学针对剑麻纤维及相关材料开展了大量的研究，特别是在剑麻纤维微晶的开发应用方面有丰富的成果（He et al., 2021）。其他省份也有相关的科技公司在这方面做了研究开发，力图在剑麻纤维复合材料的开发和应用打下基础，如 ABS 基与 PP 基增强塑料、PBS 基吸声材料、PVA 基抗菌薄膜、PLA 基与 PP 基汽车内饰和增强沥青产品，还有一些科研单位对再生塑料的剑麻纤维增强应用作了研究并取得了一定成果。

（二）剑麻纤维复合材料的技术开发路线

不同的路线有不同的发展模式、规模程度，相应地其合适的开发主体也有不同类型，也应采取不同的技术与市场开发策略。依据目前的研究和专利申请状况，发展剑麻纤维增强复合材料可考虑以下几大类的技术路线。

1. 一般力学性能增强塑料

以力学性能为主要应用要求，兼顾轻质、低成本、耐久性与绿色环保。目前最突出的技术难点在于剑麻纤维本身的力学性能相较合成纤维及其他典型的竞品天然纤维并不具备突出的优势，其应用受到较大限制。因此，该类材料适用于对力学性能的要求实际并不是太苛刻的场景，特别是有轻量化要求的应用。另外，通过对高强纤维的部分替代，也可能进一步降低材料制造成本，如在碳纤增强塑料中部分替代碳纤。

这一路线中，作为汽车内饰材料的应用已经取得成功，并在向发动机舱等乘员室以外的区域扩展。此外，汽车轮胎、列车内饰等应用场景也已有一些研究与应用。随着此类材料的用量不断增大，其回收再利用及降解处理也将成为重要的考虑因素。

主要技术问题一般通过纤维改性、基体选择及相关助剂添加等方式进行解决。此外，进行合理的结构设计也非常重要，如设计多层结构、空心结构，复合不同的面层、芯层等。

2. 普通可降解塑料

对力学性能并无特别的要求，但潜在应用场景众多，现有的如家居、餐饮、文娱等领域。需求较高的方面有环保健康特性、良好的降解能力、较低的成本以及灵活便捷低耗能的成形能力等。现已见一些家具、包装、玩具、体育器材、建筑消声、3D打印、医用等方面的应用。

这类材料共性的技术开发在于进一步降低成本、保证环保健康，部分应用要求材料需要具备一定的外观性能，如金属质感。

如果能做到合适的成本，该路线有较大的发展潜力，但因应用分散，个性化需求更为突出，且竞品材料较多，技术壁垒较低，该路线或不易形成稳定的规模化应用，需要更多地结合地域特色从市场开发与运作模式入手做思考。

3. 复合混凝土及路桥材料

混凝土基体属陶瓷类材料，其亲水性与天然纤维可形成较好配合，复合混凝土材料较普通混凝土具有更高的抗拉强度和抗裂性能，带来更好的应用维护特性，有较好的开发与应用前景。相较矿物纤维与合成纤维，绿色环保的剑麻纤维具有较强的竞争优势，目前已经有一些实际应用案例，如前述南水北调渠道衬砌、输水渡槽及浙江鹿山大桥索塔等工程混凝土，其综合成本有一定的下降。

沥青基复合材料也是应用前景和规模都比较大的一类材料，多应用于路面工程，但在其他土木工程领域也有一些应用。

以地聚合物为原料的新式混凝土目前也受到较多关注。它的特点是脆性较大、抗折性能差，因此以纤维增强是重要的性能改善途径。剑麻纤维在这一领域的研究与应用还处于起步阶段，但发展历程或类似于已有的混凝土复合材料。

在该路线中，主要技术问题集中在不同应用场合下的剑麻纤维应用参数试验，还有一些根据具体应用的需求而进行相应的技术攻关。目前主要由路桥建设单位联合一些高校科研机构开展相应的实验和试用。

4. 建筑材料

建筑材料方面，应用场景也比较丰富，树脂基、陶瓷基复合体系均可以发展，但除了型材，还有涂料面层等材料形式。目前的应用案例有增强水泥砂、保温砂浆、墙面复合涂料、复合板材、增强石膏以及一些力学性能要求不高的骨架材料等。在木塑复合材料方面，也可见一些专利涉及掺入改性剑麻纤维，但剑麻纤维的用量一般不大。该路线涉及的不同应用场合对材料的共性要求多在降低成本和保证使用性能方面，剑麻纤维以其绿色环保的优点有较大的竞争优势。

5. 复合功能材料

剑麻纤维应用的另一个重要增长点在复合功能材料方面。除了前述以力学性能为主要出发点的增强类复合材料，剑麻纤维可与多种高分子物质复合制备电磁、太阳能、载药及形状记忆等功能聚合物材料。当前主要的研究机构代表是桂林理工大学等单位。

该路线目前还处于基础研究和试制阶段，但显示了剑麻纤维具有更进一步的高值化应用潜力，其深入开发还有待相关应用市场需求的进一步明确，目前可跟进考虑剑麻纤维系列原料的制备、选用、改性及材料复合方法。随着对智能材料技术的需求不断增加，有望培育出新的剑麻纤维复合材料成为剑麻行业的增长点。

二、剑麻纤维复合材料发展的机遇

（一）剑麻纤维复合材料发展的制约因素

当前与未来较长时期，剑麻纤维主要是作为力学增强材料进行使用，但要使复合材料获得良好力学性能，在剑麻纤维的自身特性方面，需要克服一些关键技术问题。

一般而言，纤维增强复合材料的力学性能的影响要素包括以下方面：①增强用纤维（或微纤、微纤晶体等）种类；②基体材料种类；③纤维与基体间的相容性（或称为结合力、黏合力、黏合性等）；④纤维在基体中的分散性；⑤增强纤维取向；⑥加工成形方法选择；⑦纤维增强聚合物中的空洞与微小孔隙。对于剑麻纤维增强复合材料，其中的③与④属于关键技术方面，且随着相容性的增加，增强纤维的分散性也更易得到改善；⑥与⑦属于加工工艺与装备技术方面。

除了最主要的力学性能，一些辅助性能对剑麻纤维增强复合材料的应用也至关重要。首先是复合材料自身的阻燃性能（黄孝华等，2020），剑麻纤维作为天然纤维具有易燃的特性，应用过程中的消防安全是关键制约条件之一。其次，剑麻纤维的耐热性能对其成形加工及应用也是主要的影响因素。最后，剑麻纤维较强的吸湿性（Song et al., 2011）可能会显著影响制品的中长期使用性能，决定着制品的有效使用寿命。

1. 剑麻纤维表面与基体材料间的界面相容性

首先，剑麻纤维表面化学结构以极性较强的羟基为主要代表，与非极性分子构成为主的传统基体材料（如PE、PP等）的相互浸润性较差，导致较大的界面张力，极不利于从基体到增强纤维相间的载荷传递。这也是所有类型的天然纤维所面临的首要技术问题（Luo et al., 2018）。

其次，不同剑麻纤维丝间的相互作用较强，存在较多的氢键作用，也不利于剑麻纤维在基体材料中的分散（吴玲燕等，2016）。这带来的问题一方面包括剑麻纤维增强相的添加量不能太高，削弱了剑麻纤维对合成纤维的替代能力，限制了剑麻纤维对复合材料力学性能的增强能力；另一方面，对加工工艺的纤维分散能力提出了较高的要求。剑麻纤维在复合材料中的取向分布，也受到纤维间及纤维与基体间相互作用的影响，进而影响复合材料整体的力学性能。

再次，剑麻纤维的吸水性也是关键技术问题（Mishra et al., 2004）。因表面结构多含羟基，剑麻纤维极易吸水，这不利于剑麻纤维与基体间的良好结合，也不利于复合材料的尺寸稳定性，并进一步对复合材料的使用寿命产生一定的影响。上述问题均与剑麻纤维表面化学结构有关。

因此，合适的剑麻纤维的表面改性（Kurien et al., 2021），极大地增强剑麻纤维与基体间界面相容性、界面结合力，是成功开发高性能剑麻纤维增强复合材料要解决的关键问题之一。表面改性还可以获得更好的增强相的分散性和更好的取向控制能力，可进一步扩大剑麻纤维的添加量，使剑麻纤维增强复合材料具有更强的性能设计能力。

2. 剑麻纤维复合体系的耐热与阻燃性能

剑麻纤维增强复合材料的耐热性和阻燃性关系到材料的加工、适用面和使用安全，因此被列为第二个关键技术问题。

研究表明所有的天然纤维在160℃以上时全部失效，但对剑麻纤维增强复合材料的热稳定性的研究相比力学性能而言要少得多（Veerasimman et al., 2021；Wu et al., 2016）。通过表面改性、第二增强相或填充相，剑麻纤维增强复合材料通过剑麻纤维与基体作用加强以及一些杂化效应，热稳定性可获增强（Liu et al., 2014）。

剑麻纤维等天然纤维均具有较易燃烧的特点。剑麻纤维要广泛地取代玻纤，使剑麻纤维增强复合材料更多地应用于国民生产生活领域，必须要解决其易燃的问题（Chu et al., 2018；Chu et al., 2019）。

3. 加工成形技术及相关的智能装备技术

剑麻纤维增强复合材料的实际应用离不开材料成形，成形技术与剑麻纤维长度和形态均相关。作为复合材料增强相的剑麻纤维一般长度在10毫米左右。长度过大对一般的剑麻纤维复合材料制品的力学性能是不利的，实际上这里认为其根本原因是过长的纤维不能很好地适应相关的加工成形技术，分散性差。很多研究采用十几毫米级别长度的剑麻纤维，即长纤剑麻纤维需要做裁切后才能添加到基体中。适当的纤维长度，还可以改善剑麻纤维在基体中的取向，进一步保证复合体系具有较好的力学性能，以更好地满足实际应用的要求。从另一角度看，与韧皮纤维相比，剑麻纤维作为叶纤维其单纤长度通常可达 1~1.5 米，但未见研究对此提出特色化的利用方式。前述剑麻纤维形态均为无序分散非织就状态，剑麻纤维以织就形态作为增强相的研究还比较少。剑麻纤维织就物作为增强相可提供更强的材料性能设计能力，便于拓展剑麻纤维增强复合材料应用，相应地也需要有对应的高水平工艺与装备，以实现其生产的自动化与智能化。

相关的生产制造装备是实现大规模、定制化、低成本等新型柔性制造的关键，也是更好应对和覆盖众多应用领域的关键。因其技术密集特性，目前这方面的集中研究和总结尚未见到，该领域多数被国外工业装备巨头掌控。

（二）剑麻纤维复合材料发展的机遇

相比于合成纤维，剑麻纤维机械强度较差、纤维/基体附着力差、熔化/失效温度较低（Chandrasekar et al., 2017），在大规模应用上仍受到相当的限制。随着剑麻纤维改性技术走向更加环保与成熟，结合剑麻纤维自身不错的机械性能、低密度、产量提升空间、低碳绿色和可持续性，再结合可生物降解基体材料的不断研发推进，剑麻纤维增强复合材料是当前剑麻纤维应用中具有重要发展潜力的领域。

世界范围内，随着合成纤维技术的迅猛发展，同时受到其他天然纤维的竞争，剑麻纤维一度遇冷。在绿色理念深入人心的今天，剑麻纤维再次迎来新的发展机遇。剑麻纤维增强复合材料在一些同时具有轻量化和中等力学性要求的应用场合已经找到了相应的应用市场。在工业领域中汽车内饰板、发动机舱部件等方面已有成功应用。在土木工程领域，剑麻纤维增强复合材料的应用普遍受到了重视，特别是水性混凝土、砂浆和道路工程等方面，已经有相当的基础与应用研究基础，可以期待规模化的商业应用。目前，非洲、南亚、南美等地区国家均加强了剑麻纤维增强复合材料的相关研究。日本、韩国近年都有系列新的技术储备。

在剑麻纤维增强复合材料的技术探索方面，我国与世界先进水平相比并未见明显地落后，但在工业应用上，由于发达国家很早就开始了相关基础与应用研究，我国需要在基础研究、技术与装备开发、政策与标准体系等领域进行全面追赶和超越。近年我国相关专利申请数量远超国外，显示剑麻纤维增强复合材料相关领域有较快的增长。相关的科研项目资助、从事相关研究与开发的单位也已经有相当规模，但地区性较强，在标准制订与政策引领方面特别是在国家层面上的努力明显不足。经过前一个剑麻研究高峰期（2000—2012年），目前研究热度处在回落阶段（李菊馨，2020）。

剑麻纤维复合材料未来的发展趋势在于进一步拓展多样化应用、突破关键技术提升材料的技术性能、与其他天然纤维并行与差异化发展、复合材料功能化与全纤维素复合材料。随着技术发展，全纤维素材料成为可能（Elseify et al., 2021），剑麻纤维及其增强复合材料会迎来更多种类的潜在需求，甚至可能出现全剑麻纤维素纤维材料，这或许是剑麻纤维未来的重大发展机遇。

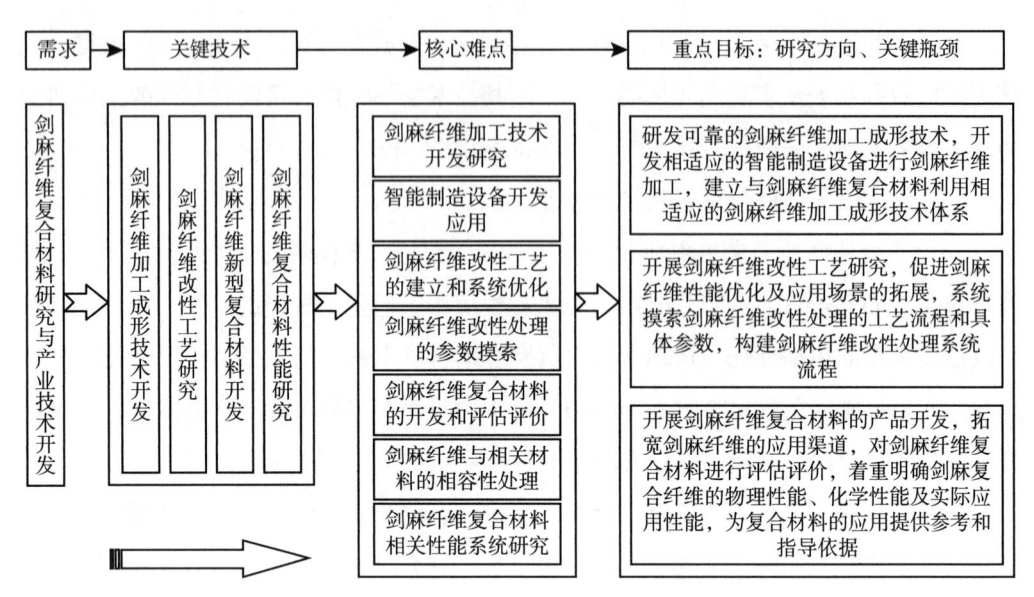

图 4-5　剑麻复合材料研究与技术发展路线图

需求	关键技术	核心难点	重点目标：研究方向、关键瓶颈
剑麻纤维复合材料研究与产业技术开发	剑麻纤维加工成形技术开发；剑麻纤维改性工艺研究；剑麻纤维新型复合材料开发；剑麻纤维复合材料性能研究	剑麻纤维加工技术开发研究；智能制造设备开发应用；剑麻纤维改性工艺的建立和系统优化；剑麻纤维改性处理的参数摸索；剑麻纤维复合材料的开发和评估评价；剑麻纤维与相关材料的相容性处理；剑麻纤维复合材料相关性能系统研究	研发可靠的剑麻纤维加工成形技术，开发相适应的智能制造设备进行剑麻纤维加工，建立与剑麻纤维复合材料利用相适应的剑麻纤维加工成形技术体系。开展剑麻纤维改性工艺研究，促进剑麻纤维性能优化及应用场景的拓展，系统摸索剑麻纤维改性处理的工艺流程和具体参数，构建剑麻纤维改性处理系统流程。开展剑麻纤维复合材料的产品开发，拓宽剑麻纤维的应用渠道，对剑麻纤维复合材料进行评估评价，着重明确剑麻复合纤维的物理性能、化学性能及实际应用性能，为复合材料的应用提供参考和指导依据

第六节 剑麻加工技术革新与开发

一直以来，剑麻加工的投入较小，加工技术手段相对落后，除了农垦剑麻加工企业以外，部分工厂规模小、设备简陋、加工分散、高端产品缺乏、产品结构单一、质量差，未能形成集约化和规模化经营，不能体现资源优势和行业优势。目前国内的剑麻加工技术研究主要集中在纤维初加工研究方面，而剑麻深加工等方面研究投入较少。因此，在剑麻加工技术研究方面，通过技术革新研制出一种自动化程度高、工效适中、操作轻便、产品品质高的初加工和深加工技术，是剑麻生产加工上迫切需要解决的问题。

随着技术的发展，剑麻加工机械的性能大幅度提升，产品产量和种类逐年增加，针对剑麻加工技术的革新，对剑麻产业的长远发展具有重要意义，推动剑麻初加工和深加工的研究可解决当前制约剑麻生产成本高和效益低的问题。

一、剑麻加工技术开发水平及领先地区

（一）剑麻纤维初加工处理技术水平

针对剑麻初加工技术革新主要涉及了剑麻排麻上料、刮麻、压水、脱胶、洗纱、理顺、干燥、打包入库等技术的革新，在不同的工序中，每一道的加工技术水平差异较大。目前，大部分地区初加工技术水平较高，研发和应用了主要的生产设备，包括齐头机、自动刮麻机、纤维压水机、纤维圆梳机、纤维抛光机、纤维干燥设备、纤维打包机及乱纤维回收机等。通过初加工的机械化，较好地完成了麻片分级、麻片机械削尖、"罗比式"刮麻、蒸气烘干、机械打包、机械回收纤维等，基本实现了剑麻纤维初加工装备化的流水线作业，在相关的生产技术和研究上处于国际领先，但是，在理麻加工工序上仍然存在一定困难。虽然从2008年3月1日起实施剑麻加工机械理麻机标准（NY/T258—2007），适用于将剑麻直纤维梳理牵伸成符合并条工艺麻条的机械，但国内不少地区尚未实施该标准，仍然采用人工理麻。

另外，不同地区工业化水平差异较大，除广西和广东农垦等少数几个国有单位基本实现剑麻机械化加工外，其他小规模的剑麻加工厂和农户进行半自动化或手工刮麻方式的还比较多，特别是分散农户，由于种植面积小且分散，实现剑麻自动化机械加工难度较大。农户为了节约成本，通常通过手拉式刮麻机完成剑麻加工，所加工的剑

麻纤维质量较差，含杂率高达 5%~10%，乱、断纤维严重，导致纤维卖价不高，进而影响了农户种麻的积极性，不利于剑麻产业和剑麻加工机械产业良性发展。近年来，由于地租和人工成本的逐年增加，分散式种植和加工越来越少，一定程度上也影响了剑麻产业的发展规模。

在剑麻初加工机械标准上，对相关技术规程和规范标准进行制定，相关标准基本满足剑麻加工机械的发展。剑麻加工机械标准的完善，能更好地规范剑麻加工机械的设计、制造、工作方式等环节，更好地促进剑麻产业和剑麻加工机械产业的发展。

（二）剑麻纤维加工技术水平

我国大规模栽培剑麻已有 50 多年的历史，但与墨西哥等国家相比，我国的剑麻产品还大多集中在初级制品以及半成品的开发，高精尖深加工产品开发较少，经济效益相对较低。现阶段我国剑麻加工主要集中在剑麻绳、剑麻纱条、剑麻布、剑麻抛光轮、剑麻地毯、剑麻袋、剑麻工艺品的生产与开发，深加工技术较为落后，呈深加工产业零散、规模小的特点，尚未形成规模化生产、行业性经营模式。随着人们对剑麻制品的不断研发和利用，剑麻制品已从过去的农用产品、工业用产品发展到家居用品、医药用品、建筑材料、汽车材料、宠物用品和工艺用品等，用途越来越广泛，剑麻已成为一种不可或缺的资源。不断加大对高档剑麻产品加工技术的研究与开发显得尤为重要，我国急需从技术层面推动剑麻产业发展，以能提高经济效益，保障剑麻健康发展为目标。

随着剑麻纤维的高端应用受到关注，其深加工技术的研究与应用在国外发达国家发展明显比我国快，其中比较受关注的是剑麻复合材料。复合材料具有质轻性能强、可设计、易于实现结构 – 功能一体化（吴傲，2019）。近几年，世界各国的许多复合材料领域的科研人员对天然纤维在复合材料领域的应用特别感兴趣，国外在高性能植物纤维及其复合材料的应用开发方面进行了大量的研究工作（Arevalo-Gallegos et al., 2017; Wu et al., 2020），取得了较大进展，特别在植物纤维的高效增值利用领域（Zuccarello et al., 2018），欧美日等发达国家远远领先于其他国家，已研制出多种植物纤维复合材料制品，如植物纤维复合材料的飞机内饰壁板、自行车车架、车衬板、头盔、滑水板等。

二、剑麻纤维加工技术革新的实现及可能性

（一）剑麻纤维初加工处理技术革新的制约因素

在初加工方法设备基础上，采用新的剑麻叶片加工方法及其与之配套的设备，进一步提高剑麻纤维的生产管理效能，可以提高纤维综合质量和抽出率，减少加工工序，降低了刮麻成本。农垦有种植和加工剑麻的完整产业链，也有土地、资金、组织等方面的优势资源，与同行业的企业相比优势明显，但其管理粗放，剑麻深加工水平低，与同行的先进企业相比，还有很大差距。

就麻产区的情况来看，不同产区的技术应用水平不均衡，从当前的技术储备来看，实现剑麻初加工技术革新完全具备基础条件，经过政策推动和产业竞争推进，在2030年可完成对剑麻初加工的技术革新。推进过程中主要需要解决的制约困境如下。

1. 机械化程度不高

除少数几个国有单位基本实现剑麻机械化加工外，其他的均为小规模的剑麻加工厂和分散农户，生产方式落后，该方式价格低廉、结构简单、操作方便，但产品质量难以保证，劳动强度大，且安全性差。

2. 产品设备性能不够完善

由于剑麻加工机械生产厂家较多且企业效益不理想，缺少投资动力，部分厂家技术创新能力不足，生产的剑麻加工设备技术含量较低，生产设备性能不够完善。由于缺乏完善的生产条件和规范性，生产的剑麻加工机械很难实现标准化，从而导致相关机械零件不能互换，通用性差，严重阻碍了剑麻加工机械的发展。

3. 加工纤维质量较差

不同工厂使用的加工设备水平差异较大，受到剑麻加工机械设备所限，所加工的剑麻纤维质量差异极大，特别是采用加工设备陈旧落后的刮麻设备产出的纤维质量较差。

4. 剑麻加工设备研发人才和投入不足

剑麻目前属于小众且效益不高的行业，总体研发资金投入不足，主要表现在设备更新缺乏积极性，设备研发缺乏资金。国内从事设备革新技术研究的研发人员愿意从事剑麻加工设备研发的人数有限，投入的精力有限，大型科研机构对其资金投入和人才投入积极性不强。

（二）剑麻纤维加工技术革新的制约因素

农垦系统剑麻产业已有良好基础，形成了传统剑麻纤维的产供销链条，通过开拓剑麻纤维的深加工技术革新进行高端应用，进一步提高剑麻纤维的应用品质和附加值，可以成为剑麻纤维领域国内领先甚至国际领先的产业基地。关于剑麻纤维加工的技术革新，我国虽然开展了一些设备研发，并且也对精细加工方面进行了不少研究，但总体来说技术仍不成熟，从试验向工业化生产转变需要一定的周期。预计在2035年可完成对剑麻部分深加工的技术革新。推进过程中主要需要解决的制约困境如下。

1. 剑麻加工产品应用水平低

剑麻产业在国内已有很好的基础，但目前主要的加工产品是剑麻绳、剑麻纱条、剑麻布、剑麻抛光轮、剑麻地毯、剑麻袋、剑麻工艺品等中低端产品；剑麻纤维的精深加工产业有待提升，主要是精细化与智能化方面需要不断提高，特别是剑麻产品的高端应用。

2. 材料复合技术水平低

剑麻纤维深加工产品的高端应用关键，是剑麻纤维与树脂的复合技术和增强复合材料技术，该技术在国外开始应用于汽车轻量化、飞机内饰壁板、自行车车架、车衬板、头盔、滑水板等。高性能剑麻纤维增强复合材料技术的提升会直接推动与支撑高性能剑麻纤维增强复合材料制品的应用领域与市场，从而促进高性能剑麻纤维增强复合材料制品产业发展，进而带动剑麻的种植产业、剑麻纤维的加工产业发展，使高性能剑麻纤维及应用产业链整体效益提升。

3. 加工工艺需要优化

随着剑麻制品向精深层次发展，细号纱、纤维软化、染色、漂白、拉力强度等是高档剑麻制品的关键，目前国内大部分技术都处于试验和小规模生产阶段，若要推动产业产制品走向高端精尖市场，需要系统性优化加工工艺流程。

4. 技术成果转化率低

目前大部分剑麻深加工材料，特别是复合材料技术都停留在实验室水平，产业化生产程度不高，需要通过工程和生产技术，将论文、专利等成果逐渐转化为生产能力，推动科技研究成果与实际应用的有效衔接，进而促进产业向好发展。

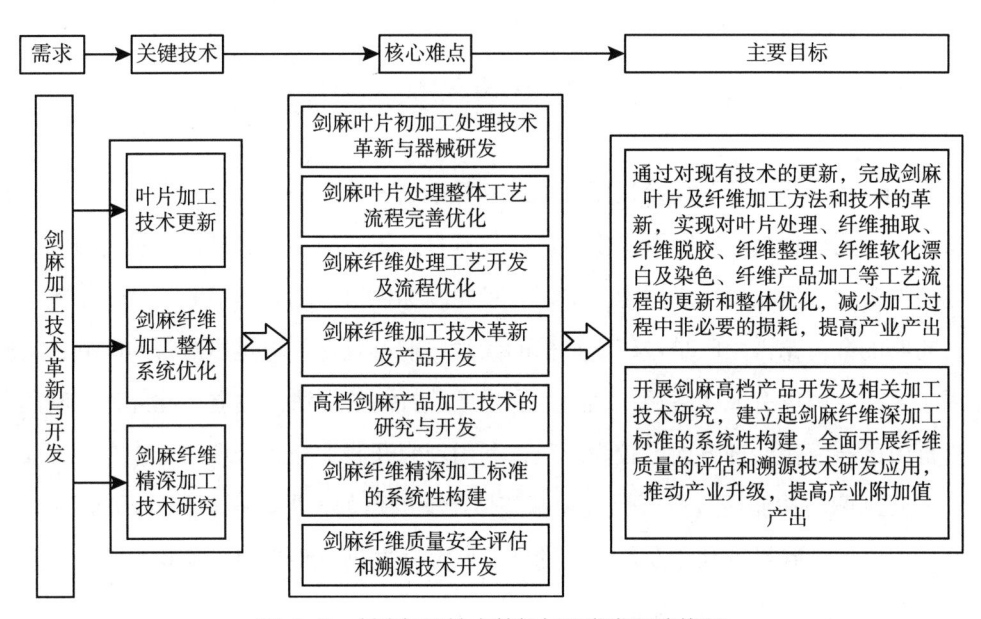

图 4-6　剑麻加工技术革新与开发发展路线图

第七节　功能型剑麻应用开发

在剑麻的应用中，除传统用于提取剑麻纤维这一用途外，根据剑麻特点及品种特性拓展其使用场景具有实际可操作性。叶片挺直呈剑型的剑麻是较好的景观植物，具有极高的观赏价值，可用于绿地、护栏、景观园林种植，剑麻耐旱的特性便于园林管护，同属的金边龙舌兰已是被广泛种植的景观植物；龙舌兰酒是墨西哥的国酒，剑麻酿酒研究在我国也有成功案例，利用剑麻生产跌打酒的方法已建立；此外，在利用剑麻进行山区石漠化治理方面已较为成熟，利用剑麻开展重金属治理的工作有了扎实基础。拓展剑麻的功能性应用可促进剑麻整体产业的蓬勃发展，强化剑麻的科普宣传。然而，国内对剑麻景观利用及剑麻酒的产业研究开发仍不够重视，景观剑麻及剑麻酒的整体市场规模仍然较为小众。

加强多用途剑麻在不同场景的使用，拓宽剑麻的应用市场，对提升剑麻整体产业的产值和结构优化具有有效的促进作用，可进一步推动剑麻的产业升级。在现有基础上，需针对性开发专用景观剑麻、酿酒专用剑麻，通过遗传育种、杂交育种、品种改良等技术，根据需求提高剑麻的外在形态、有机物质含量等重要特性，以开发出适应特定环境的专用剑麻品种。

一、功能型剑麻技术应用水平

（一）功能型剑麻（龙舌兰）品种选育和应用技术

功能型剑麻（龙舌兰）品种的选育主要有观赏型、脆弱生态区及重金属污染区修复、酿酒型等。由于不同剑麻品种的形状千姿百态，颜色多种多样，许多品种具有很好的观赏价值；同时，剑麻具有耐寒、抗病、适应性广等特点，适宜于长江以南的城市街道、街区景点、公园、工厂和室内绿化，因而开发剑麻的园艺市场具有广阔的前景。广西、广东的科研部门通过对剑麻种质资源的生长特性、园艺性状和绿化用途综合观察表明，目前国内现有剑麻品种中，适合发展利用的有观赏价值的品种细刺及无刺番麻、金边龙舌兰、银边假菠萝兰、银边菠萝花大叶兰、千寿兰、多叶剑麻、丝兰、毛里求斯麻、虎尾兰等。目前这些品种已广泛种植于南方城市的一些公共绿化场所，如深圳仙湖植物园、广州越秀公园、海口公园、厦门植物园等。酿酒型剑麻的选育主要通过国外引进，中国热带农业科学院、广西亚热带作物研究所等单位引入了可供酿酒的剑麻品种2个属4个品种。

在利用剑麻酿酒的应用方面，我国已经开展并取得一定进展，但总体仍比较落后，可能与我国相关酒业行情及市场偏好有关，墨西哥剑麻酿酒属于世界领先水平，其历经超过半个世纪的发展，建立了极为完善的消费市场；关于景观剑麻的利用，我国在全国的适宜地区都进行了一定程度的应用，在国内不同环境开展试种试验并获得了较为深厚的基础，在专用品种的开发方面仍需要深入，总体研究水平稍微落后。

（二）剑麻抗逆生理及栽培技术

近年来，剑麻凭借耐贫瘠、耐干旱的特性，在贫瘠和干旱地区得到广泛应用，成为干热河谷地区以及石漠化地区生态修复的主要作物之一，在广西百色地区的石漠化山区开展剑麻种植，虽然种植管理水平较低，但已成为当地居民重要的收入来源，在推动乡村脱贫工作上起了重要作用；云南地区的干河热谷地区剑麻种植也取得较大进展，推动剑麻在逆境生态下的应用。综合而言，利用剑麻在极端环境下进行贫瘠土地的开发利用，我国已经积累了十分丰富的经验，并充分证明剑麻的抗逆生理合理应用的巨大潜力，该方面的研究和应用已领先于其他主要的剑麻种植国家。

（三）土壤重金属污染区域生态修复效应技术

剑麻作为亚热带地区最重要的硬质纤维作物，具有较强的耐重金属和富集重金属特性、不进入食物链，成为我国南方地区优势经济作物以及重金属污染土壤修复的潜在优势作物，具有十分重要的经济、生态效益和广阔的应用前景。脆弱生态及重金属污染区的生态修复专用品种主要由现有的品种中筛选，经过国家麻类产业技术体系相关研究人员近十年的努力，筛选出了 H·11648、广西76416 等适于石漠化地区、干热河谷地区生态修复的品种，以及桂辐4号等中抗重金属污染、用于废弃矿山修复的剑麻专用品种。广西亚热带作物研究所联合博世科环保股份有限公司在广西大新县废弃矿区开展重金属污染区剑麻种植联合修复示范，通过铅锌矿农田污染土壤麻类作物联合修复技术的集成及示范，充分发挥示范基地的辐射和带动作用，剑麻集成修复模式在桂南和全广西重金属污染农田推广应用。为全区重金属污染农田的生态治理、安全生产和可持续利用，提供可借鉴模式和技术支撑，实现高风险污染农田的边生产边修复。

在土壤重金属的修复研究中，我国建立的技术经过试验示范带动应用，在该方面的应用已走在世界前列，但在整体的体系建设和流程处理仍不够规范和成熟；巴西的研究团队曾针对性研究剑麻纤维对水溶液中铅离子和镉离子的吸附性，但并未涉及剑麻植株对土壤重金属的修复。

二、功能型剑麻技术的实现可能性及制约因素

（一）功能型剑麻（龙舌兰）品种规模应用的实现及制约因素

剑麻为外来物种，其主要育种材料均来自国外，近年来，由于政治/经济以及疫情的原因，引种的难度大大增加。加之剑麻本身为小面积作物，从事该领域研究的科技人员不多，育种方向基本集中在纤维高产高效上，对于功能型剑麻的研究兼顾较少，因此难有较大的突破。大众的接受程度也是影响功能型剑麻发展的因素，比如龙舌兰酒在国外是高端酒，鸡尾酒调料之一，但在国内仍然是以粮食酿造的白酒/啤酒为主。对剑麻酿酒的大规模应用，主要需结合我国相关消费市场的现状，针对性制定推广策略，促进消费市场对新型消费品的接受，预计在2030年可在剑麻酿酒方面取得重大进展。景观用剑麻的市场应用受限于现有品种的匮乏，在整体规模上仍较为小众，景观剑麻的商用开发仍有赖于景观专用品种的选育，预计在2035年可在景观剑麻的规模商用达到进一步的突破。综合而言，关于功能型剑麻的规模化应用主要制约因素有：①消费市场的接受度和品牌建设，当前国内消费市场对龙舌兰酒的接受度较低，且缺乏相关优质品牌在市场的引领效应；②剑麻专用品种的选育与繁育，针对性开发适宜于酿酒、表观性状差异大的剑麻品种，使其剑麻的经济价值显著提高。

（二）剑麻抗逆生理及栽培技术的实现和制约因素

剑麻抗逆栽培技术，历经多年的研究，业已形成一整套系统技术，借助农垦强有力的推广系统，在国内广东、广西、云南乃至缅甸/老挝等麻区得到较好的应用推广，奠定了较为扎实的应用基础，但在现有的应用中，逆境环境下的剑麻抚管和产出是较大问题，无法引用常规环境下剑麻的种植管理，且其产出水平相对常规生产较低，缺乏大规模推广应用的潜力。制约剑麻抗逆应用的因素主要有：①抗逆剑麻的应用推广技术力量乏力，技术开发和体系无法进行长效持续的优化；②相关专用品种开发缺失，现应用于抗逆环境的剑麻品种仍是在通用品种中筛选，缺乏特定环境下的优质表现品种；③特定环境下生产利用难度加大，产出水平低，对剑麻的有效投入无法较好的保障。

（三）土壤重金属污染区域生态修复效应的实现和制约因素

目前关于麻类植物的重金属污染土壤修复研究还处于技术开发阶段，如何提高其修复效率和实现多金属复合污染土壤修复仍是该项技术的难点。

从 20 世纪 80 年代末期开始，中国科学院亚热带农业生态研究所与省内外科研机构和相关管理部门紧密合作，致力于以镉为代表的重金属污染耕地农业安全利用方面的研究，按照"摸清家底、因地制宜、分区治理、科学施策"的总体思路和"边生产、边治理、边修复"的技术路径，系统开展重金属低积累型与强耐性的农作物主栽品种筛选及应用、削减农作物重金属积累的农艺调控、阻控农作物重金属吸收的原位钝化，以及替代种植作物的耐受性及其修复潜力等研究，构建了一套较完整的以"轻度污染农艺调控 – 中度污染钝化降活 – 重度污染断链改制"为核心的重金属污染耕地农业安全利用综合技术与多种模式，在"试点专项"实施区内得到了广泛应用，农产品镉污染问题得到显著改善，在剑麻的重金属修复上具有极佳的借鉴意义，我国利用剑麻开展重金属修复技术仍需进一步深入研究，预计在科研人员的探索和试验示范下，预计 2035 年可取得重大进展，该技术的应用制约因素主要有：①功能型剑麻大规模应用的效果存疑，可大面积推广的应用参数有待开展；②剑麻在不同土壤条件下对重金属吸附的表现存疑，需要参数摸索和查证；③剑麻的重金属修复应用的技术体系构建缺失，缺乏有效监管和监督标准体系。

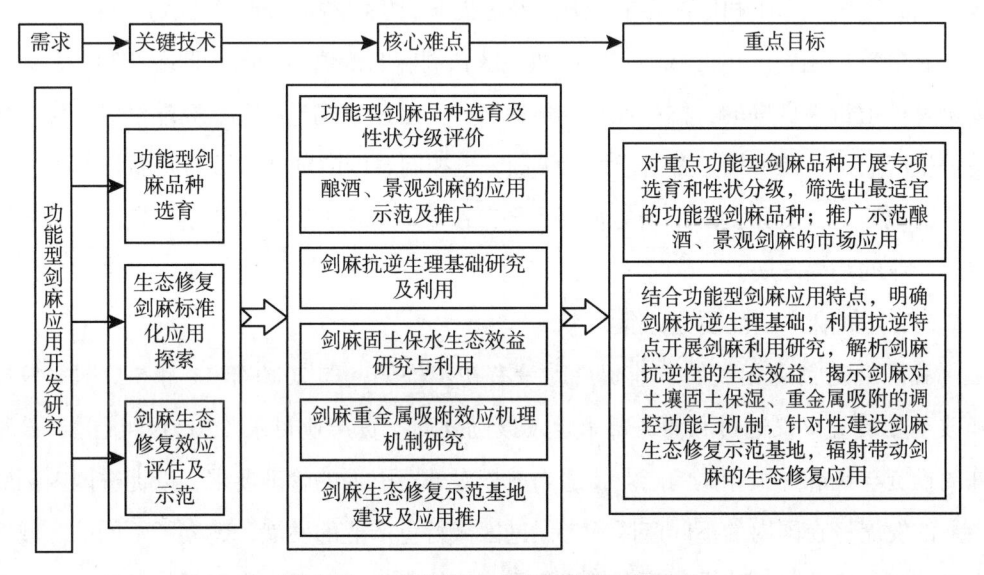

图 4-7　功能型剑麻应用开发发展路线图

第八节　剑麻产业政策及贸易结构研究

我国剑麻产业链覆盖领域较广,剑麻相关企业的产制品也被广泛应用于航海、汽车、军工、建筑等领域,但现有剑麻相关企业的主要产品及技术,多数仍围绕能直接产生经济效益的剑麻纤维加工方向,导致我国的剑麻产业分布不均衡,剑麻相关企业在部分领域的投入不足,缺乏核心竞争力。同时,现阶段剑麻产业的贸易政策相对薄弱,系统的政策保障构架不够完善,加剧了我国剑麻产制品贸易结构的不均衡。

一、剑麻产业市场贸易整体水平

(一)剑麻产品贸易发展水平

我国剑麻产业的下游消费市场存在着明显的不均衡特征,消费端的产品结构与种植端的原料供给脱节,高价值的产品需求与低价值的产品供给相互冲突,种植端的投资收益受到严重压缩,高附加值的加工企业集中于经济发达地区,且当前剑麻制品仍以纱线、绳索、麻布和地毯为主,无法通过提升销售收益促进产品更新。

在剑麻的主要产出区域广东、广西地区,剑麻的价值多局限于低端产制品,无法为剑麻种植带来良好的收益;在长三角地区,剑麻用于钢丝绳芯、高端纸张、优质地毯等生产加工,在市场上占据了大量份额,也控制着国内剑麻市场的大部分收益。

总而言之,我国剑麻市场的贸易水平存在着不均衡的特征,需要制定相关的政策促进产业的均衡发展。

(二)剑麻产制品贸易政策现状

我国针对剑麻相关的产业贸易政策有初步构架,如 2020 年 11 月 5 日国家发展和改革委员会审议通过和商务部审定《鼓励外商投资产业目录(2020年版)》,鼓励外商投资与剑麻种植相关的产业,适当放松对外资引入的管理要求,以促进国内剑麻产业的发展;在国内的不同产区,为促进区域特色产业的发展,建立了不同的区域性引导政策,广西通过建设广西现代特色农业(核心)示范区、广西现代特色农业县级示范区、乡级示范园提高剑麻产业的影响力;通过实施以奖代补推进特色产业扶贫工作,强化剑麻种植在广西地区脱贫攻坚的作用;通过定向科研项目建设,提升广西地区剑麻产业的科研水平。

在我国广东地区,经过广东农垦的优势产业扶持,在当地政府的支持下,申报建立了国家农业现代产业园、全国首家剑麻科技创新与成果孵化中心,为剑麻产业的发展奠定扎实基础;广东农垦始终将垦区剑麻产业视为主产业和特色产业,高度重视其发展,在十四五规划中明确提出推进剑麻产业升级的目标,将进一步促进剑麻产业的发展。

我国现阶段关于剑麻产业的贸易政策相对薄弱,在针对性促进产业融合和升级的政策研究缺失,系统的政策保障构架不够完善,对产业的整体升级影响很大。

(三)剑麻产业链要素分析

当前,我国剑麻企业多集中在纺织业和制造业,研发型企业偏少,而促进剑麻全产业链高质量发展,就必须大力推进创新研发,提高研发型企业数量和质量,寻求多元化发展。在现有研发型企业中,从事剑麻相关产品及加工研发的企业远远多于从事技术研发的企业,这表明我国绝大部分剑麻研发型企业重点关注的还是短期的经济效益,不利于企业的长远发展。从长远看,有属于企业自己的核心技术,提升企业的核心竞争力,才能更好地适应未来市场。现有产品研发型企业,仍是主要针对剑麻纤维进行开发利用,基于剑麻纤维研发的新产品已被运用到了如航海、军工、汽车制造等领域,但对剑麻加工副产物的研发利用极少,目前基于剑麻麻渣、麻水的新产品研发较少。产品研发型企业可针对剑麻麻渣、麻水进行产品开发,挖掘剑麻加工副产物的经济价值,开发剑麻产品的新领域。现有的技术研发型企业中,也同样体现为剑麻新材料、加工技术研发企业较多,生物、医药技术研发企业较少的现象,剑麻麻渣、麻水中的多种物质,如皂苷元、蛋白质、多糖等成分,可广泛用于药物制造,市场前景大,但限于其提取,其他利用技术不成熟,导致其利用率不高。技术研发型企业可针对副产物的利用研发新技术,开发适宜生物医药领域应用的剑麻研发新技术,补齐剑麻产业链在生物医药领域上的技术空缺。

二、剑麻产业市场贸易未来发展方向

剑麻种植及纤维产品加工经过多年的发展,已形成较为稳定、完善的产业链,但无论是剑麻加工,还是新产品、新技术研发方面,还有很大的挖掘空间。挖掘剑麻全产业链各个环节的潜在价值,已成为我国剑麻产业未来增长的动力源泉。

1. 加工工艺方面

高值化利用工艺及设备提升可提高剑麻的纤维质量和生产效率,降低生产成本,提高经济和生态效益。研究表明,新研制的"先压后刮"加工工艺及其配套设备可节约用水量33.33%，长纤维含杂率下降85%，加工1吨剑麻长纤维延伸的副产物高值化利用利润比主产品（长纤维）利润高70%（覃旭等，2021）。使用生物－化学混合法脱胶之后，剑麻纤维中的果胶、木质素、半纤维素等去除效果较为明显，且对纤维损伤较小，若先使用化学法再用生物酶法，或者在酶处理前加一步机械开松处理，脱胶效果可能会得到更好地提升，这将是以后的探索方向之一。

2. 建筑工程方面

剑麻纤维具有较好的耐磨性，制成的新型室内装修材料——剑麻墙纸，越来越受广大消费者青睐（苏锐盛等，2020）。采用剑麻纤维制作的混凝土与其他的纤维混凝土，相比单位水泥的用量少，力学性能及整体性能也得以改善，可降低成本约5.6%，具有很好的经济效益以及社会效益（程泽三，2021）。将剑麻纤维掺入建筑垃圾再生砖中，能有效增强骨料和水泥浆体之间界面的黏结力，改善建筑垃圾再生砖的性能，此项应用将给城市与社会的可持续发展带来巨大的经济效益和社会效益（唐磊，2021）。加入剑麻纤维与石粉分自密实混凝土，可节约成本，增强混凝土韧性，具有较高的社会价值和环保意义（朱兆悦等，2021）。研究天然纤维的作用机理，可节约成本，增强混凝土韧性（Iniya et al.，2021；董健苗等，2018）。在聚氨酯聚合物含量较低时，剑麻纤维在0.4%～0.6%的掺量能够提升砂土的剪切性能（王梓等，2021）。另外，在黏性土中添加剑麻纤维也能有效缓解土体开裂，且每一次干湿循环后其表面裂隙"愈合"效果好，提升整体稳定性（喻永祥等，2021）。

3. 新材料研发方面

采用剑麻纤维对废聚丙烯进行超疏水处理，形成超疏水表面，可制成表面修饰的超疏水性生物复合材料（Seyoum et al.，2021）。通过层层自组装技术对剑麻纤维进行表面改性，并将其应用于聚丙烯复合材料的制备可提高复合材料的阻燃性能（冯伟丽等，2021）。

剑麻纤维增强聚丙烯复合材料，既有剑麻纤维高比强度、高比模量、环保、可回收等特点，又具有聚丙烯密度低、强度好、价廉等特点，整体上韧性、隔热性好，重量又轻，可大量应用于门板、轿车衬里、扶手等零部件。利用剑麻纤维和玻璃纤维，混合制作增强酚醛模塑料，通过一定的改性，可将剑麻纤维应用于摩擦材料的性能优化上。实践表明，采用剑麻布作为抛光材料，与传统的普通棉布和化纤布类相比，无论在效率或是效果上都要明显优于前者。利用剑麻纤维制作的剑麻高性能纸张具有良好的通透性、高抗撕裂性和高耐折度，可生产茶袋纸、包装纸、钞票纸、新闻纸和绝缘纸等特种纸张，市场成长性良好（唐黎标，2017）。以剑麻纤维作为基础材料制作的剑麻/环氧复合材料，机械性能良好、热稳定性高、更环保（Parul et al.，2021）。添加剑麻纤维能提升天然纤维复合材料性能（Vinayagamoorthy et al.，2019）。剑麻的短纤及其加工产品可被制作成人造丝、高级纸张、刷子以及少数的绝缘制品和爆炸品的填充物等（秦成，2013）。通过对剑麻纤维进行适当的合成和处理，可以提高天然纤维的各种力学性能，使其适用于汽车工业、航空航天工业、海洋工业、建筑施工等各个行业（Bijlwan et al.，2021）。制动能量回收是新能源汽车有别于传统燃油汽车的特点之一，通过回收能量，进一步实现节能环保的目的。制动摩擦材料的选用，直接关系到汽车刹车性能的优劣。剑麻纤维有色金属硅混合材料的耐温性、耐磨性、绿色环保等特性，能够满足新能源汽车的要求，符合未来汽车制动材料的发展趋势（张观会，2016）。采用对剑麻纤维进行预处理，添加膨胀型阻燃剂与聚乳酸制备成阻燃可降解环保型复合材料，剑麻对聚乳酸的降解具有促进作用（庞锦英等，2017）。

4. 电子信息方面

传统印刷电路板的芯层是由玻璃纤维环氧层压板组成的，这是一种不可生物降解的材料对环境有害，利用剑麻纤维复合材料替代传统不可生物降解的玻璃纤维复合材料制作的新型印刷电路板，加工性能和导电性能良好，且利于环境保护（Varun et al.，2021）。合成纤维与天然纤维的混杂复合材料是复合材料领域的良好选择，它将合成纤维良好的力学性能与天然纤维的优点结合。对比剑麻/玻璃、椰丝/玻璃和丝瓜/玻璃三种混杂复合材料的性能，剑麻/玻璃复合材料的性能最佳，是一种潜在的替代玻璃纤维的材料（Silva et al.，2020）。以剑麻纤维为碳源制作的剑麻纤维基碳/铅复合材料，相比较物理研磨材料以及市场购置石墨粉碳/铅复合材料，具有更优异的电化学性能，该应用在铅炭电池研发中具有十分重要的意义（艾慧婷等，2021）。以剑麻废屑制备的微晶纤维素为柔性基底，制作复合电极材料，最后应用于超级电容器，电极柔性良好，循环稳定性能优异（梁春柳等，2020）。将剑麻纤维与炭黑一起蒸汽爆破，之后再与基体复合能够提高复合材料屏蔽效能，且经一次蒸汽爆破制得的复合材料的屏蔽效能最好（何和智等，2014）。

5. 医疗健康方面

剑麻叶片抽取纤维后残留的麻渣、麻水中含有多种天然产物，可以提取利用。目前可从剑麻叶片中高效提取的有食品添加剂剑麻核酸、果胶、医药原料剑麻皂素等。以剑麻皂素为原料合成具有抗癌活性的衍生物，其科学应用价值不容小觑。剑麻纤维还可作为生物工程的载体，如利用剑麻组织和细胞培养诱导蛋白酶，开辟了剑麻纤维在生物工程应用方面的新空间。剑麻麻水也是提取贵重药物海柯吉宁、替柯吉宁的生产原料（陈玉生等，2010）。剑麻皂苷是剑麻叶片抽取纤维后的剑麻汁（渣）中的一种重要的活性成分，是合成甾体激素类药物的重要原料，促进并优化剑麻皂素产业的发展，具有重要的经济和社会价值（张小芳等，2021）。

剑麻纤维骨科和外科手术中也有应用，采用化学处理方法对剑麻纤维表面进行改性，可以克服纤维与基体相容性差和相对较高的吸湿性。剑麻纤维铸型作为外固定被认为是一种比 POP 更好的矫形方式，因为它提供了固定性好、并发症少、密度低、成本低、可生物降解、环境友好等优点（Isaac et al.，2020）。剑麻纤维具有与蚕丝纤维生物材料相近的力学性能，具有优良的机械性能、快速降解和无细菌黏附性能，可用作生物缝合材料，通过支持不同组织的愈合，包括血管手术、止血和整形手术，在伤口修复中具有重要作用（Maria et al.，2020）。

6. 农业方面

发酵剑麻渣可作为饲养新西兰兔的饲料原料，日粮中添加 20% 发酵剑麻渣能够提高肉兔的生长和屠宰性能，且对肉品质无不良影响，为华南地区草食动物饲料资源开发利用提供参考依据（高凤磊等，2022）。发酵剑麻渣可作为湖羊（或其他反刍动物）辅助粗饲料，并且剑麻渣四季料源充足，发酵料加工简易、保存时间长、价格便宜，属废物再次利用，还可解决剑麻渣污染环境问题（郑继昌等，2018）。剑麻加工废料还可以作为平菇的培养基质。这种生物过程可以为小型家庭农场创造额外的收入，并为生产剑麻的国家解决加工废物处理问题（Cristiano et al.，2021）。

7. 重金属检测方面

剑麻纤维是一种经济的微量元素富集生物吸附剂，利用剑麻纤维填充的流动注射系统，使用时间长，可以有效地提高吸附效率，具有经济、实用等优点（Javier et al.，2021）。在柴油样品中的 Cu、Ni、Mn、Zn 检测中，采用剑麻纤维作为天然吸附剂，可节省预处理步骤，快速、灵敏地测量分析指标含量（Sirlei et al.，2020）。

总之，我国剑麻产业的市场贸易现阶段极不均衡，为促进产业利益分配的均衡，推动我国剑麻产业的更新升级，需要国家管理部门结合不同产区特点，制定保障剑麻产业发展的政策，充分挖掘我国剑麻产业的发展潜力，推动消费市场和供给市场的有效对接，进而为战略资源的安全供给提供保障。

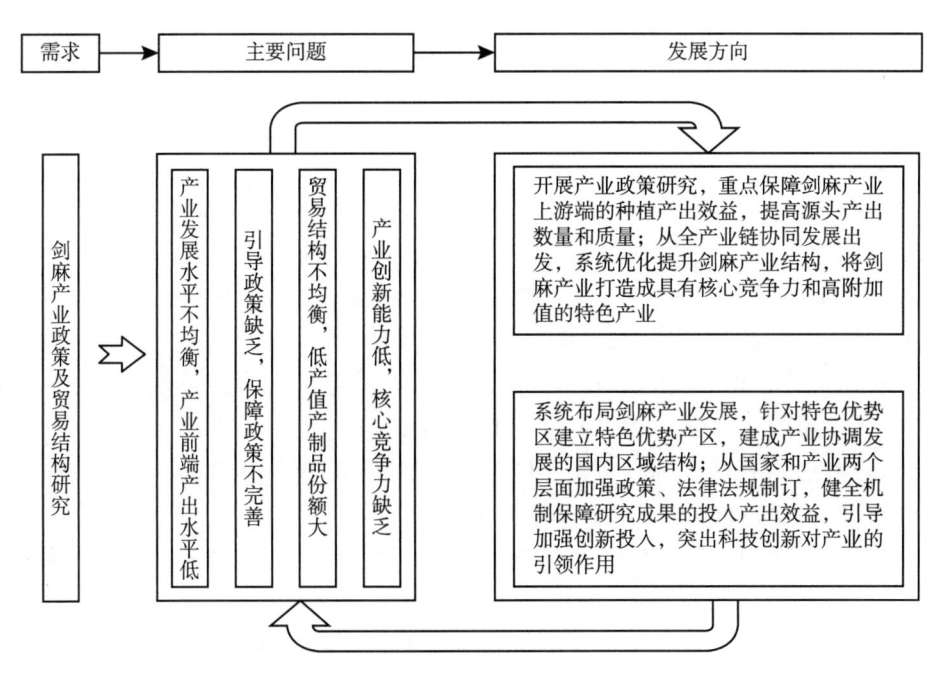

图 4-8　剑麻产业政策及贸易结构研究发展路线图

参考文献

[1] Ahmad T, Mahmood HS, Ali Z, *et al*. Design and development of a portable sisal decorticator [J]. Pakistan Journal of Agricultural Research, 2017, 30（3）: 209-217.

[2] 蔡毅, 张宝珍, 樊军庆, 等. 一种平台式剑麻收获机的设计 [J]. 农机化研究, 2017, 39（5）: 155-158+166.

[3] 陈涛, 金刚, 覃旭, 等. 一种剑麻装载机的轻量化设计与应用 [J]. 大众科技, 2021, 23（6）: 39-41, 45.

[4] 陈涛, 覃旭, 覃剑峰, 等. 山地剑麻埋杆换行种植方法 [P]. CN110089361A, 2019.

[5] 陈涛, 覃旭, 覃剑峰, 等. 一种滑轮式剑麻运送装置 [P]. CN209906229U, 2020.

[6] 陈涛, 覃旭, 覃剑峰, 等. 一种剑麻纤维吊运装置 [P]. CN209905678U, 2020.

[7] 陈涛, 覃旭, 覃剑峰, 等. 一种剑麻装载机 [P]. CN210012221U, 2020.

[8] 陈叶海, 苏智伟. 剑麻栽培技术规程 [S]. NY/T 222-2004, 2005.

[9] 高伟, 张俊, 郝西. 粉垄耕作对土壤物理性状及花生根系的影响. 花生学报, 2021, 50（4）: 67-71.

[10] 黄富宇, 张小玲, 钟思强, 等. 剑麻丰产高效生产技术集成与示范 [J]. 中国热带农业, 2013, 4: 28-35.

[11] 黄标, 杨荣, 戚强, 等. 剑麻园深松施肥覆土系列机械的研制与应用推广 [J]. 农业机械, 2017, 7: 91-94.

[12] 黄标, 黄辉, 傅清华, 等. 剑麻生产专用机械的研制与应用 [C]. 热带作物产业带建设规划研讨会, 南京, 2006: 8-11.

[13] 金若成. 粉垄深耕深松技术在巴州盐碱棉花地试验增产对比 [J]. 新疆农机化, 2021, 4: 33-38.

[14] 李浩, 黄金玲, 李志刚. 粉垄耕作提高土壤养分有效性并促进甘蔗维管组织发育和养分吸收 [J]. 植物营养与肥料学报, 2021, 27 (2): 204-214.

[15] 李娜, 龙静泓, 韩晓增, 等. 短期翻耕和有机物还田对东北暗棕壤物理性质和玉米产量的影响 [J]. 农业工程学报, 2021, 37 (12): 99-107.

[16] 李少昆, 王克如, 冯聚凯, 等. 玉米秸秆还田与不同耕作方式下影响小麦出苗的因素 [J]. 作物学报, 2006, 32 (3): 463-465, 478.

[17] 李玉梅, 王晓轶, 王根林, 等. 不同耕法及秸秆还田对土壤水分运移变化的影响 [J]. 水土保持通报, 2019, 39 (5): 40-45, 53.

[18] 孟凡乔, 吴文良, 辛德惠. 高产农田土壤有机质、养分的变化规律与作物产量的关系 [J]. 植物营养与肥料学报, 2000, 6 (4): 370.

[19] 彭光爵, 王志勇, 胡桐. 粉垄深耕对长沙稻作烟区土壤物理特性及烤烟根系发育的影响 [J]. 华北农学报: 2021, 36 (1): 134-142.

[20] 任晓智, 孟强, 毕伟, 等. 多自由度剑麻收割机的设计与仿真制造 [J]. 农机化研究, 2017, 39 (9): 40-45+60

[21] 王斌, 何文寿, 耿世杰. 粉垄耕作对土壤水分利用效率和马铃薯产量的影响 [J]. 江苏农业科学, 2020, 48 (21): 93-96.

[22] 王志丹, 刘吉利, 吴娜. 粉垄耕作对甜高粱光合生理特性及产量的影响. 中国农业科技导报, 2022, 24 (1): 148-156.

[23] 韦本辉. 中国发明第四套农耕方法"粉垄" [J]. 农业科学与技术 (英文版), 2017, 18 (11): 2045-2048, 2052.

[24] 熊梓沁, 荆永锋, 贺非, 等. 粉垄深度对稻作烟区土壤理化特性及作物周年产量的影响 [J]. 中国烟草学报, 2021, 27 (3): 46-55.

[25] 杨亚东, 冯晓敏, 胡跃高, 等. 豆科作物间作燕麦对土壤固氮微生物丰度和群落结构的影响 [J]. 应用生态学报, 2017, 28 (3): 957-965.

[26] 张宇, 蒋代华, 黄金兰, 等. 粉垄耕作对赤红壤团聚体粒级分布和稳定性的影响 [J]. 生态学杂志, 2021, 40 (12): 3922-3932.

[27] 赵雅姣, 刘晓静, 吴勇, 等. 豆禾牧草间作根际土壤养分、酶活性及微生物群落特征 [J]. 中国沙漠, 2020, 40 (3): 219-228.

[28] 郑佳舜, 胡钧铭, 韦翔华, 等. 绿肥压青粉垄保护性耕作对稻田土壤温室气体排放的影响 [J]. 中国农业气象, 2019, 40 (1): 15-24.

[29] Blunden G, Yi Y, Jewers K. The comparative leaf anatomy of *Agave*, *Beschorneria*, *Doryanthes* and *Furcraea* species (*Agavaceae*: Agaveae) [J]. Botanical Journal of the Linnean Society, 1973, 66: 157-179.

[30] Carlson PS, Smith HH, Dearing RD. Parasexual interspecific plant hybridization [J]. Proceedings of the National Academy of Sciences of the United States of America. 1972, 69 (8): 2292-2294.

[31] Davis SC, Long SP. Sisal/Agave. In: Cruz, V.M.V., Dierig, D.A.(Eds.), Handbook of Plant Breeding. Springer New York, New York, NY, 335-349. 2015. https://doi.org/10.1007/978-1-4939-1447-0_15.

[32] Ftr A, Mpm A, Lmc A, et al. Extreme physiology: Biomass and transcriptional profiling of three abandoned Agave cultivars [J]. Industrial Crops and Products, 2021. https://doi.org/10.1016/j.indcrop.2021.114043.

[33] Gross SM, Martin JA, Simpson J, et al. De novo transcriptome assembly of drought tolerant CAM plants, *Agave* deserti and *Agave* tequilana [J]. BMC Genomics, 2013, 14: 1-14.

[34] Huang X, Wang B, Xi J, et al. Transcriptome comparison reveals distinct selection patterns in domesticated and wild *Agave* species, the important CAM plants [J]. International Journal of Genomics, 2018, 1-12. https://doi.org/10.1155/2018/5716518.

[35] Huang X, Xiao M, Xi J, et al. De novo transcriptome assembly of *Agave* h11648 by illumina sequencing and identification of cellulose synthase genes in *Agave* species [J]. Genes (Basel), 2019, 10: 103. https://doi.org/10.3390/genes10020103.

[36] Monja-Mio KM, Herrera-Alamillo MA, S'anchez-Teyer LF, et al. Breeding strategies to improve production of *Agave* (*Agave* spp.). Advances in Plant Breeding Strategies: Industrial and Food Crops. Springer International Publishing, Cham, 319-362. 2019. https://doi.org/10.1007/978-3-030-23265-8_10.

[37] P'erez-Pimienta JA, L'opez-Ortega MG, Sanchez A. Recent developments in Agave performance as a drought-tolerant biofuel feedstock: agronomics, characterization, and biorefining [J]. Biofuels, Bioproducts and Biorefining. 2017, 11: 732-748.

[38] P'erez-Zavala M, de L, Hern'andez-Arzaba JC, et al. *Agave*: a natural renewable resource with multiple applications [J]. Journal of the Science of Food and Agriculture, 2020, 100: 5324-5333.

[39] Silvia FB, Juan F JB. Genetic transformation of *Agave salmiana* by *Agrobacterium tumefaciens* and particle bombardment [J]. Plant Cell Tiss Organ Cult, 2007, 91: 215-224.

[40] Simpson J, Martínez Hern'andez A, Jazmín Abraham Ju'arez M, et al. Genomic resources and transcriptome mining in *Agave* tequilana [J]. GCB Bioenergy, 2011, 3: 25-36.

[41] Souza SC, Cavalcanti JJV, Ramos JPCR, et al. Genetic divergence in *Agave* accessions through ISSR markers and phenotypic traits [J]. African Journal of Agricultural Research, 2018, 13: 526-533.

[42] Tamayo-Ord'o-nez MC, Rodriguez-Zapata LC, Narv'aez-Zapata JA, et al. Morphological features of different polyploids for adaptation and molecular characterization of CC-NBS-LRR and LEA gene families in *Agave* L. J [J]. Plant Physiol, 2016, 195: 80-94.

[43] Yang L, Lu M, Carl S, et al. Biomass characterization of *Agave* and *Opuntia* as potential biofuel feedstocks [J]. Biomass Bioenergy, 2015, 76: 43-53. https://doi.org/10.1016/j.biombioe.2015.03.004.

[44] 陈河龙, 杨峰, 高建明, 等. 剑麻抗病基因 Hevein 的导入研究 [J]. 热带作物学报, 2021, 42 (7): 2008-2015.

[45] 陈鸿, 郑金龙, 徐立, 等. 剑麻叶片愈伤组织诱导及再生体系的建立 [J]. 热带农业科学, 2008, 28 (6): 11-14.

[46] 陈士伟, 李栋宇. 我国剑麻产业发展现状及展望 [J]. 中国热带农业, 2016, 3: 10-12+6.

[47] 陈涛, 杨祥燕, 蔡元保, 等. 8 份剑麻种质亲缘关系的 ISSR 和 RAPD 分析 [J]. 中国农学通报, 2012, 28 (21): 86-91.

[48] 董斌, 田夏红, 谢月亮, 等. 剑麻种质资源 DNA 条形码遗传多样性分析 [J]. 分子植物育种, 2021, 19 (16): 5546-5554.

[49] 高建明, 张世清, 陈河龙, 等. 剑麻抗病育种研究回顾与展望 [J]. 热带作物学报, 2011, 32 (10): 1977-1981.

[50] 龚友才, 粟建光. 麻类作物诱变育种的现状与进展 [J]. 中国麻作, 2002, 24 (4): 14-17.

[51] 郭朝铭, 易克贤. 剑麻遗传育种研究进展 [J]. 广西热带农业, 2006 (2): 42-45.

[52] 郭朝铭, 易克贤. 现代技术在剑麻育种上的应用前景 [J]. 福建热作科技, 2006 (1): 37-41.

[53] 黄显雅, 金刚, 何如, 等. 剑麻 H·11648 叶片高产优选单株的鉴定与评价 [J]. 农业研究与应用, 2020, 33 (3): 1-5.

[54] 黄兴, 陈涛, 习金根, 等. 剑麻单叶农艺性状与鲜叶产量的相关性研究 [J]. 中国麻业科学, 2018, 40 (2): 70-74.

[55] 黄艳. 国内外剑麻产业研究现状与发展趋势 [J]. 热带农业科学, 2013, 33 (4): 87-90.

[56] 揭进, 胡乃盛, 李强有, 等. 剑麻组培苗标准化繁育技术与种植推广 [J]. 中国热带农业, 2012, 2: 60-63.

[57] 李愿平, 文尚华, 揭进, 等. H·11648 麻珠芽组织培养技术研究 [J]. 中国麻业, 2005, 4: 184-189.

[58] 刘后伟, 廖章鹏, 李瑞莹, 等. 剑麻紫色卷叶病田间调查和其传病因子的分析 [J]. 安徽农业科学, 2021, 49 (11): 132-138.

[59] 刘明举, 薛华. 加强剑麻种质资源的保护和利用 [J]. 中国麻业, 2002, 2: 8-10.

[60] 刘文, 张泽钊, 贺立红, 等. 野生剑麻种质资源调查及其纤维品质分析 [J]. 中国麻业科学, 2020, 42 (4): 170-177.

[61] 潘红玮, 孙小寅. 巴西剑麻与国产剑麻的改性处理及基本性能研究 [J]. 西安工程大学学报, 2012, 26 (3): 296-299.

[62] 潘雅茹, 吕勤. 剑麻生产与加工 [M]. 广西南宁: 广西科学技术出版社, 2009.

[63] 孙娟，钟鑫，郑红裕，等．我国剑麻产业概况及对策研究［J］．中国热带农业，2020，5：32．

[64] 田夏红，刘青，刘建荣，等．剑麻种质资源表型多样性分析与抗寒性调查［J］．中国麻业科学，2020，42（3）：97-103．

[65] 汪佳滨．2015年剑麻产业发展报告及形势预测［J］．世界热带农业信息，2016，8：26-30．

[66] 王会芳，符美英，肖敏，等．剑麻溃疡病病原鉴定及其生物学特性［J］．分子植物育种，2021，19（13）：4429-4436．

[67] 王会芳，芮凯，曾向萍，等．剑麻病害调查及其主要病原种类鉴定［J］．南方农业学报，2018，49（10）：1988-1994．

[68] 吴伟怀，汪涵，汪全伟，等．剑麻斑马纹病菌EST-SSR标记开发与评价［J］．热带作物学报，2017，38（6）：1094-1100．

[69] 谢恩高．剑麻种质改良与育种［J］．中国麻作，1996，1：15-19．

[70] 谢红辉，黄兑武，王春田．剑麻病虫害生态防治应用及研究现状［J］．中国热带农业，2012，6：40-42．

[71] 谢红辉，黄兑武，韦艳明，等．广西剑麻病虫害发生现状及防治对策［J］．中国热带农业，2012，5：47-49．

[72] 熊和平．我国麻类生产的现状与政策建议［J］．中国麻业科学，2010，32（6）：301-304．

[73] 杨龙，高建明，张世清，等．坦桑尼亚晚花剑麻的组培快繁［J］．分子植物育种，2017，15（2）：658-663．

[74] 张世清，陈河龙，刘巧莲，等．剑麻多倍体诱导及鉴定［J］．农村实用技术，2019，11：106-107．

[75] 张燕梅，李俊峰，陆军迎，等．剑麻ISSR反应体系的建立与分析［J］．中国麻业科学，2009，31（5）：291-295．

[76] 张燕梅，李俊峰，杨子平，等．基于转录组的剑麻SSR标记开发与筛选［J］．热带作物学报，2021，42（5）：1261-1266．

[77] 张燕梅，石胜友，李俊峰，等．剑麻种质资源表型多样性分析与倍性鉴定［J］．热带作物学报，2017，38（5）：783-791．

[78] 张毓梅．龙舌兰麻有性杂交育种技术的研究［J］．中国麻作，1982，1：1-8．

[79] 赵艳龙，常金梅，何衍彪，等．剑麻抗斑马纹病鉴定技术研究［J］．植物保护，2012，38（1）：120-122+140．

[80] 赵艳龙，李俊峰，姚全胜，等．剑麻3种主要病害研究进展及其展望［J］．热带农业科学，2020，40（1）：72-82．

[81] 赵艳龙，周文钊，陆军迎，等．剑麻种质资源斑马纹病抗性鉴定及评价［J］．热带作物学报，2014，35（4）：640-643．

[82] Coutinho WM, Suassuna ND, Luz CM, et al. Bole rot of sisal caused by *Aspergillus niger* in Brazil[J]. Fitopatologia Brasileira, 2006, 31: 605.

[83] Duarte EAA, Damasceno CL, De Oliveira TAS, et al. Putting the mess in order: *aspergillus welwitschiae* (and not a. niger) is the etiological agent of sisal bole rot disease in brazil[J]. Frontiers in Microbiology, 2018, 9.

[84] Flores-Benítez S, Jiménez-Bremont JF, Rosales-Mendoza S, et al. Genetic transformation of *Agave salmiana* by *Agrobacterium tumefaciens* and particle bombardment[J]. Plant Cell Tissue & Organ Culture, 2007, 91(3): 215-224.

[85] Susca A, Proctor RH, Morelli M, et al. Variation in fumonisin and ochratoxin production associated with differences in biosynthetic gene content in *Aspergillus niger* and *A. welwitschiae* isolates from multiple crop and geographic origins[J]. Frontiers in microbiology, 2016, 7: 1412.

[86] 陈长林，李显旺，张礼钢，等. 悬挂式剑麻施药喷雾机设计及试验[J]. 农机化研究，2011，4：130-133.

[87] 陈邓. 剑麻病虫害防治[J]. 中国热带农业，2008，4：50-2.

[88] 陈泽坦. 剑麻新菠萝灰粉蚧生物学、生态学及防控技术研究[M].

[89] 傅辽，黄冠胜，李志红，等. 新菠萝灰粉蚧在中国目前及未来的潜在地理分布研究[J]. 植物检疫，2012，26（4）：1-5.

[90] 胡钟予. 新菠萝灰粉蚧生物学和生态学特性研究[D]. 浙江农林大学，2017.

[91] 黄标，邓业余，郑立权，等. 新菠萝灰粉蚧生物学特性与发生规律的研究[J]. 安徽农业科学，2015，43（29）：147-149.

[92] 黄标，杨荣，戚强，等. 剑麻园深松施肥覆土系列机械的研制与应用推广[J]. 农业机械，2017，7：91-94.

[93] 黄标，夏李虹，黄路妍，等. 剑麻园茅草等恶草化除药剂筛选试验及示范推广. 做强做优热带高效农业 服务热区乡村振兴——2018年全国热带作物学术年会，中国福建厦门，2018[C].

[94] 黄标，夏李虹，李江平，等. 几种营养液药液及脱毒粉蚧对剑麻紫色卷叶病的影响[J]. 热带农业科学，2017，37（7）：41-45+50.

[95] 黄标，杨荣，夏李虹，等. 紫色卷叶病病因病原鉴定和抗性苗应用研究[J]. 安徽农业科学，2015，43（34）：177-179.

[96] 黄标，赵家流，夏李虹，等. 剑麻主要病虫害监测与防控技术研究[J]. 安徽农业科学，2015，43（33）：214-217.

[97] 黄标，赵家流，夏李虹，等. 新菠萝灰粉蚧综合防控技术研究与示范推广[J]. 安徽农业科学，2015，43（32）：274-278.

[98] 黄雪兰，李菊馨，周海兰，等. 3种生防真菌对剑麻茎腐病病菌黑曲霉的抑制效果[J]. 农业研究与应用，2019，32（1）：16-20.

[99] 李莲英. 五星农场更新剑麻园斑马纹病调查分析[J]. 广西农业科学，2003，5：47-48.

[100] 刘巧莲, 郑金龙, 张世清, 等. 13 种药剂对剑麻斑马纹病病原菌的室内毒力测定 [J]. 热带作物学报, 2010, 31 (11): 2010-2014.

[101] 刘巧莲, 朱军, 郑金龙, 等. 剑麻茎腐病 6 个病原菌生物学特性的研究 [J]. 中国麻业科学, 2014, 36 (1): 23-27+32.

[102] 王桂花, 吴伟怀, 汪涵, 等. 源自剑麻紫色卷叶病病株新菠萝灰粉蚧体内植原体的分子检测与鉴定. 中国植物保护学会 2018 年学术年会暨植保科技奖颁奖大会, 中国陕西西安, 2018 [C].

[103] 王华宁. 广西农垦剑麻病虫害防治方法和技术 [J]. 广西职业技术学院学报, 2013, 6 (3): 1-8.

[104] 王会芳, 符美英, 肖敏, 等. 剑麻溃疡病病原鉴定及其生物学特性 [J]. 分子植物育种, 2021, 19 (13): 4429-4436.

[105] 王会芳, 芮凯, 曾向萍, 等. 剑麻病害调查及其主要病原种类鉴定 [J]. 南方农业学报, 2018, 49 (10): 1988-1994.

[106] 王丽萍, 陈涛, 方石桂, 等. 广西剑麻黑斑病病原菌鉴定及其生防菌筛选 [J]. 南方农业学报, 2021, 52 (7): 1912-1922.

[107] 王润, 曹凤勤, 林江, 等. 常用杀虫剂对新菠萝灰粉蚧的活性与田间防效 [J]. 贵州农业科学, 2014, 42 (5): 100-105.

[108] 吴密, 陈禄, 金刚, 等. 广西剑麻产区新菠萝灰粉蚧调查初报 [J]. 农业研究与应用, 2021, 34 (3): 69-74.

[109] 吴伟怀, 鹿鹏鹏, 贺春萍, 等. 剑麻紫色卷叶病相关植原体单管巢式 PCR 检测技术建立, 2021 [C].

[110] 夏李虹, 黄标, 杨荣, 等. 异地剑麻抗性苗繁育与本地抗性苗选育技术研究 [J]. 热带农业工程, 2017, 41 (2): 25-30.

[111] 谢红辉, 黄兑武, 韦艳明, 等. 广西剑麻病虫害发生现状及防治对策 [J]. 中国热带农业, 2012, 5: 47-49.

[112] 严珍. 丽草蛉生物学特性及其对新菠萝灰粉蚧的捕食效能研究 [D]. 海南大学, 2012.

[113] 张淼, 芮凯, 吴凤芝, 等. 剑麻叶斑病病原菌鉴定及同源性分析 [J]. 分子植物育种, 2017, 15 (11): 4356-4362.

[114] 赵家流, 黄标, 邓业余, 等. 丽草蛉生物学特性与防控新菠萝灰粉蚧效果研究 [J]. 安徽农业科学, 2015, 43 (30): 14-16+9.

[115] 赵艳龙, 何衍彪, 詹儒林. 我国剑麻主要病虫害的发生与防治 [J]. 中国麻业科学, 2007, 6: 334-338.

[116] 赵艳龙, 李俊峰, 姚全胜, 等. 剑麻 3 种主要病害研究进展及其展望 [J]. 热带农业科学, 2020, 40 (1): 72-82.

[117] 郑金龙, 高建明, 张世清, 等. 6 种杀菌剂对剑麻斑马纹病的田间药效试验 [J]. 江西农业学报, 2011, 23 (11): 115-116+127.

［118］郑金龙，高建明，张世清，等. 剑麻茎腐病菌的 rDNA-ITS 序列分析［J］. 热带作物学报，2011，32（6）：1093-1096.

［119］郑金龙，高建明，张世清，等. 杀菌剂对剑麻茎腐病病原菌的室内毒力测定［J］. 中国麻业科学，2010，32（5）：270-274.

［120］Aspinall GO, Ca-nas-Rodriguez A. Sisal pectic acid［J］. Journal of the Chemical Society, 1958, 4020-4027.

［121］Behera S, Patel S, Mishra BK. Effect of blending of sisal on pulp properties of waste papers in handmade papermaking［J］. Journal of Scientific & Industrial Research, 2015, 74: 416-422.

［122］Carmo CO, Silva RM, Rodrigues MS, *et al*. Bioconversion of sisal agro-industrial waste into high protein oyster mushrooms［J］. Bioresource Technology Reports, 2021, 14.

［123］Corbiere C, Liagre B, Bianchi A, *et al*. Different contribution of apoptosis to the antiproliferative effects of diosgenin and other plant steroids, hecogenin and tigogenin, on human 1547 osteosarcoma cells［J］. International Journal of Oncology, 2003, 22（4）: 899-905.

［124］Cripps AL, Blunden G. A quantitative gas-liquid chromatographic method for the estimation of hecogenin and tigogenin in the leaves, juice and sapogenin concentrates of *Agave sisalana*［J］. Steroids, 1978, 31（5）: 661-669.

［125］Cristiano Oliveira do Carmo, Rafael Mota da Silva, Marcos de Souza Rodrigues, *et al*. Bioconversion of sisal agro-industrial waste into high protein oyster mushrooms［J］. Bioresource technology reports, 2021, 14.

［126］Dawidar AA, Fayez MBE, Steroid sapogenins. III. Distribution of steroid sapogenins in the sisal plant［J］. Archives of Biochemistry and Biophysics, 1961, 92, 3.

［127］Francis M, Ndekya O, Amelia K, *et al*. Cultivation of Oudemansiella tanzanica nom. prov. on agricultural solid wastes in Tanzania［J］. Mycologia, 2004, 96, 2: 197-204.

［128］Higgins JW. A high-performance liquid chromatographic analysis of the benzoate esters of sapogenins isolated from *Agave*［J］. Journal of Chromatography. 1976, 121（2）: 329-334.

［129］Inauguration of the first sisal biogas electricity pilot plan in the world.（https://www.unido.org/news/inauguration-first-sisal-biogas-electricity-pilot-plan-world）.

［130］Maran JP, Priya B. Ultrasound-assisted extraction of pectin from sisal waste［J］. Carbohydrate Polymers, 2014.

［131］Mithun K, Mahalinge Gowda RM, Suresh Chandra HS. A study on structural characteristics of sisal fibre reinforced concrete［J］. International Journal of Engineering Research & Technology（Ijert）. 2019, 8, 6.

［132］Mshandete AM, Cuff J. Cultivation of three types of indigenous wild edible mushrooms: *Coprinus cinereus*, *Pleurotus flabellatus* and *Volvariella volvacea* on composted sisal decortications residue in Tanzania［J］. African Journal of Biotechnology, 2008, 7（24）: 4551-4562.

[133] Mshandetea AM, Björnssonb L, Kivaisia AK, et al. Performance of a sisal fibre fixed-bed anaerobic digester for biogas production from sisal pulp waste [J]. Tanzania journal of science, 2005, 31, 2: 41-51.

[134] Muralidaran R, Chandrasekaran P. Study on properties of geopolymer concrete with sisal fibre. 2016.

[135] Muthangya M, Anthony M, Mzee Amana, et al. Nutritional and antioxidant analysis of *Pleurotus* HK 37 grown on *Agave sisalana* saline solid waste [J]. International Journal of Research in Biochemistry and Biophysics, 2014, 4: 5-12.

[136] Muthangya M, Hashim SO, Amana JM, et al. Optimization of *Pleurotus* mushroom cultivation on saline sisal solid waste [J]. World Applied Sciences Journal, 2013, 23 (9): 1146-1150.

[137] Muthangya1 M, Mshandete AM, Kivaisi AK. Enhancement of anaerobic digestion of sisal leaf decortication residues by biological pre-treatment [J]. ARPN Journal of Agricultural and Biological Science, 2009, 4 (4): 66-73.

[138] Mwita LN, Mshandete AM, Lyantagaye SL. Improved antimicrobial activity of the Tanzanian edible mushroom *Coprinus cinereus* (Schaeff) Gray by chicken manure supplemented solid sisal wastes substrates [J]. Journal of Yeast and Fungal Research, 2010, 1 (10): 201-206.

[139] Perumalsamy N Balaguru, Surendra Shah. Fiber reinforced cement composites [J]. Technology Engineer, 1992.

[140] Prosper R, Anthony MM, Amelia KK. Cultivation of oyster mushroom (*Pleurotus* HK-37) on solid sisal waste fractions supplemented with cow dung manure [J]. Journal of Biology & Life Science, 2013, 4 (1).

[141] Qin SL, Chen Y, Tao SM, et al. High recycling performance of holocellulose paper made from sisal fibers [J]. Industrial Crops and Products, 2022.

[142] Rajabu YR, Manyele SV. Performance improvement for sisal waste anaerobic biodegradation by digester redesign and feed size reduction [J]. Engineering, 2015, 7 (9): 553-566.

[143] Raymond P, Mshandete MA, Kivaisi AK. Production of oxidative and hydrolytic enzymes by *coprinus cinereus* (schaeff.) gray from sisal wastes supplemented with cow dung manure [J]. Biotechnology Research International, 2015, 650543. https://doi.org/10.1155/2015/650543.

[144] Santos J, Alexandre E, Alexsandro B, et al. Aqueous extraction of pectin from sisal waste [J]. Carbohydrate polymers, 2013, 92: 1997-2001.

[145] Santos JDG, Branco A. GC-MS characterisation of sapogenins from sisal waste and a method to isolate pure hecogenin [J]. BioResources, 2014, 9 (1): 1325-1333.

[146] Santos JDG, Espeletab AF, Branco A, et al. Aqueous extraction of pectin from sisal waste [J]. Carbohydrate Polymers, 2013, 92 (2): 1997-2001.

[147] Santos WNL, Cavalcante DD, Silva EGP, et al. Biosorption of Pb (II) and Cd (II) ions by *Agave sisalana* (sisal fiber) [J]. Microchemical Journal, 2011, 97, 2: 269-273.

[148] Thomas BC, Jose YS. Impact of sisal fiber reinforced concrete and its performance analysis: a review [J]. Evolutionary Intelligence, 2019.

[149] Yang CR, Zhang Y, Jacob MR, et al. Antifungal activity of C-27 steroidal saponins [J]. Antimicrobial Agents and Chemotherapy, 2006, 50 (5): 1710-1714.

[150] 陈德荣, 卢玉文, 陈雪凤, 等. 利用工业废弃料剑麻渣栽培食用菌技术研究 [J]. 现代农业科技, 2013, 15: 88-89.

[151] 陈青, 韩双艳, 郑穗平, 等. 剑麻生物制浆脱胶菌株的筛选与鉴定及初步应用 [J]. 农业工程学报, 2008, 6: 277-281.

[152] 陈伟宏, 陈世伟. 基于剑麻纤维的水泥基复合材料路面结构 [P]. CN212426599U, 2021.

[153] 陈宣东, 刘光焰, 陈平, 等. 一种剑麻纳米纤维素超高韧性混凝土及其制备方法 [P]. CN111704405A, 2020.

[154] 陈宣东, 刘光焰, 王晓峰, 等. 剑麻纤维增强水泥基复合材料研究进展 [J]. 硅酸盐通报, 2018, 37 (11): 3481-3486+3491.

[155] 崔双双, 唐成, 林涛. 一种剑麻纤维增强复合材料桥面板结构及其施工方法 [P]. CN111893877A, 2020.

[156] 邓雪莲, 黄盛, 刘存鹏. 剑麻纤维增强珊瑚混凝土抗压和抗剪强度试验研究 [J]. 安徽建筑, 2017, (24) 2: 197-199.

[157] 丁建东, 张雪红, 姚先超, 等. 咔唑比色法测定剑麻果胶含量 [J]. 食品研究与开发, 2010, 31 (11): 138-140.

[158] 方日明, 司徒华, 邓红, 等. 利用剑麻废水（叶汁）制取沼气生产性扩大试验报告 [J]. 中国沼气, 1986, 4: 13-17.

[159] 方日明, 司徒华, 邓红, 等. 用剑麻废水（叶汁）制取沼气的扩大试验报告 [J]. 热带作物研究, 1987, 2: 48-51.

[160] 郭俊杰, 姜景山, 张超, 等. 剑麻纤维混凝土力学性能研究进展 [J]. 海峡科技与产业, 2020, 3: 26-28.

[161] 郭培培, 黄俊, 田国鑫, 等. 剑麻纤维水泥基复合材料弯曲力学性能 [J]. 桂林理工大学学报, 2019, 39 (1): 141-145.

[162] 韩佳琪, 谢剑玲. 一种剑麻渣提取果胶的方法 [P]. CN108976316A, 2018.

[163] 韩耀玲. 剑麻的综合利用 [D]. 广西大学, 2004.

[164] 胡蝶. 剑麻渣全利用技术开发及活性组分研究 [D]. 华南理工大学, 2017.

[165] 胡健, 傅其荣, 徐斌, 等. 剑麻纤维制浆性能的研究 [J]. 广东造纸, 2000, 5: 20-22.

[166] 黄彩霞, 陈慧文, 李倩钰, 等. 湿法抄造剑麻纤维无纺布工艺的探讨 [J]. 造纸科学与技术, 2013, 32 (6): 31-34.

[167] 黄艳伟, 张雪红, 姚先超, 等. 剑麻果胶多糖脱蛋白方法研究 [J]. 食品科技, 2011, 36 (2): 144-147+153.

[168] 黄振翠, 彭胜良. 一种含剑麻果胶的饮料及其制备方法 [P]. CN110959785A, 2020.

[169] 黄振翠, 彭胜良. 一种含有剑麻果胶的美容面膜及其制备方法 [P]. CN110974756A, 2020.

[170] 黄振翠, 彭胜良. 一种剑麻低酯果胶的制备工艺 [P]. CN110964128A, 2020.

[171] 黄振翠, 彭胜良. 一种剑麻果胶固体饮料及其制备方法 [P]. CN110973431A, 2020.

[172] 抗新新, 蔺旺梅, 石兵艳, 等. 剑麻渣中果胶的提取及性能测试 [J]. 食品科技, 2018, 43 (11): 209-216.

[173] 孔凡利, 田夏红, 郑继昌, 等. 剑麻渣果胶和不溶性膳食纤维复合提取工艺优化 [J]. 现代食品, 2020, 10: 100-102+115.

[174] 李荣芬. 长纤维造纸原料——剑麻 [J]. 纸和造纸, 1992, 1: 50-51.

[175] 李祥, 王丽萍, 张彬, 等. 采用一步法分离剑麻压榨液中的果胶、叶绿素以及剑麻皂素的方法 [P]. CN104926915A, 2015.

[176] 李雪菲. 建材用剑麻短纤维制备方法 [P]. CN101481227, 2009.

[177] 林翠梧, 韦藤幼, 韦万兴, 等. 利用剑麻麻渣制备叶绿素铜钠及果胶的方法 [P]. CN1847245, 2006.

[178] 刘福兴, 苏安羽. 菠萝施用麻渣试验总结 [J]. 广西热带农业, 2002, 1: 8-9.

[179] 刘刘, 任晓斌, 张敏, 等. 中国典型援外沼气项目浅析 [J]. 中国沼气, 2016, 34 (1): 90-93.

[180] 卢小丽, 苏洁, 李丽平. 剑麻纤维水泥砂浆抗渗阻裂性状分析 [J]. 低温建筑技术, 2017, 39, 2: 4-8.

[181] 欧建群. 剑麻渣栽培草菇试验 [J]. 食用菌, 2002, 5: 19-18.

[182] 舒大伟. 利用剑麻渣提取果胶的工艺 [P]. CN107629143A, 2018.

[183] 苏彦方. 以剑麻纤维制备环保型无纺布技术的研究 [M]. 青岛科技大学, 2012.

[184] 覃旭, 黄显雅, 杨祥燕, 等. 剑麻麻渣腐熟剂筛选及其腐熟效应研究 [J]. 农业研究与应用, 2021, 34 (3): 48-53.

[185] 谭施北, 习金根, 陈河龙, 等. 添加菌剂和石灰对剑麻麻渣堆肥腐熟效果及养分含量的影响 [J]. 中国农业科技导报, 2020, 22 (2): 166-172.

[186] 陶进转, 陈伟南. 剑麻渣果胶提取与测定 [J]. 中国麻业科学, 2014, 36 (2): 98-101.

[187] 王俊, 覃佑康, 曹志恒, 等. 剑麻皂素工业化制备技术研究进展 [J]. 广西科学, 2020, 27, 2: 182-187.

[188] 王雪, 翟颠颠, 郭远臣, 等. 剑麻纤维增强混凝土力学性能研究 [J]. 硅酸盐通报, 2017, 36, (7): 2488-2491.

[189] 王兆梅, 黄舒晴, 胡蝶. 一种从废弃的剑麻渣中提取果胶的方法 [P]. CN105906741A, 2016.

[190] 翁家钏, 许润炜, 李颖. 果胶的提取及分离纯化技术的研究进展 [J]. 现代食品, 2016, 12: 24-27.

[191] 吴莹. 吃用剑麻果胶冷却罐 [P]. CN105197448A, 2015.

[192] 吴莹. 剑麻果胶的制备方法 [P]. CN105418791A, 2016.

[193] 谢庆武, 马红恩, 何佳丽, 等. 一种剑麻果胶的提取方法 [P]. CN103834710A, 2014.

[194] 徐辉, 李克亮, 黄国泓. 植物纤维增强水泥基复合材料的研究进展与应用 [J]. 山东建材, 2005, 4: 37-39.

[195] 杨青青, 谭施北, 习嘉民, 等. 麻渣还田背景下不同钾水平对剑麻生长和叶绿素荧光特性的影响 [J]. 热带作物学报, 2017, 38 (6): 1005-1009.

[196] 闫志英, 刘晓风, Tong Boitin, 等. 剑麻废液沼气发电工程技术分析 [J]. 中国沼气, 2008, 4: 27-29+37.

[197] 张东坡, 彭胜良, 黄振翠. 一种废剑麻渣的果胶提取方法 [P]. CN101864000A, 2010.

[198] 张洪涛, 李友明, 胡键. 剑麻——极具市场潜力的特种纸用长纤维 [J]. 中国造纸, 2001, 1: 66.

[199] Antich P, Vázquez A, Mondragon I, et al. Mechanical behavior of high impact polystyrene reinforced with short sisal fibers [J]. Composites Part A: Applied Science and Manufacturing, 2006, 37 (1): 139-150.

[200] Bao X, Dong F, Yu Y, et al. Green modification of cellulose-based natural materials by HRP-initiated controlled《graft from》polymerization [J]. International Journal of Biological Macromolecules, 2020, 164: 1237-1245.

[201] Chaitanya S, Singh I. Processing of PLA/Sisal Fiber biocomposites using direct- and extrusion-injection molding [J]. Materials and Manufacturing Processes, 2017, 32 (5): 468-474.

[202] Chandrasekar M, Ishak M R, Sapuan S M, et al. A review on the characterisation of natural fibres and their composites after alkali treatment and water absorption [J]. Plastics, Rubber and Composites, 2017, 46 (3): 119-136.

[203] Chu F, Hou Y, Liu L, et al. Hierarchical structure: an effective strategy to enhance the mechanical performance and fire safety of unsaturated polyester resin [J]. Acs Applied Materials & Interfaces, 2019, 11 (32): 29436-29447.

[204] Chu F, Yu X, Hou Y, et al. A facile strategy to simultaneously improve the mechanical and fire safety properties of ramie fabric-reinforced unsaturated polyester resin composites [J]. Composites Part a-Applied Science and Manufacturing, 2018, 115: 264-273.

[205] Dangtungee R, Tengsuthiwat J, Boonyasopon P, et al. Sisal natural fiber/clay-reinforced poly (hydroxybutyrate-co-hydroxyvalerate) hybrid composites [J]. Journal of Thermoplastic Composite Materials, 2015, 28 (6): 879-895.

[206] Deibson Silva da Costa, José Antônio da Silva Souza, Denílson da Silva Costa, et al. Characterization of sisal fibers for use as reinforcement in polymer composites [J]. International Journal of Engineering and Innovative Technology, 2015, 4 (8): 70-75.

[207] Elseify L A, Midani M, El-Badawy A, et al. Manufacturing automotive components from sustainable natural fiber composites [M/OL]. Cham: Springer International Publishing, 2021 [2022-01-27].

[208] Hashmi S AR, Rajput RS, Naik A, et al. Investigations on weld joining of sisal CSM-thermoplastic composites [J]. Polymer Composites, 2015, 36 (2): 214-220.

[209] He Y, Li S, Zhou L, et al. Cellulose nanofibrils-based hybrid foam generated from Pickering emulsion toward high-performance microwave absorption [J]. Carbohydrate Polymers, 2021, 255.

[210] Huang Z, Ge H, Yin J, et al. Effects of fiber loading and chemical treatments on properties of sisal fiber-reinforced sheet molding compounds [J]. Journal of Composite Materials, 2017, 51 (22): 3175-3185.

[211] Idicula M, Neelakantan N R, Oommen Z, et al. A study of the mechanical properties of randomly oriented short banana and sisal hybrid fiber reinforced polyester composites [J]. Journal of Applied Polymer Science, 2005, 96 (5): 1699-1709.

[212] Jagadeesh P, Puttegowda M, Girijappa Y G T, et al. Carbon fiber reinforced areca/sisal hybrid composites for railway interior applications: mechanical and morphological properties [J]. Polymer Composites, 2022, 43 (1): 160-172.

[213] Kurien R A, Santhosh A, Paul D, et al. A review on recent developments in kenaf, sisal, pineapple, bamboo and banana fiber-reinforced composites [M]. Patnaik A, Kozeschnik E, Kukshal V. Singapore: Springer Singapore, 2021: 301-310.

[214] Li S, He Y, Guan Y, et al. Cellulose nanofibril-stabilized pickering emulsion and in situ polymerization lead to hybrid aerogel for high-efficiency solar steam generation [J]. Acs Applied Polymer Materials, 2020, 2 (11): 4581-4591.

[215] Li S, He Y, Wang Y, et al. Simple hierarchical interface design strategy for accelerating solar evaporation [J]. Macromolecular Materials and Engineering, 2021, 306 (3). DOI:10.1002/mame.202000640.

[216] Li S, Yang X, He Y, et al. Hierarchical porous aero-cryogels for wind energy enhanced solar vapor generation [J]. Cellulose, 2021.

[217] Liu H, Li X, Wang S, et al. Fabrication and thermal property of polyhedral oligomeric silsesquioxane (poss)/microcrystalline cellulose (MCC) hybrids [J]. Journal of Carbohydrate Chemistry, 2014, 33 (2): 86-103.

[218] Liu H, Zhou C, Liu X, et al. PMMA@SCNC composite microspheres prepared from pickering emulsion template as curcumin delivery carriers [J]. Journal of Applied Polymer Science, 2018, 135 (15).

[219] Liu WD, Chen TT, Qiu RH. Effect of fiber modification with 3-isopropenyl-dimethylbenzyl isocyanate (TMI) on the mechanical properties and water absorption of hemp-unsaturated polyester (UPE) composites [J]. Holzforschung, 2014, 68 (3): 265-271.

[220] Liu WD, Xie TS, Qiu RH. Improvement of properties for biobased composites from modified soybean oil and hemp fibers: Dual role of diisocyanate [J]. Composites Part a-Applied Science and Manufacturing, 2016, 90: 278-285.

[221] Lorenz M, Sattler S, Reza M, et al. Cellulose nanocrystals by acid vapour: towards more effortless isolation of cellulose nanocrystals [J]. Faraday Discussions, 2017, 202: 315-330.

[222] Luo Q, Li Y, Ren L, et al. Hyperbranched liquid crystals modified with sisal cellulose fibers for reinforcement of epoxy composites [J]. Polymers, 2018, 10 (9).

[223] Mahato K, Goswami S, Ambarkar A. Morphology and Mechanical Properties of Sisal Fibre/Vinyl Ester Composites [J]. Fibers and Polymers, 2014, 15 (6): 1310-1320.

[224] Mahmood A, Noman M T, Pechočiaková M, et al. Geopolymers and fiber-reinforced concrete composites in civil engineering [J]. Polymers, 2021, 13 (13): 2099.

[225] Maurya H O, Gupta M K, Srivastava R K, et al. Study on the mechanical properties of epoxy composite using short sisal fibre [J]. Materials Today: Proceedings, 2015, 2 (4-5): 1347-1355.

[226] Mishra S, Mohanty A K, Drzal L T, et al. A review on pineapple leaf fibers, sisal fibers and their biocomposites [J]. Macromolecular Materials and Engineering, 2004, 289 (11): 955-974.

[227] Mohanty A K, Vivekanandhan S, Pin J-M, et al. Composites from renewable and sustainable resources: challenges and innovations [J]. Science, 2018, 362 (6414): 536-542.

[228] Murray J. Acetylation of lignocellulosic materials and applications thereof [EB/OL] (1998-01-15) [2022-01-16]. https://patentscope2.wipo.int/search/zh/detail.jsf?docId=WO1998001497.

[229] Pan L, Xiong Z, Song L, et al. Synthesis and characterization of sisal fibre polyurethane network cross-linked with triple-shape memory properties[J]. New Journal of Chemistry, 2018, 42(9): 7130-7137.

[230] Pothan LA, Mai YW, Thomas S, et al. Tensile and flexural behavior of sisal fabric/polyester textile composites prepared by resin transfer molding technique [J]. Journal of Reinforced Plastics and Composites, 2008, 27 (16-17): 1847-1866.

[231] Rajesh G, Prasad AR, Gupta A. Mechanical and degradation properties of successive alkali treated completely biodegradable sisal fiber reinforced poly lactic acid composites [J]. Journal of Reinforced Plastics and Composites, 2015, 34 (12): 951-961.

[232] Ramires E C, Megiatto J D, Gardrat C, et al. Biobased composites from glyoxal-phenolic resins and sisal fibers [J]. Bioresource Technology, 2010, 101 (6): 1998-2006.

[233] Ren Z, Wang C, Zuo Q, et al. Effect of alkali treatment on interfacial and mechanical properties of kenaf fibre reinforced epoxy unidirectional composites [J]. Sains Malaysiana, 2019, 48 (1): 173-181.

[234] Rubin EM. Genomics of cellulosic biofuels [J]. Nature, 2008, 454 (7206): 841-845.

[235] Saba N, Paridah MT, Abdan K, et al. Effect of oil palm nano filler on mechanical and morphological properties of kenaf reinforced epoxy composites [J]. Construction and Building Materials, 2016, 123: 15-26.

[236] Senthilkumar K, Saba N, Rajini N, et al. Mechanical properties evaluation of sisal fibre reinforced polymer composites: a review [J]. Construction and Building Materials, 2018, 174: 713-729.

[237] Senthilkumar K, Siva I, Sultan MTH, et al. Static and dynamic properties of sisal fiber polyester composites – effect of interlaminar fiber orientation [J]. 2017: 15.

[238] Siddesh NV, Balachandra SP, Raghavendra S. Mechanical properties of sisal fiber reinforced thermoplastic starch bio-composites [J]. International Journal of Mechanical and Material Sciences Research, 2017, 7 (1): 1-7.

[239] Song JH, Mun SD, Kim CS. Mechanical properties of sisal natural fiber composites according to strain rate and absorption ratio [J]. Polymer Composites, 2011, 32 (8): 1174-1180.

[240] Veerasimman A, Shanmugam V, Rajendran S, et al. Thermal properties of natural fiber sisal based hybrid composites – a brief review [J]. Journal of Natural Fibers, 2021: 1-11.

[241] Wang S, Wei C, Gong Y, et al. Cellulose nanofiber-assisted dispersion of cellulose nanocrystals@polyaniline in water and its conductive films [J]. Research Advances, 2016, 6 (12): 10168-10174.

[242] Wei C, Zeng M, Xiong X, et al. Friction properties of sisal fiber/nano-silica reinforced phenol formaldehyde composites [J]. Polymer Composites, 2015, 36 (3): 433-438.

[243] Wu L, Lu S, Pan L, et al. Enhanced thermal and mechanical properties of polypropylene composites with hyperbranched polyester grafted sisal microcrystalline [J]. Fibers and Polymers, 2016, 17 (12): 2153-2161.

[244] Zhao X, Li RKY, Bai SL. Mechanical properties of sisal fiber reinforced high density polyethylene composites: effect of fiber content, interfacial compatibilization, and manufacturing process [J]. Composites Part A: Applied Science and Manufacturing, 2014, 65: 169-174.

[245] 包惠明, 孟汉卿. 剑麻纤维混凝土力学性能试验研究 [J]. 混凝土, 2011, 3: 63-66.

[246] 包惠明, 赵学文, 熊鑫, 等. 海洋环境下剑麻纤维混凝土抗侵蚀试验研究 [J]. 混凝土, 2012, 6: 23-24.

[247] 曾汉民, 杨桂成, 梁小波. 剑麻纤维增强聚丙烯复合材料的片状层压制备方法: CN1190314C [P].

[248] 陈福泉, 瞿金平. 连续闪爆植物纤维对PBS复合材料的增强机理研究 [D]. 华南理工大学, 2013.

[249] 陈伟宏, 陈世伟, 姚仲泳, 等. 一种剑麻纤维ECC上覆沥青层复合式路面: CN214831604U [P].

[250] 崔双双, 唐成, 林涛. 一种剑麻纤维增强复合材料桥面板结构及其施工方法: CN111893877A [P].

[251] 樊晋源, 姜屹, 王利民, 等. 剑麻-PVA混杂纤维增强地聚物抗硫酸盐侵蚀性能研究 [J]. 硅酸盐通报, 2020, 39 (5): 1430-1437+1443.

[252] 管宇鹏, 齐晓俊, 李帅, 等. Pickering乳液技术制备纤维素纳米纤丝-还原氧化石墨烯/聚甲基丙烯酸甲酯电磁屏蔽复合材料 [J]. 复合材料学报, 2020, 37 (8): 1875-1883.

[253] 郭建明, 谭波, 薛明星, 等. 一种利用SBS接枝剑麻纤维制备剑麻改性沥青的方法: CN104610767A [P].

[254] 郭建明, 谭波, 薛明星, 等. 一种利用剑麻纤维增强改性沥青制备沥青混合料的方法: CN103043952A [P].

[255] 黄孝华, 牛红超, 刘婵娟, 等. (壳聚糖-聚磷酸铵)/剑麻纤维素微晶层层自组装复合材料的热性能和阻燃性能 [J]. 复合材料学报, 2020, 37 (2): 260-266.

[256] 雷波, 冯彦洪. 热塑化改性剑麻纤维的制备加工及其性能研究 [D]. 华南理工大学, 2020.

[257] 李菊馨. 我国剑麻研究的文献计量学分析 [J]. 农业研究与应用, 2020, 33 (1): 61-65.

[258] 刘博文, 白桃, 吴俊明. 振动及纤维增强地聚物的力学性能研究 [D]. 武汉工程大学, 2020.

[259] 刘钰馨. 高耐热性木薯淀粉剑麻纤维复合材料的制备方法: CN107189116B [P].

[260] 刘钰馨. 高强度剑麻纤维增强木薯淀粉复合材料的制备方法: CN107236152B [P].

[261] 刘钰馨. 疏水性木薯淀粉剑麻纤维复合材料的制备方法: CN107216490B [P].

[262] 陆宏新, 樊新, 谭波. 剑麻纤维/沥青复合材料界面性能 [J]. 桂林理工大学学报, 2014, 34 (2): 283-286.

[263] 罗齐鸣. 稻壳-剑麻纤维砂浆装配式墙板试验研究 [D]. 武汉: 武汉轻工大学, 2017.

[264] 强健娜. 一种ABS/剑麻纤维复合材料及其制备方法: CN104845022A [P].

[265] 邵先亦, 马李, 何录菊. 一种剑麻纤维增强聚丙烯复合材料及其制备方法: CN107033449A [P].

[266] 沈寒知. 热处理植物纤维/聚乳酸复合材料的制备与性能研究 [D]. 华南理工大学, 2011.

[267] 王黎明, 章云. 一种改性剑麻纤维聚乳酸复合环保汽车内饰材料: CN105566873A [P].

[268] 王婷, 葛曷一, 刘志芳, 等. 一种剑麻纤维增强PBS吸声材料的制备方法: CN106433046A [P].

[269] 王艳. 一种皂素发泡和剑麻纤维增强墙体保温砂浆: CN101891436B [P].

[270] 吴玲燕, 陆绍荣, 李裕祺, 等. PP/MCC/H20-g-SA木塑复合材料的制备及性能研究 [J]. China Plastics Industry, 2016, 44 (1): 101-104.

[271] 吴长应. 一种剑麻纤维PVA共混抗菌薄膜及其制备方法 [P]. CN107011607A.

［272］徐东，莫品书. 改性剑麻纤维增强聚丙烯汽车内饰复合材料及其制备方法［P］. CN104403203A.

［273］易长海，徐卫林，崔卫钢，等. 一种再生塑料基剑麻纤维增强建筑模板及其加工方法［P］. CN100383080C.

［274］郑捷. 纤维材料在工程混凝土中的应用研究［J］. 北方交通，2011（7）：22-24.

［275］中国纺织工业联合会. 纺织工业"十三五"科技进步纲要［EB/OL］.（2016-09）［2022-01-28］. http://www.ctei.cn/special/2016nzt/gg/0928pdf/2.pdf.

［276］中国纺织工业联合会. 纺织行业"十四五"科技发展指导意见［EB/OL］（2021-06-11）［2022-01-28］. http://www.cntextech.org.cn/kjjh/guihua/202108/P020210805316198488848.pdf.

［277］周兴平，解孝林，李国耀. 剑麻纤维的表面改性及其复合材料的研究进展［Z］（2000）.

［278］Arevalo-Gallegos A，Ahmad Z，Asgher M，et al. Lignocellulose：A sustainable material to produce value-added products with a zero waste approach-a review［J］. International Journal of Biological Macromolecules，2017，99：308-318.

［279］Gebremariam DY，Machin DH. Evaluation of sun-dried sisal pulp（*Agave sisalana* Perrine）as feed for sheep in Eritrea［EB/OL］.［2008-11-06］. http://www.lrrd.org/lrrd20/11/gebr20183.html.

［280］Terrapon-Pfaffa J，Fischedick M，Monheim H. Energy potentials and sustainability——the case of sisal residues in Tanzania［J］. Energy for Sustainable Development，2012，16（3）：312-319.

［281］Marrot L，Lefeuvre A，Pontoire B，et al. Analysis of the hemp fiber mechanical properties and their scattering（Fedora 17）［J］. Industrial Crops and Products，2013，51：317-327.

［282］MorcLn JI，Alvarez VA，Cyras VP. Extraction of cellulose and preparation of nanocellulose from sisal fibers［J］. Cellulose，2008，15（1）：149-159.

［283］Muthangya MM，Anthony MK，Amelia K. Enhancement of anaerobic digestion of sisal leaf decortication residues by biological pre-treatment［J］. Journal of agricultural and biological science，2009，4（4）：66-73.

［284］Talita M Lacerda，Mauricio P. de Paula，Márcia D. Zambon，et al. Saccharification of Brazilian sisal pulp：evaluating the impact of mercerization on non-hydrolyzed pulp and hydrolysis products［J］. Cellulose，2012，19（2）：351-362.

［285］Ramamoorthy SK，Skrifvars M，Rissanen M. Effect of alkali and silane surface treatments on regenerated cellulose fibre type（Lyocell）intended for composites［J］. Cellulose，2015，22（1）：637-654.

［286］Wu X，Luo N，Xie S，et al. Photocatalytic Transformations of Lignocellulosic Biomass into Chemicals［J］. Chemical Society Reviews，2020，49（17）：6198-6223.

［287］Zuccarello B，Marannano G，Mancino A. Optimal manufacturing and mechanical characterization of high performance biocomposites reinforced by sisal fibers［J］. Composite Structures，2018，194：575-583.

[288] GB/T 15032-2008，制绳机械设备通用技术条件［S］.

[289] NY/T 258-2007，剑麻加工机械　理麻机［S］.

[290] NY/T 259-1994，剑麻并条机［S］.

[291] NY/T 259-2009，剑麻加工机械　并条机［S］.

[292] NY/T 260-2011，剑麻加工机械制股机［S］.

[293] NY/T 260-1994，剑麻制股机［S］.

[294] NY/T 342-2012，剑麻加工机械　纺纱机［S］.

[295] 陈福通. 巴西剑麻脱胶软化工艺研究［D］. 西安工程大学，2011.

[296] 陈福通，孙小寅，余秀艳. 剑麻化学脱胶技术初步研究［J］. 中国麻业科学，2011，33（5）：262-266.

[297] 陈涛，陶玉兰，谢红辉. 广西剑麻机械的现状及展望［J］. 广西热带农业，2010，1：54-55.

[298] 陈伟南，陶进转. 剑麻叶片化学脱胶与纤维含量快速测定［J］. 中国麻业科学，2012，34（3）：125-129+137.

[299] 邓晓栋，郑侃，翁绍捷. 一种纵卧喂料式滚筒剑麻纤维提取机的设计［J］. 农机化研究，2015，37（1）：148-151.

[300] 邓云红. 麻纤维化学脱胶前后结构和性能的研究［D］. 东华大学，2014.

[301] 过惠成. 电梯钢丝绳剑麻绳芯结构和生产控制［J］. 金属制品，2012，38（2）：48-51.

[302] 何美香，王恩过. 剑麻纤维化学脱胶技术的探讨［J］. 湛江师范学院学报，2011，32（6）：115-118.

[303] 李青，于克勇，王声誉. 环境温度和湿度对电梯用钢丝绳伸缩的影响［J］. 金属制品，2018，44（4）：39-41+45.

[304] 刘文，张泽钊，贺立红，等. 野生剑麻种质资源调查及其纤维品质分析［J］. 中国麻业科学，2020，42（4）：170-177.

[305] 孙娟，钟鑫，郑红裕，等. 我国剑麻产业概况及对策研究［J］. 中国热带农业，2020，5：27-32.

[306] 孙颖，李端鑫，邱贵军，等. 剑麻纤维的脱胶工艺及可纺性研究［J］. 棉纺织技术，2020，48（10）：15-19.

[307] 莫建恒. 高档剑麻制品加工技术的研究与开发［J］. 现代物业（上旬刊），2011，10(8)：212-214.

[308] 彭川明. 高档剑麻制品加工技术的研究与开发［J］. 广西纺织科技，2010，39（1）：13-14.

[309] 王剑峰，刘庆，陈松. 剑麻脱胶与染色性初探［J］. 四川纺织科技，2000，2：40-43.

[310] 王小奇. 剑麻纤维改性及其活性染料染色性能研究［D］. 武汉纺织大学，2011.

[311] 黄艳. 国内外剑麻产业研究现状与发展趋势［J］. 热带农业科学，2013，33（4）：87-90.

[312] 吴傲. SBS/PS/剑麻纤维复合材料的制备、结构与性能研究［D］. 南宁师范大学，2019.

[313] 张文强, 庄兆明. 中国剑麻加工机械的现状与展望——以湛江地区为例[J]. 热带农业工程, 2012, 36（3）: 57-60.

[314] 张文强, 庄兆明, 周一中. 剑麻加工方法及其刮麻装置[P]. CN201110157453.1. 2011-11-01.

[315] 邵南平. 一种梻成联合机纤维理顺装置[P]. CN201220214383.9. 2013-01-23.

[316] 钟秋汉, 陈涛, 张小玲, 等. 剑麻叶片的加工方法及其设备研制[J]. 装备制造技术, 2021（1）: 26-29+33.

[317] 庄兆明. 新的一种剑麻加工装置的研究和应用[J]. 中国科技博览, 2013, 21: 260.

[318] 朱梦婷, 谢锦鹏, 方凯炀, 等. 剑麻纤维脱胶处理的探究[J]. 武汉纺织大学学报, 2021, 34（4）: 49-52.

[319] Chemitei K, Rono SJ. Potential economic importance of agave plants in kenya: a special focus on alcohol production. 2019.

[320] NY/T 458-2001. 剑麻地毯[S].

[321] 陈叶海, 胡乃盛. 我国龙舌兰麻种质资源的研究现状及应用前景[J]. 福建热作科技, 2002, 1: 42-44.

[322] 陈叶海. 东方龙舌兰麻种质资源圃的建立[J]. 热带农业科学, 2000, 5: 12-15.

[323] 兑宝峰. 王妃雷神与王妃雷神锦[J]. 园林, 2005, 8: 38.

[324] 樊燕. 广西南宁龙舌兰科植物栽培应用[J]. 中国花卉园艺, 2018, 4: 37.

[325] 冯绍元, 邵洪波, 黄冠华. 重金属在小麦作物体中残留特征的田间试验研究[J]. 农业工程学报, 2002, 18（4）: 113-115.

[326] 冯颖俊, 孙龙仁. 重金属污染土壤的植物修复技术研究进展[J]. 现代农业科学, 2009, 2: 3.

[327] 刘昊宇. 为龙舌兰酒干杯[J]. 中外食品, 2002, 2: 42-43.

[328] 鹿志伟, 高建明, 覃海燕, 等. 利用剑麻茎酿酒的研究[J]. 广东农业科学, 2015, 42（8）: 61-65.

[329] 铭钰. 鸿隐凤伏 那些不为人知的多肉术语（二）[J]. 花木盆景（花卉园艺）, 2017, 2: 17-20.

[330] 王成聪, 陈恒彬, 陈榕生. 福建厦门地区龙舌兰科多肉植物资源及其园林应用[J]. 亚热带植物科学, 2014, 43（1）: 69-72.

[331] 魏顶峰, 杨庆华. 龙舌兰属植物的经济价值探讨[J]. 中国园艺文摘, 2013, 29（12）: 229-230.

[332] 温杭凯, 杨志坚, 刘江洪. 龙舌兰种质资源研究进展[J]. 陕西农业科学, 2018, 64（9）: 78-80.

[333] 杨再强, 王立新. 我国观赏植物辐射诱变育种研究进展[J]. 广西园艺, 2006, 2: 44-47.

[334] Bijlwan PP, Prasad L, Sharma A. Recent advancement in the fabrication and characterization of natural fiber reinforced composite: A review [J]. Materials Today: Proceedings, 2021, 44: 1718-1722.

[335] Cristiano Oliveira do Carmo, Rafael Mota da Silva, Marcos de Souza Rodrigues, *et al*. Bioconversion of sisal agro-industrial waste into high protein oyster mushrooms [J]. Bioresource Technology Reports, 2021, 14: 100657.

[336] Iniya M, Nirmalkumar K. A Review on fiber reinforced concrete using sisal fiber [J]. Materials Science and Engineering, 2021, 1055 (1), 012027. doi:10.1088/1757-899x/1055/1/012027.

[337] Isaac OI, Solomon CN. Development of natural fibres reinforced composites for the production of orthopaedic cast [J]. Journal of medical engineering & technology, 2020, 44, 8: 498-507.

[338] Javier S, Mariela P. On-Line preconcentration and simultaneous determination of Cu and Mn in water samples using a minicolumn packed with sisal fiber by MIP OES [J]. Molecules, 2021, 26: 1662.

[339] María P, Romero G, Lilian S, *et al*. Natural cellulose fibers for surgical suture applications [J]. Polymers, 2020, 12: 3042.

[340] Parul S, Gupta MK. Eco-friendly treatment and coating for improving the performance of sisal composites [J]. Polymer Testing, 2021, 93.

[341] Seyoum GA, Adam ME. Preparation of biocomposite material with superhydrophobic surface by reinforcing waste polypropylene with sisal (*Agave sisalana*) fibers [J]. International Journal of Polymer Science, 2021.

[342] Shirlei LA, Jorge SA, Leonardo SG, *et al*. Determination of Cu, Ni, Mn and Zn in diesel oil samples using energy dispersive X-ray fluorescence spectrometry after solid phase extraction using sisal fiber [J]. Talanta, 2020.

[343] Silva R, Hiury V, Andre IF, *et al*. Hybrid composites with glass fiber and natural fibers of sisal, coir, and luffa sponge [J]. Journal of Composite Materials, 2020. doi 10.1177/0021998320957725.

[344] Varun K, Manan G. Comparative study of different natural fibre printed circuit board (PCB) composites [J]. Materials Today: Proceedings, 2021, 44: 2097-2101.

[345] Vinayagamoorthy R. Trends and challenges on the development of hybridized natural fiber composites [J]. Journal of Natural Fibers, 2019. doi:10.1080/15440478.2019.1598916.

[346] 艾慧婷, 李伟, 孙丹, 等. 剑麻纤维基 C/Pb 复合材料的制备及其在铅炭电池中的应用 [J]. 炭素技术, 2021, 40 (3): 41-46.

[347] 陈玉生, 洪向平. 广东垦区剑麻产业发展现状及对策 [J]. 热带农业工程, 2010, 34 (5): 56-58.

[348] 程泽三. 改性剑麻纤维增强水泥砂浆性能研究 [D]. 武汉轻工大学, 2021. doi:10.27776/d.cnki.gwhgy.2021.000255.

［349］董健苗，殷玲，马发林，等．剑麻纤维自密实轻骨料混凝土梁裂缝宽度试验研究［J］．混凝土与水泥制品，2018，11：65-69.

［350］冯伟丽，康兴隆，柳妍，等．层层自组装改性剑麻纤维填充聚丙烯复合材料性能研究［J］．材料导报，2021，35（10）：10211-10215.

［351］高凤磊，黄标，黎陛成，等．发酵剑麻渣对黄花鸡生长性能、屠宰性能和肉品质的影响［J/OL］．饲料研究，2022，1：44-47.

［352］何和智，王克翔，赵耀，等．蒸汽爆破方法对PP/石墨/剑麻复合材料屏蔽效能的影响［J］．功能材料，2014，45（15）：15138-15142.

［353］梁春柳，臧利敏，刘鑫，等．聚吡咯-二氧化锰-剑麻微晶纤维素柔性超级电容器的制备及其电化学性能研究［J］．林产化学与工业，2020，40（6）：61-69.

［354］庞锦英，刘钰馨，李建鸣，等．阻燃剑麻纤维增强聚乳酸复合材料的自然降解性能研究［J］．广西师范学院学报（自然科学版），2017，34（2）：77-81+96.

［355］秦成．探讨剑麻高产栽培技术的推广所带来的经济效益［J］．农业与技术，2013，33（11）：214-215.

［356］苏锐盛，周金星．地域产品品牌发展对策——以湛江剑麻墙纸为例［J］．造纸装备及材料，2020，49（1）：71+89.

［357］覃旭，金刚，刘明，等．剑麻叶片加工工艺升级及副产物高值化利用效益评估［J］．农业科学，2021，11（5）：431-435.

［358］唐磊．剑麻纤维建筑垃圾再生砖的基础性能研究［D］．桂林理工大学，2021．doi:10.27050/d.cnki.gglgc.2021.000372.

［359］唐黎标．剑麻纤维生产与应用［J］．人造纤维，2017，47（4）：28-30.

［360］王梓，刘瑾，马晓凡，等．聚氨酯聚合物/剑麻纤维改良砂土剪切特性研究［J］．矿产勘查，2021，12（6）：1455-1461.

［361］喻永祥，闵望，宋京雷，等．剑麻纤维复合黏性土裂隙发育特征及其机理研究［J］．矿产勘查，2021，12（6）：1448-1454.

［362］张观会．剑麻纤维有色金属混杂增强制动器摩擦性能的研究［J］．中国锰业，2016，34（6）：118-120.

［363］张小芳，陈莉莎，陈伟南．剑麻皂苷元的研究现状［J］．当代化工研究，2021，14：34-35.

［364］郑继昌，林树斌，王尚松，等．剑麻渣对湖羊增重性能的影响［J］．中国饲料，2018，3：70-72.

［365］朱梦婷，谢锦鹏，方凯炀，等．剑麻纤维脱胶处理的探究［J］．武汉纺织大学学报，2021，34（4）：49-52.

［366］朱兆悦，姜景山，何翔，等．剑麻纤维-石粉自密实混凝土的力学性能研究［J］．江苏建材，2021，5：32-33.

第五章
剑麻产业与技术发展的政策建议

剑麻作为一种多年生热带作物，其叶片纤维是当今世界用量最大、范围最广的一种硬质纤维，被广泛应用于重工业、国防军工、轻工业、民用多个领域，是一种重要的战略物资。我国是剑麻的主要种植生产国之一，经过探索和开发，在广西、广东、海南、云南、福建等省区累计种植剑麻面积超 30 万亩，年产剑麻纤维逾 9 万吨，单产水平远高于世界平均水平，在栽培技术上具备一定的优势；在我国较为完备的剑麻加工能力的基础上，涌现了一批专业从事剑麻纤维加工、剑麻产制品贸易的企业，进而在剑麻产业下游形成了较大的加工和贸易规模。因剑麻生产种植的重劳力工作特性，以及产业上下游环节之间的利益联系和分配不均，其他作物产业和制品同质化竞争，导致我国剑麻产业的规模日渐萎缩，已影响到我国剑麻战略资源的安全供给。为保障剑麻的长期稳定供应，促进剑麻产业的长远发展，布局剑麻生产、加工、贸易、应用等全产业链的高质量发展，在落实现有的产业支持政策的基础上，强化对剑麻产业发展的引导，针对性解决产业不同环节的附加产值分配，对促进剑麻产业的协调发展十分必要。

目前，我国剑麻产业在产加销全产业链环节形成了基础性支撑能力，在剑麻民用、工用领域具有领先优势，我国生产的剑麻地毯、剑麻绳、钢丝绳芯、工用缆绳远销海外，国内有许多中小型企业专门针对海外市场生产剑麻产制品，从全球剑麻市场对比来看，我国的剑麻产业处于相对发达的水平，基本能够完成产加销的全部环节，是全球范围内少有的具备剑麻全产业链要素的国家；从产业的发展水平看，我国剑麻的发展不均衡，在剑麻生产的主产区，其主职为生产剑麻纤维和初加工产品，如广东农垦东方剑麻集团有限公司处于剑麻主产区之一的湛江，其主要生产白棕绳、剑麻纱、剑麻地毯、剑麻抛光布、门口垫、絮垫、工艺品、墙纸和化工品，在新型产品开发上鲜有创新；广西剑麻集团有限公司主要生产剑麻直纤维、白棕绳、剑麻纱、捻线、剑麻布、钢丝绳主芯、剑麻地毯、抛光轮、剑麻环保拖鞋及编织工艺品,在新型产品的研发创新也较为滞后;在江浙、珠三角等商业发达地区,孕育了许多优秀的剑麻深加工产制品企业,大达、华峰、琅日等企业在剑麻产制品加工上积累了丰厚的产品开发和市场开拓经验,在高端剑麻地毯上占据了较大份额,建立了覆盖全国和远销海外的剑麻钢丝绳芯产品销售网络,为国内外的船舶、桥梁、建筑、工业等领域提供了高质量的大型钢索。在整个剑麻产业的地区布局方面,主产区的广东、广西、海南未能充分利用种植业所建立的资源优势,所生产的加工产品附加值有限,在高端产品的探索研发未能有较大的进步,故而在整个产业的利润分配中,剑麻产业的上游农业生产和初加工所占有的比重有限。这也造成了国内剑麻种植产出总量的萎缩,使得纤维自给能力本就不足的国内市场的原料对外依存度进一步提高。剑麻作为一种重要的战略资源,若任由其在市场自由流动,剑麻产业的上游市场必定因利益的分配而渐入衰微走向没落,不利于我国战略资源的长期稳定供给。

为保障我国剑麻资源的安全供给,力图为国内市场构建稳定的剑麻供给市场,建立充分的保障机制以提升剑麻产业整体发展水平是十分必要的。在国家引导农业农村现代化建设的前进战略上,顺应农业现代化发展理念提升剑麻产业水平。按照做强传统优势、补齐产业短板、促进全产业链要素有序流动、提高资源配置效率、优化产能结构、增强创新能力的总体要求,进一步结合国内外市场需求和国家战略物资供应,推动我国剑麻产业的特色优势发展,进而协调剑麻产业链高质量发展,促进剑麻产业上下游市场的有利衔接和要素间的合理流动,为我国剑麻产业的全方面发展和整体突破奠定良好基础,提升我国剑麻产业的有机结合能力和市场竞争能力。结合剑麻产业现有特性拟定如下相关政策建议。

一、强化特色育种开发创新能力,促进优质品种示范推广

2019年国务院办公厅印发了《关于加强农业种质资源保护与利用的意见》以提高对农业种质资源的重视。顺应国家发展指导意见,通过加强剑麻种质资源库基础设施建设,大力开展剑麻种质资源特性的鉴定评价,构建剑麻特色种质资源基础数据库,构建多层次收集保护、多元化开发利用和多渠道政策支持的新格局,挖掘特色种质资源以培育新品种,为实现特色种质产业化奠定基础。结合国内种植区域特点,筛选出适宜于不同种植区、不同产品需求的剑麻品种,针对性建立示范推广区促进特色品种的示范推广。

（一）系统保护收集，广泛保育繁育

以广东、广西、海南地区为重点，辐射全国剑麻适宜生长区域，开展剑麻种质资源的全面普查摸底工作，对国内剑麻种质开展全面性调查和抢救性收集工作，查清我国现有剑麻的种质资源和分布情况，对剑麻特有资源、濒危资源开展抢救性保育种，确保资源不丧失不流失；加强剑麻种质保存收集单位与相关境外区域的交流，拓宽资源收集途径，丰富保育种经验，系统性收集国内外剑麻种质资源；结合地区特色布局剑麻种质资源库的中长期布局规划，在广东、广西、海南地区分类布局剑麻保种场、种质圃，在海南、广东布局综合性、专业性剑麻基因库；建立标准化的剑麻种苗保育复壮制度，促进剑麻种植单位、科研单位、专业保育种机构的有效联合，实现原位保护、异地保护、实验室保育等方式的高效互动；针对我国栽培剑麻结构单一、野生剑麻品种多样特点构建多种类、多广度、全面性的剑麻种质资源保护体系。

（二）规范评价鉴定，科学选种育种

以我国现有的剑麻研究科研平台为基础，以科研院所、高等院校、专业机构为依托，充分学习其他作物在种质资源评价与挖掘方面积累的经验，搭建专业性、规范化、系统性的剑麻资源鉴定评价与挖掘平台，落实广东、广西、海南等相关科研单位在资源保护和鉴定评价的职能职责，完善剑麻品种性状鉴定、表型登记、基因库建设等工作；针对广东、广西、海南等主要植麻区的资源优势，以科学化、标准化的评价规范对剑麻品种开展评价鉴定，明确品种的表型与基因型特性，利用现代分子研究技术、基因组学研究、大数据挖掘等先进技术手段深度挖掘优质种质、基因以强化育种基础，为不同的剑麻种植要求选育适宜的品种。

（三）健全体系建设，促进推广应用

推进剑麻品种研发机构和使用单位之间的有效对接，建立完善的创新体系以突破种质创新开发难题，构建科研保障和激励制度维护科研人员在技术开发和成果利用的合理权益，建立种质资源共享、交换平台促进优质种质资源在市场上的合理流动，完善配套政策鼓励企业机构参与种质创新开发，引导广东农垦东方剑麻集团有限公司、广西剑麻集团有限公司等生产应用企业积极开展剑麻品种试种示范，筛选出具有实际应用价值的优质品种；在广东、广西、海南地区引导发展一批剑麻资源开发利用企业，提高市场上优质剑麻品种的应用推广效率，进而形成开发使用有力联合、成果效益合理保障、资源市场高效流动、应用市场多方参与的剑麻品种推广应用体系。

二、推进种植基地标准规程建设，完善剑麻栽培管理技术

在现代化农业的发展趋势下，淘汰落后的农事生产方式顺应时代发展需要，也能进一步节约不必要的农业成本支出，进而推动落后产业的转型升级。结合剑麻机械化、规模化种植要求，融合机械化采收现状，合理布设田间道、生产路，加快优质剑麻种植基地建设，综合设计灌溉系统，推进农田水利设施改造升级，改造节水农业一体化技术，推动物联网技术在节水灌溉领域的应用，集成推广水肥一体化、机械深施等施肥模式。打造剑麻标准化种植采收示范基地，推进现代机械技术、信息技术、物联网技术在剑麻上游产业的技术引领作用，为产业的全程机械化、智能化、自动化奠定发展基础。

（一）建设标准化、机械化示范基地，规范剑麻种植技术

推动广东、广西、海南等剑麻主要产区开展标准化、机械化种植试验工作，充分结合智能水肥管理、机械化种植采收、轻简化田间运送等技术在标准化基地的应用，为推进建立区域性剑麻种植标准奠定可靠的数据基础；结合不同产区物质基础和需求建立标准化种植规程，引导推动广东、广西、海南植麻区建立符合需求的标准化剑麻种植基地，探索可供移植的剑麻现代化生产基地种植模式，进而在全国的剑麻种植区内建设具有区域特色、符合产业需求、切合现代化要求的剑麻种植标准体系，保障机械化、自动化种植、抚管、采收运送在剑麻种植端的应用推广。

（二）推进规模化、区域化剑麻种植，强化区域规模优势

在国有农场经营、地区种植的基础上，将主要植麻区的分割化、小片区、小面积剑麻种植区以区域化、连片化、规模化的方式进行整合，在广东、广西地区搭建适宜统一化管理、规模化生产、梯度性收割的剑麻特色产区，在广东、广西、海南地区将剑麻生产建立成为集中性生产优势产区，将剑麻的初加工过程进一步凝聚压缩，强化区域规模的优势以压低生产过程中的多种成本，提升种植端在市场环节的议价定价份额，进而帮助剑麻上游市场在剑麻全产业环节的利益分配中争取话语权。

三、加快自动机械设备更新升级，优化提升生产加工能力

推进剑麻整体产业的机械化、自动化升级，鼓励两广、江浙地区管理部门针对性设立剑麻自动化设备创新基金，推进科研院所与应用企业联合开展技术与装备开发，重点针对剑麻产业自动化传感器、自动化软硬件、机械化收获机器人、自动化工厂和

数字化车间等剑麻产业自动化、机械化关键技术设备的研发，形成一批具有自主知识产权的关键技术，力争提出剑麻叶片自动化收获、自动化加工解决方案。实现种植、加工环节自动化、机械化，配备麻渣麻水循环处理设备，促进初加工环节高效生产。

（一）加快种植采收机械研发，阶段性推进应用示范

以剑麻的标准化、规模化种植规范作为开发基础，结合广东、广西、海南植麻区域情况，开发符合需求的剑麻自动化种养管收运机械。通过地区管理部门、研发机构、机械制备企业、使用企业之间的联动，搭建剑麻机械设备研发的技术管理体系。通过持续的优化迭代逐步完成人工、机械化、自动化、智能化的设备升级改造，并结合成本核算开展设备示范试验工作，促进现代化农业技术创新在剑麻产业上游端的引领作用，保障产业需求得到满足、合理权益得到保护、企业节本增效的核心目标能够实现。

（二）加强剑麻加工设备更新，针对性进行性能提升

结合现有加工设备的特点，针对落后的加工设备如刮麻设备、运送设备、编织设备进行优化和更新，着重在加工设备的生产性能、加工能力、安全保障、产出质量等方面开展优化研究，逐步向自动化、智能化的生产加工体系转变，以现代化、数字化生产车间为参考，建立更加安全高效、环保无害的剑麻生产加工体系，着力开发无害化循环利用手段以解决剑麻加工所产出的废弃污染物质，推动剑麻产业加工环节向高效率、低能耗、绿色友好方向发展。

四、促进产品加工质量体系建设，构建产品质量保障系统

标准化质量体系是保障产业产品质量稳定的基础。完善产品加工质量体系构架，加快实施标准化示范工程建设，从产品标准、流程、生产、检测等方面，广泛开展质量管理体系、良好农业操作规范、良好生产规范、危害分析与关键控制点等标准的认证评价，建立完整的产品质量管理体系，确保在产品开发、机械加工环节的规范性与严格性。科学制定产品工艺，加强操作人员的培训，定期维护设施设备，优化生产环境，使精深加工过程形成完善的闭环系统。

（一）完善产品标准体系，建立全面的质量保障机制

针对我国种类繁多的剑麻产品，建立健全剑麻产制品的标准体系是保障产品质量稳定、促进市场向上发展的有力措施。通过管理部门指导、企业联合制定建立涉及产品生产、加工、管理、废弃物处理利用的全面性质量标准体系，保障我国剑麻产制

品生产管理的统一性。着重针对国有企业开展标准试点工作，进一步优化国内剑麻产制品的产品质量，提升剑麻产业的品牌塑造和产品附加值，保障我国剑麻产品的整体水平。

（二）构建质量评估系统，强化产业链条的管控力度

基于我国剑麻产业市场产业链条的环节，以专业技术人员为基础建立可靠的、可执行的质量评估系统。在剑麻产业贸易发达地区广东、广西、浙江、江苏等地为剑麻产业搭建质量评估体系，对市场的产品结构、质量规范、产品溯源建立可执行的技术规范。适当引入其他产业的运行机制，建立服务质量评估体系全过程描述，促进在产品开发、生产、消费、外贸等全方位辐射的产品质量、服务质量评估管理，从而实现真实、客观、全面的管控剑麻产业发展，进一步定向引导产业的发展方向。

（三）加强产业培训培养，促进长效持续的发展态势

我国剑麻的产业规模目前仍属于小规模产业，相关的从业人员有限，在现有的发展态势下后进力量愈加薄弱，涉及剑麻的产品质量标准尚未建立互联性强的闭环体系。整体体系的顺利搭建需要由具有丰富经验的专业技术人员开展实施，需要在实际的应用场景中修改完善，为剑麻产业的长效持续发展培养专业的技术人员十分必要。通过重点在中国热带农业科学院、广东农垦系统、广西农垦系统专项开展产业培训、以定向培养的方式加强剑麻产业的人才队伍培养，为产业的发展奠定人员基础，为我国剑麻产业远景目标的实现搭建桥梁。

五、系统构架市场贸易信息平台，协调市场产业链条升级

信息化在现代贸易中为市场交易提供了极大的便利，强化了不同市场环节在贸易过程中的透明度，减少了不必要的交易成本支出。加快贸易企业信息化建设，建立产品质量安全可追溯体系，运用现代信息技术，将生产基地的质量安全信息、检验检测信息、产品质量及部门监管信息等实现互联互通和资源共享。建设物联网系统实现信息共享、全程质量安全监管；推进物流园区建设完成以农产品电子交易区为支撑的农产品物流体系的改造，进一步完善剑麻运输、加工品运输、装卸设备、物流信息技术等基础设施。强化市场贸易信息平台建设，为产业发展搜集技术与市场信息，为决策提供咨询意见，为产业发展提供技术指导。

（一）推进信息化平台建设，促进贸易流通

以官方机构牵头，联合国内剑麻龙头企业参与搭建剑麻贸易专用信息平台。在剑

麻贸易核心区域组织平台建设和维护，着重收集发布关于剑麻贸易市场的信息，为剑麻贸易市场提供可靠的、及时的信息咨询以服务于市场的需求和供给对接。推进市场交易的透明性和公平性，促进产业利益分配的合理流动，保障剑麻产业贸易市场在市场动向、质量安全、产品信息、监管情况在交易市场的适度公开和信息共享，促进要素市场的合理流动，推动信息化交易手段的应用，促进线上交易、远程交易的实行。

（二）加强现代化技术应用，推动贸易升级

引入现代化信息技术在贸易市场的多场景应用，利用先进的溯源体系建立剑麻产制品的产品追溯，利用物联网技术将产业上下游信息融汇，在广东农垦湛江垦区剑麻产业园、广西剑麻产业园建设物联网技术示范点，推动贸易市场的信息向及时性、准确性的方向迈进。建立信息化意见收集渠道，对剑麻产制品的市场反馈意见收集，在供应链环节、销售后端持续跟踪剑麻产制品的市场反馈，提升产品贸易市场对产业链的引导，推动剑麻产业贸易的市场主体、贸易结构、交易方式的拓展和更新升级。

六、优化剑麻复合材料研发环境，推动产业高新技术更新

剑麻纤维复合材料的应用领域十分广阔，也带来高低不同的应用技术门槛。技术研发突破、相关的市场和政策拉动、标准化体系建立等对促进剑麻纤维复合材料的规模化生产和应用都具有重要的影响。建立健全的保障机制保障相关研究成果的投入产出效益，促进产业新兴力量的不断注入，对剑麻产业的长远发展具有保障性作用。

（一）构建健康市场环境，引导产业创新力量投入

作为纺织原料的剑麻纤维，我国"十三五"纺织工业科技进步实施内容以及纺织行业"十四五"科技发展指导意见中均未涉及剑麻纤维。因此，在政策与法律法规方面，积极在国家和产区两个层面，持续呼吁和加强政策、法律与法规制定，引导产业内部加强创新投入，有效推进剑麻天然纤维及其复合材料的绿色应用。市场与政策对剑麻复合材料的开发与应用有重要而关键的引领作用。要不断发现与开拓应用市场，把握现有市场，通过质量保障、降低成本和渠道建设，不断提升剑麻复合材料产品的市场份额。

（二）保障科技研发投入，促进科研技术成果转化

在剑麻纤维应用场景开发的技术研发方面，剑麻产业的上下游应加强合作，从剑麻纤维产量与质量的稳定性方面进行深入的发展与提升着手，持续研究积累多种剑麻纤维改性技术、助剂。同时，要加强相关成形加工技术的研究，并注意信息化、数

字化与人工智能技术的综合运用，提升产品开发与制造柔性。在基体材料方面，除了加强对应用较多的基体材料的技术改进，还要关注各类新型基体材料，对其应用进行预研积累。功能性研究方面则需进一步提升应用性能，探索可行的实际应用，结合柔性、智能、健康、环保等概念开发相关产品，加快研究成果的转化和推广。技术装备是保障成功工业化应用的关键，也需要较早进行投入研发。通过持续的技术开发，凭借剑麻纤维的独特竞争力以区别其他天然纤维的差异化发展。

（三）利用资源禀赋优势，多方开展技术合作交流

两广地区的地理位置属"一带一路"沿线关键区域，沿线有不少剑麻生产国，研究如何加强剑麻纤维复合材料开发的国际交流与合作，对本行业的发展将具有战略性意义。建议相关区域政府和剑麻产业单位设立专项课题对此进行资助，在技术合作、政策法规制定、国际贸易市场和合作开发等方面开展研究，结合沿线各国的实际需求和资源特点，引进多方资源促进产业技术的更新，提升剑麻复合材料的产品应用场景。

七、打造剑麻产业资源集聚平台，提升示范引领带动作用

资源集聚平台的打造是基于产业的发展基础上。拓展剑麻作为战略资源的基本定位，结合产业链条的不同环节的发展要求，建立促进产业发展、发挥资源优势、提升产业影响力的有力手段；推进农业、工业、贸易与旅游、教育、文化等产业深度融合，围绕国家现代农业产业园创建为主线，进一步加强景观打造、旅游建设、文化挖掘、供销展示等平台；打造以剑麻农业科普科教、休闲观光、乡土文化、农耕文化和产制品展销为一体的主题公园，促进产业资源集聚和产业联动发展；多种形式宣传剑麻生产、加工、销售、物流等文化，促进剑麻专业化产业平台对剑麻产业的引领示范作用。

（一）拓宽剑麻基础定位，保障资源长期化供应能力

结合剑麻的生物学特性及其在经济、园林绿化和环保、生态保护等方面的实际应用价值，明确将剑麻列入南方经济林品种目录；拓宽剑麻的基础定位，允许林地、部分低等级耕地种植剑麻，进而扩大可用于种植剑麻的土地，夯实剑麻在我国种植的基础条件。提升剑麻作为战略资源供应原料的基础定位，针对性提出保障剑麻在我国种植规模的管理条例，设立剑麻优势种植区和保护区，保障我国剑麻的长期供应能力。

（二）打造现代产业园区，推动一体化示范基地建设

在剑麻的主产区广西、广东地区，整合产业生产功能与示范功能，建设综合性的剑麻现代化产业园，打造景观、旅游、展销的多功能性产业平台。系统性建立剑麻科普信息平台，就关键技术等要素构建专业展示窗口，明确剑麻产业区域性发展重点和方向，提升公众对战略资源剑麻的了解和认知。推动现代园区的技术引领与示范带动作用，促进剑麻主产区剑麻农业、工业、服务业的协调发展。

（三）扩大产业宣传力度，促进剑麻区域性优势挖掘

剑麻从业人员要敢于发声，充分利用多种媒介渠道，大力宣传对剑麻作为战略资源的认识。在政策上、产业发展上、产品应用上着力做好宣传工作，让民众加深对剑麻产业的认识，得到全方位的理解和支持。重点在广东、广西地区以现代化产业园区为基本条件打造剑麻主题公园，提高扩大剑麻产业的多渠道宣传力度；在剑麻主产区强化剑麻产业发展的资源条件和天然禀赋优势，结合产区产业特色在产区中小学开展劳动教育和宣传课程、在高等院校设立专业选修课程推动新生力量的发展，以区域性培养为剑麻产业的发展储备力量；在剑麻产业园区定期开展交流宣传活动，充分挖掘剑麻产业园区的优势促进区域内剑麻产业与当地发展的有效融合。

后 记

2020年，在中国科学技术协会的大力支持下，中国热带作物学会会同广东农垦热带农业研究院有限公司牵头开展"剑麻产业与技术发展路线图研究"项目，利用产业技术路线图研究方法针对我国剑麻开展专向性产业研究。在研究过程中，我们联合国内多家剑麻相关科研机构、企事业单位，广泛采集、搜寻我国剑麻产业发展历程中不同阶段的信息材料，系统性开展剑麻产业与技术发展路线研究。本研究以我国广东、广西、海南等剑麻优势产区的剑麻产业现状为研究基础，延伸向全国剑麻产业加工、贸易市场和技术渠道，深入分析剑麻产业与技术在国内外的发展情况，以期全面、系统、科学地评估我国剑麻产业当前发展水平，布局规划我国剑麻产业与技术的未来发展方向，旨在为我国政府制订相关政策提供参考，为剑麻产业相关人员提供研究方向，促进我国剑麻产业的高质量发展。

在本书编制过程中，为获得客观、真实、全面的信息来源，我们广泛调研访谈了国内剑麻产业相关人员，包括科研专家、技术工作者、企业管理人员、剑麻生产人员等剑麻从业人员，针对性邀请剑麻专家开展了专题研讨会、内部讨论会、产业专题会议等调研活动共30余次，从课题设计、内容框架、专题评估及最终意见都广泛征求了相关人员的意见和建议，力求无偏差地反映剑麻产业现实状况。立项以来国内疫情反复，原定的多项产业专题调研无法一一落实，原定的市场专题调研难以顺利开展，对项目研究影响甚大，但在国内剑麻产业从业人员、科技人员的帮助下，在剑麻产业相关科研院校、企事业单位及贸易公司的大力支持下，我们克服重重困难，《剑麻产业与技术发展路线图》最终得以编著成册。借此机会，特向大力支持工作的中国热带农业科学院、农业农村部南亚热带作物中心、广东省湛江农垦集团公司、华南农业大学、广西亚热带作物科学研究所、广东省石油化工学院、岭南师范学院等单位表示诚挚的谢意，特别致敬原中国热带作物学会常务理事、剑麻专业委员会首届秘书长、原农业部热带作物及制品标准化技术委员会副秘书长、原农业部硬质纤维作物及制品标准化委员会主任李道和老前辈，作为新中国剑麻行业科技界元老，在91岁高龄之际热心为本书作前言推介，充分体现我国剑麻行业科技工作者的"传帮带"精神。受篇幅所限，帮助过我们的所有单位和人员未能一一列出，在此一并表示衷心感谢，也热烈期盼各界同仁未来继续为剑麻产业的发展贡献合力，不断推动剑麻产业向着更好的方向前进。

自2020年8月立项至2021年12月结题，项目在研时间极为仓促，研究涉及的重难点问题盘根错节，编写过程中对全书细枝末节无法全然顾及，纵使反复校勘也难免有所纰漏，若有不足之处，敬请读者热忱指出，编写人员不胜感激！值此，敬盼！

编者

2022年2月